Machine Learning

kurz & gut

3. Auflage

Machine Learning

kurz & gut

Oliver Zeigermann und Chi Nhan Nguyen

O'REILLY®

Wir hoffen, dass Sie Freude an diesem Buch haben und sich Ihre Erwartungen erfüllen. Falls Sie Anregungen, Wünsche und Kommentare haben, lassen Sie es uns wissen:
service@rheinwerk-verlag.de.

Informationen zu unserem Verlag und Kontaktmöglichkeiten finden Sie auf unserer Verlagswebsite **www.dpunkt.de**. Dort können Sie sich auch umfassend über unser aktuelles Programm informieren und unsere Bücher und E-Books bestellen.

Autoren: Oliver Zeigermann, Chi Nhan Nguyen
Lektorat: Alexandra Follenius
Copy-Editing: Sibylle Feldmann, *www.richtiger-text.de*
Satz: III-satz, *www.drei-satz.de*
Herstellung: Stefanie Weidner
Umschlaggestaltung: Karen Montgomery, Michael Oréal, *www.oreal.de*
Druck: mediaprint solutions, Paderborn

PEFC
PEFC/04-31-0810

Dieses Buch wurde mit mineralölfreien Farben auf PEFC-zertifiziertem Papier aus nachhaltiger Waldwirtschaft gedruckt. Der Umwelt zuliebe verzichten wir zusätzlich auf die Einschweißfolie. Hergestellt in Deutschland.

Bibliografische Information der Deutschen Nationalbibliothek:
Die Deutsche Nationalbibliothek verzeichnet diese Publikation in der Deutschen Nationalbibliografie; detaillierte bibliografische Daten sind im Internet über *http://dnb.dnb.de* abrufbar.

ISBN Print: 978-3-96009-236-0
ISBN PDF: 978-3-96010-856-6
ISBN ePub: 978-3-96010-857-3

3. Auflage 2024, 1. Nachdruck 2026

Dieses Buch erscheint in Kooperation mit O'Reilly Media, Inc. unter dem Imprint »O'REILLY«. O'REILLY ist ein Markenzeichen und eine eingetragene Marke von O'Reilly Media, Inc. und wird mit Einwilligung des Eigentümers verwendet.

Rheinwerk Verlag GmbH • Rheinwerkallee 4 • 53227 Bonn
service@rheinwerk-verlag.de

Inhalt

1 **Einführung** ... **9**

Wie du dieses Buch lesen kannst ... 9

Arten von Machine Learning – ein Überblick ... 11

2 **Quick-Start** ... **19**

Unser erstes Python-Notebook ... 19

Unser Beispiel: Irisblüten ... 20

Wir bringen dem Computer bei, Irisblüten zu unterscheiden ... 22

Nearest Neighbors Classification ... 25

Overfitting ... 27

Underfitting ... 28

Eine bessere Feature-Auswahl ... 30

Weiterführende Links ... 32

3 **Datenimport und -vorbereitung** ... **33**

Datenimport ... 33

Das vorbereitete Projekt ... 37

Preprocessing ... 38

Weiterführende Links ... 51

4 **Supervised Learning** ... **53**

Lineare Regression ... 53

Logistische Regression ... 64

Support Vector Machine ... 71

Decision-Tree-Klassifikator ... 81

Random-Forest-Klassifikator ... 91

Boosted Decision Trees ... 93
Weiterführende Links ... 94

5 Feature-Auswahl ... 95

Reduzierung der Features ... 95
Auswahl der Features ... 104
Principal-Component-Analyse ... 110
Feature-Selektion ... 112
Weiterführende Links ... 117

6 Modellvalidierung ... 119

Metrik für Klassifikation ... 120
Metrik für Regression ... 128
Evaluierung ... 130
Hyperparameter-Suche ... 134
Weiterführende Links ... 136

7 Neuronale Netze und Deep Learning ... 137

Iris mit neuronalen Netzen ... 137
Feed Forward Networks ... 143
Deep Neural Networks ... 152
Anwendungsbeispiel: Erkennung von Verkehrsschildern ... 154
Data Augmentation ... 168
Neuere Ansätze im Bereich CNN ... 169
Weiterführende Links ... 169

8 Unsupervised Learning mit Autoencodern ... 171

Das Szenario: Visuelle Regressionstests mit Autoencodern – eingeschlichene Fehler erkennen ... 171
Die Idee von Autoencodern ... 174
Aufbau unseres Autoencoders ... 175
Training und Ergebnisse ... 180
Was passiert im Autoencoder? ... 184
Fazit ... 186
Weiterführende Links ... 187

9 **Deep Reinforcement Learning** **189**
Grundkonzepte und Terminologie 190
Ein Beispiel: der hungrige Bär 191
Optimierung als Herausforderung 195
Technische Modellierung als OpenAI Environment 196
Training mit PPO 197
Training als Supervised-Deep-Learning-Problemstellung formulieren .. 200
Der Policy-Loss 202
Actor-Critic über das Value Network 205
Sample-Effizienz und katastrophale Updates 206
Exploration vs. Exploitation 208
Fazit 209
Weiterführende Links 211

10 **LLMs – moderne Sprachmodelle** **213**
Große Sprachmodelle 214
Einsatz von großen Sprachmodellen 218
LLMs auf einer großen Wissensbasis 226
Embeddings und Vektordatenbanken 228
Encoder-Modelle: Darf's auch etwas weniger sein? 230
Fazit 243
Weiterführende Links 244

11 **MLOps – Machine Learning für die Praxis** **247**
Phasen eines Machine-Learning-Projekts 248
Unser Beispiel 250
KPIs – Key Performance Indicators 251
Training 253
Ergebnisse 255
Invarianten 256
MLOps – Machine Learning Operations 261
Monitoring und Drift-Erkennung – die Welt steht nicht still 262
Analyse und Interpretation – Was ist das Problem mit unserem Modell? 265
Re-Training 269

... oder Re-Engineering? 269
Baselines und Fallbacks – Was machen wir, wenn unser Modell versagt? 270
Produktiver Einsatz 272
Fazit 273
Weiterführende Links 274

Index **275**

KAPITEL 1

Einführung

Im Machine Learning wird ein Modell anhand von Daten trainiert und für ähnliche Daten genutzt oder darauf angewandt. Dafür stehen unterschiedliche Ansätze von einfachen linearen Modellen bis hin zu großen Sprachmodellen zur Verfügung. Da das erlernte Modell häufig nicht mehr komplett von uns Menschen verstanden werden kann, sind zudem Methoden notwendig, ein Modell als Blackbox zu validieren.

Was man mit Machine Learning machen kann und wie ein solches Training und die Validierung im Detail funktionieren, ist Gegenstand dieses Buchs.

Dies ist ein praxisorientiertes Buch mit lauffähigem Code. Alle Codebeispiele werden in Python 3 angegeben – Python-Kenntnisse sind jedoch nicht zwingend erforderlich, denn wir werden die notwendigen Grundlagen Stück für Stück in entsprechend gekennzeichneten Kästen vermitteln. Diese kannst du überspringen, falls du Python bereits beherrschst. Wenn du dir nur einen generellen Überblick verschaffen willst, ist es auch möglich, die Programmierbeispiele komplett zu überspringen, einen tieferen Einblick bekommst du aber nur mit ihrer Hilfe.

Wie du dieses Buch lesen kannst

Dieses Buch ist kein Nachschlagewerk. Du kannst es gut von vorn bis hinten durchlesen. Dann dient es dir als Einführung in das

Thema Machine Learning. Du kannst aber auch bestimmte Kapitel auslassen, wenn du dich nicht so sehr für das darin behandelte Thema interessierst. In jedem Fall solltest du den Schnelldurchlauf in Kapitel 2, *Quick-Start*, und Kapitel 4, *Supervised Learning*, komplett lesen. Diese Kapitel enthalten die Kernthemen dieses Buchs.

Das Buch ist in zwei Teile aufgeteilt. Die Kapitel 1 bis Kapitel 6 des ersten Teils liefern einen strukturierten Aufbau der Grundlagen. Im zweiten Teil, bestehend aus Kapitel 7 bis Kapitel 11, lernst du anhand von Anwendungsbeispielen fortgeschrittene Techniken kennen, wie neuronale Netze, Autoencoder, Deep Reinforcement Learning, MLOps und große Sprachmodelle.

In Kapitel 2, *Quick-Start*, findest du einen Schnelldurchlauf durch alle Stationen dieses Buchs. In Kapitel 4 werden wir uns durch die einzelnen klassischen Strategien des Supervised Learning hindurcharbeiten und dabei deren Unterschiede, Stärken und Schwächen kennenlernen.

Die Kapitel 5, *Feature-Auswahl* und Kapitel 6, *Modellvalidierung*, gehen etwas mehr in die Tiefe und beantworten Fragen, die eventuell in Kapitel 4 offengeblieben sind. Sie enthalten Formeln und erfordern ein wenig mathematisches Interesse und Verständnis.

Kapitel 3, *Datenimport und -vorbereitung*, liegt uns persönlich besonders am Herzen. Gute Daten sind die Voraussetzung für einen erfolgreichen Machine-Learning-Prozess. In diesem Kapitel schaffen wir zudem die technischen Grundlagen für den Umgang mit Python und seinen Bibliotheken.

Kapitel 7 handelt von Deep Learning mit neuronalen Netzen. Dies ist ebenfalls eine Strategie des Supervised Learning, ist aber in vielen Punkten anders als die zuvor in Kapitel 4 behandelten Strategien. Wir wenden alles bisher Gelernte in einer praktischen Anwendung an, indem wir versuchen, Geschwindigkeitsbeschränkungen auf Verkehrsschildern zu erkennen.

In Kapitel 8, *Unsupervised Learning mit Autoencodern*, und Kapitel 9, *Deep Reinforcement Learning*, verfolgen wir den Pfad der neuronalen Netze weiter, und du erfährst, wie man diese für unüberwachtes und verstärkendes Lernen einsetzen kann.

In Kapitel 10, *LLMs – moderne Sprachmodelle*, beschäftigen wir uns mit Large Language Models und was diese für den Bereich des Machine Learning bedeuten. Neben den großen Sprachmodellen wie GPT und deren bekannter Anwendung ChatGPT widmen wir uns auch den spezialisierten Transformer-Modellen. Dabei bringen wir Ordnung in den Zoo der Sprachmodelle.

Zum Abschluss des Buchs werden wir in Kapitel 11, *MLOps – Machine Learning für die Praxis*, mit dem Thema »Machine Learning Operations« (MLOPs) konzeptioneller. Hier steht weniger der Code oder ein spezielles Werkzeug im Vordergrund als die Idee davon, wie ein Machine-Learning-Projekt abläuft, was man beachten muss, wenn es in Betrieb gehen soll, und wie man es dort hält.

Arten von Machine Learning – ein Überblick

Stell dir ein System vor, das sagen soll, ob auf einem Bild ein Hund zu sehen ist oder nicht. So etwas könntest du programmatisch mit Methoden der Bildverarbeitung umsetzen. Dazu könntest du einen Satz von Regeln anlegen, anhand deren das System entscheidet, ob es einen Hund gibt oder eben nicht. So ein System ist jedoch nur schwer zu entwickeln, es wird wahrscheinlich viele Hunde gar nicht erkennen oder in manchen Bildern fälschlicherweise Hunde vermuten. Was macht man da? Man fügt neue Regeln hinzu, und andere verfeinert man manuell.

Mit einem Machine-Learning-Ansatz würde das ganz anders laufen. Du müsstest ein System konfigurieren und mit entsprechenden Hundebildern (und Bildern ohne Hund) in einer Lernphase trainieren. Das System lernt dann im Idealfall selbst die Regeln, die du sonst als Programmierer hättest explizit aufzählen müssen.

Von Machine Learning spricht man, wenn man einen Computer nicht direkt programmiert, sondern wenn diese Maschine bestimmte Fähigkeiten erlernt. In der klassischen Programmierung bringen wir ein Modell in ein Stück Code, mit dem wir eine Eingabe in eine Ausgabe wandeln. Im Machine Learning drehen wir das um und lassen die Maschine das Modell aus passenden Sätzen von Ein- und Ausgaben erlernen. Dies illustriert Abbildung 1-1. Ein solches Vorgehen nennt man auch *Supervised Learning* (überwachtes Lernen), da wir unser System aktiv anhand zueinander passender Datensätze trainieren.

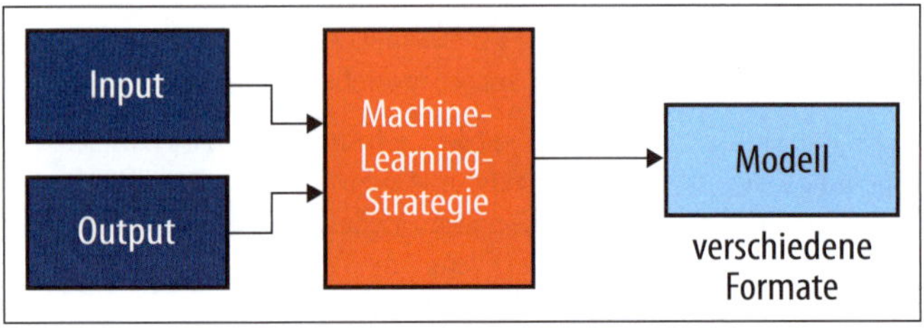

Abbildung 1-1: Maschinelles Lernen vs. klassische Programmierung

Supervised Learning

Man kann den Bereich Machine Learning anhand unterschiedlicher Ansätze aufgliedern. Beim *Supervised Learning* (dem überwachten Lernen) trainierst du ein System mit Datensätzen aus Eingabe und erwarteter Ausgabe.

Für das Beispiel mit den Hundebildern musst du einen Satz von Bildern mit Hunden und ohne Hunde heraussuchen. Um den Trainingserfolg zu überprüfen, nimmst du einen anderen, bisher dem System nicht bekannten Teil der Bilder und lässt das System entscheiden, ob das Bild einen Hund enthält oder nicht. Da du für diese Bilder ja schon das richtige Ergebnis kennst, kannst du sehen, wie gut das System gelernt hat. Im Idealfall kann das System in dieser Testphase alle Bilder richtig zuordnen. Die Grenzen solcher Systeme gerade im Bereich der Bilderkennung und was du machen kannst, falls das System nicht richtig lernt, thematisieren wir in einem praktischen Beispiel in Kapitel 7, *Neuronale Netze und Deep Learning*.

Klassifikation und Regression

So ein Beispiel nennt man auch eine *Klassifikation*. Das System lernt, Bilder in die beiden Klassen »Bild mit Hund« und »Bild ohne Hund« einzusortieren. Oft gibt es bei einer Klassifikation nur zwei Klassen, z. B. ob ein selbstfahrendes Auto in einer bestimmten Situation bremsen sollte oder nicht oder ob auf einem Ultraschallbild Krebs vermutet wird oder nicht. Häufig wird sich in einem solchen Fall nicht strikt für Ja oder Nein entschieden, stattdessen wird die Vorhersage mit einer Gewissheit versehen, meist einer Zahl zwischen 0 und 1.

Es gibt auch Klassifikationen, die zwischen einer ganzen Reihe von Klassen entscheiden, z. B. bei einer Handschriftenerkennung der Ziffern 0 bis 9, die bei Postsendungen zum Einsatz kommt. Hier haben wir zehn Klassen, nämlich für jede Ziffer von 0 bis 9 eine. Auch hier bekommen wir Wahrscheinlichkeiten pro Ziffer.

Der zweite Problembereich des Supervised Learning ist die *Regression* – also das Erlernen einer kontinuierlichen Funktion – anhand von Werten, die auf dieser Funktion liegen. Das wäre z. B. der Fall, wenn wir das Gewicht eines Hundes auf Basis bestimmter Parameter oder sogar eines Bilds des Tieres vorhersagen wollten.

Manchmal ist es gar nicht so einfach, den richtigen Ansatz für ein bestehendes Problem zu finden. Wenn die Ausgabe diskrete Werte sind (z. B. die Ziffern 0 bis 9), ist es wahrscheinlich ein Klassifikationsproblem. Hat man kontinuierliche Werte, wie bei dem Gewicht eines Hundes, ist es ein Regressionsproblem.

Unsupervised Learning

Beim Ansatz des *Unsupervised Learning* (des unüberwachten Lernens) sind keine Labels, also keine Vorgaben der richtigen Lösungen notwendig.

Clustering

Ein Beispiel sind sogenannte Clustering-Verfahren: Sie nehmen eine automatische Kategorisierung der Daten vor und sortieren sie in zusammenhängende Gruppen bzw. »Klumpen« oder »Haufen« (Cluster). Die Kategorisierung geschieht dabei anhand ähnlicher Eigenschaften. Nehmen wir als Beispiel an, dass wir von einer Gruppe von Hunden die Größe und das Gewicht kennen. Wir nehmen dazu ein Koordinatensystem mit einer x-Achse, auf der wir die Größe auftragen, und einer y-Achse für das Gewicht. Versehen wir nun jeden Hund mit einem Punkt, der seinem Gewicht und seiner Größe entspricht, ergibt sich eine Verteilung der Hunde, wie in Abbildung 1-2 zu sehen.

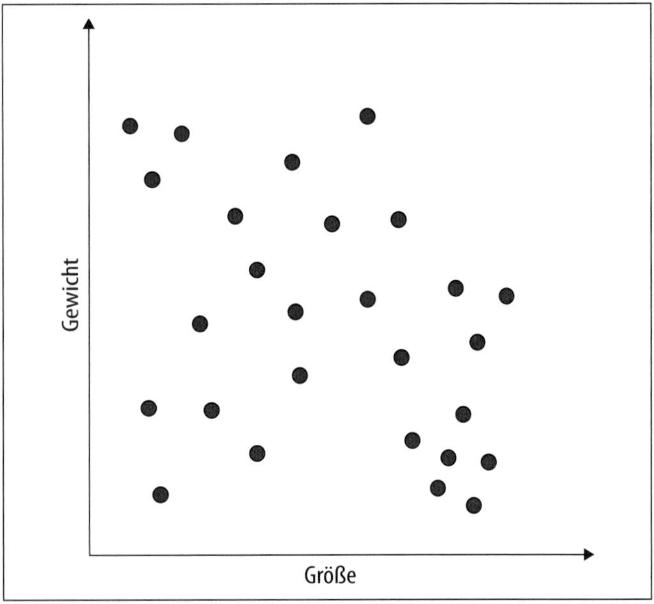

Abbildung 1-2: Verteilung von Hunden (jeder Punkt ist ein Hund)

Ebenso wie wir als Menschen in der Lage wären, hier Gruppen einzutragen, ohne Ahnung von Hunden zu haben, kann das auch ein

Clustering-Verfahren. Erst die Interpretation der Gruppen erfordert wieder menschliches Zutun. Ein mögliches Ergebnis ist in Abbildung 1-3 dargestellt. Andere Clusterungen sind natürlich möglich – das hängt vom jeweiligen Menschen oder Clustering-Verfahren ab.

Als kleine Übung bitten wir dich, den jeweiligen Clustern Interpretationen zu geben. Was für eine Gruppe könnte z.B. die Gruppe ganz rechts unten sein?

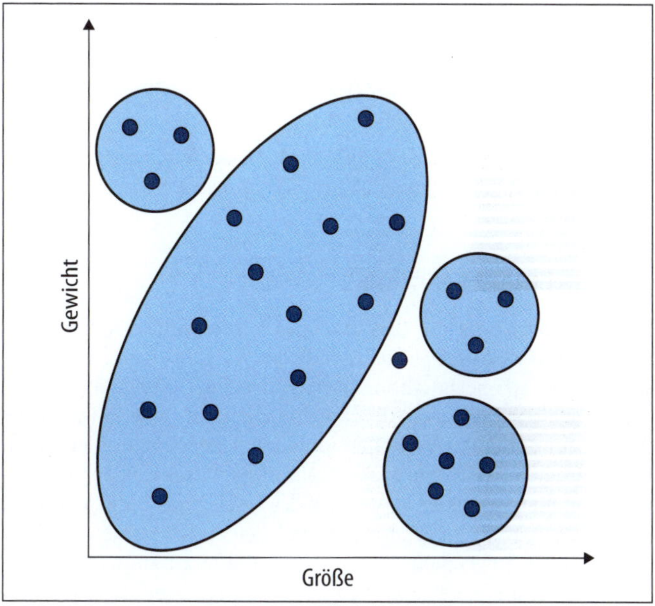

Abbildung 1-3: Automatisches Clustering der Hundegruppe (ohne Interpretation)

Vereinfachung von Daten – Reduktion von Dimensionen

Zum Unsupervised Learning gehört auch die sogenannte *Principal Component Analysis* (PCA, Hauptkomponentenanalyse, *https://de.wikipedia.org/wiki/Hauptkomponentenanalyseps://de.wikipedia.org/wiki/Hauptkomponentenanalyse*). Durch eine Reduzierung der Dimensionen (d.h. der Anzahl der Variablen in den Datensätzen) werden dabei umfangreiche Datensätze vereinfacht, ohne dass wichtige Informationen verloren gehen. Dies werden wir ebenfalls für die Feature-Auswahl in Kapitel 5 nutzen. Das heißt, dieses Verfahren kann auch für die Datenvorverarbeitung beim Supervised Learning genutzt werden.

Als Beispiel für eine PCA kann man ICE-Fahrten von Berlin nach Hamburg betrachten. Kennt man die Abfahrtszeit, ist die geplante Ankunftszeit ungefähr daraus ableitbar. Beide Dimensionen in seinen Datensätzen zu halten, wäre unnötig. Dies herauszufinden und den Datensatz in seiner Dimension zu reduzieren (in unserem Fall von 2 auf 1), ist Aufgabe der PCA.

Kapitel 8, *Unsupervised Learning mit Autoencodern*, zeigt über diese Beispiele hinaus mit Autoencodern Techniken auf Basis von neuronalen Netzen.

Reinforcement Learning

Reinforcement Learning (bestärkendes Lernen oder verstärkendes Lernen, *https://de.wikipedia.org/wiki/Best%C3%A4rkendes_Lernen*) wird häufig in Spielsituationen verwendet. Ein System soll anhand positiver oder negativer Rückmeldungen auf eine ausgeführte Aktion ein optimales Verhalten innerhalb einer Situation erlernen. Diese Situation wird dem System mithilfe gewisser Eingabeparameter zusammen mit einer Bewertung des Spielstands mitgeteilt. Eine solche Bewertung kann zum Beispiel der Punktestand innerhalb eines Arcade-Spiels sein. Mit diesem könnte zusammen mit der Videodarstellung eines Spiels ein solches System gefüttert werden. Führt das System eine Aktion aus, z.B. Schießen, und führt dies zu einem höheren Punktestand, wird das Verhalten verstärkt.

Reinforcement Learning mit neuronalen Netzen wird in Kapitel 9 beschrieben.

Große Sprachmodelle

Große Sprachmodelle (*Large Language Models*) haben das Potenzial, das Feld des Machine Learning neu aufzurollen. Diese vortrainierten Modelle haben die Fähigkeit, fast alle Aufgabenbereiche abzudecken, die sich mit Sprache darstellen lassen. Dabei ist durch Beispiele direkt innerhalb einer Anfrage auch eine Art Ad-hoc-Training möglich.

Die Modelle haben (noch) den Nachteil, sehr groß zu sein und sehr viel Rechenleistung zu brauchen. Zudem laufen die leistungsfähigsten Systeme, wie GPT-3 und GPT-4, Stand Anfang 2024 nur auf den Servern von OpenAI. Dies schränkt die Menge der möglichen Anwendungen zum einen aufgrund der Kosten, zum anderen wegen möglicher Probleme mit dem Datenschutz ein.

Mit diesen Modellen beschäftigen wir uns in Kapitel 10, *LLMs – moderne Sprachmodelle*.

KAPITEL 2

Quick-Start

In diesem Buch werden wir das auf Python basierende Framework *Scikit-Learn* (*http://scikit-learn.org*) verwenden. Oft wird auch nur der abgekürzte Name Sklearn genutzt.

Anhand eines kompletten und durchgängigen Beispiels kannst du dich hier schon einmal mit dem Vorgehen beim Machine Learning vertraut machen.

Unser erstes Python-Notebook

Damit du wirklich lauffähigen Code hast, aber keine Installationsarie durchlaufen musst, haben wir für dich ein sogenanntes Notebook erstellt. Das Notebook erfordert nur einen Browser für seine Darstellung. Der tatsächliche Code wird auf einem Server, auf dem auch sämtliche Software installiert ist, ausgeführt.

Für jedes Kapitel haben wir ein Notebook vorbereitet. Diese sind unter der URL *https://github.com/DJCordhose/buch-machine-learning-notebooks* (*https://bit.ly/ml-kug*) öffentlich erreichbar.

Dort kannst du dir das Notebook in der Vorschau inklusive aller Anmerkungen und Ergebnisse ansehen. Du kannst es aber auch auf deinen eigenen Computer herunterladen oder es direkt ohne Installation über die dort vorbereiteten Links auf Google Colab laufen lassen. Dieses Kapitel ist unter dem Namen *kap2.ipynb* erreichbar.

Notebooks

Gerade im Bereich Machine Learning führen wir oft interaktiv eine Reihe von Codeschnipseln aus, um z.B. einen Datensatz besser zu verstehen oder schnell eine andere Lernstrategie auszuprobieren. Sogenannte Notebooks erlauben uns genau das zusammen mit der Möglichkeit, so ein Notebook auch leicht teilen zu können und damit andere an unseren Ergebnissen partizipieren zu lassen.

In einem Notebook kannst du Texte und Grafiken mit Codeschnipseln mischen. Das Besondere dabei ist, dass diese Codeschnipsel wirklich ausführbar sind. Dabei wird der Code nicht notwendigerweise auf dem Rechner ausgeführt, auf dem das Ergebnis im Browser angezeigt wird. In unserem Beispiel hier wird der Code auf einem Rechner von Google ausgeführt, auf dem auch sämtliche Software installiert ist. Die Ausgabe erfolgt aber in dem Browser auf deinem Rechner, auf dem außer dem Browser nichts weiter installiert sein muss.

Im einfachsten Fall kannst du dir so ein Notebook einfach nur ansehen, ohne es überhaupt auszuführen. Das geht, weil so ein Notebook auch jedes Ergebnis, inklusive Bildern, eines Codeschnipsels speichert.

Mehr Informationen zu Notebooks findest du unter *http://jupyter.org/*.

Unser Beispiel: Irisblüten

Als Beispiel nehmen wir den Irisdatensatz, der dir im Buch immer wieder begegnen wird (siehe auch den Kasten auf der nächsten Seite). Es geht darum, anhand von vier Eigenschaften der Irisblüten (Features) drei unterschiedliche Irisarten voneinander zu unterscheiden. *Features* sind die zu einem Datensatz gehörigen Eingaben, *Labels* sind die zugehörigen Ausgaben. Diese Ausgaben sind in unserem Fall die Zahlen 0 bis 2 für die unterschiedlichen Irisarten. Man unterscheidet die Arten »Iris setosa« (0), »Iris virginica« (1) und »Iris versicolor« (2). Unser Beispiel ist dabei ein Klassifikationsproblem. Anhand der Features wollen wir das zugehörige Label erschließen. Da wir dazu das System mit Datensätzen trainieren, haben wir es mit *Supervised Learning* zu tun.

Dieser Irisdatensatz wird sehr gut verstanden und für viele Beispiele verwendet. Daher gibt es diverse Ressourcen dafür, und er ist sogar direkt in Scikit-Learn als Beispieldatensatz verfügbar, ohne dass du ihn dir von irgendwo besorgen müsstest. Wie erwähnt, ist Scikit-Learn eine zentrale Python-Bibliothek für Machine Learning, die wir über das ganze Buch hinweg einsetzen werden.

Ursprung des Irisdatensatzes

Der Irisdatensatz wurde von dem Botaniker Edgar Anderson (*https://en.wikipedia.org/wiki/Edgar_Anderson*) zusammengestellt. Bekanntheit erlangte er über die Verwendung durch den Statistiker Ronald Fisher (*https://en.wikipedia.org/wiki/Ronald_Fisher*). Dieser nutzte den Datensatz in einem Artikel eines Magazin zur Eugenik als Beispiel für statistische Methoden der Klassifikation. Wir distanzieren uns von Fishers Ansichten (*https://en.wikipedia.org/wiki/Ronald_Fisher#Views_on_race*) über Existenz und unterschiedliche mentale Fähigkeiten von menschlichen Rassen und generell von der Thematik der Eugenik.

Im ersten Schritt unseres Notebooks nutzen wir nun den Beispieldatensatz direkt aus Scikit-Learn und haben dann die kompletten Daten in der Variablen `iris`. Es ist bei Scikit-Learn üblich, die Features mit einem großen `X` und die Labels mit einem kleinen `y` zu bezeichnen. Der Unterschied in der Groß-/Kleinschreibung soll andeuten, dass `y` nur ein einfacher Vektor mit der Art der Iris ist, also 0, 1 oder 2. `X` hat hingegen zwei Dimensionen, da es für jeden Datensatz vier Features gibt:

```
from sklearn import datasets
iris = datasets.load_iris()
X = iris.data
y = iris.target
```

Für jede der drei Arten gibt es jeweils 50 Beispiele. In jedem Beispiel ist zusammen mit der Irisart die Länge und Breite sowohl des Kelchblatts (Sepalum) als auch des Kronblatts (Petalum) erfasst. Das Kronblatt sind die bunten Blätter, die wir typischerweise als Blüte wahrnehmen. Das Kelchblatt ist meist grün wie der Stängel der Pflanze und schützt die Blüte im Knospenzustand. Bei einer blühenden Iris geht das Kelchblatt im Gegensatz zum Kronblatt ziemlich unter. Mehr dazu gibt es auf Wikipedia unter *https://de.wikipedia.org/wiki/Portal:Statistik/Datensaetze#Iris*.

Für uns ergibt das vier Features:

- `sepal_length`: Länge des Kelchblatts
- `sepal_width`: Breite des Kelchblatts
- `petal_length`: Länge des Kronblatts
- `petal_width`: Breite des Kronblatts

Diese können wir aus der 150-x-4-Matrix der Features extrahieren und haben dann jeweils einen Vektor mit 150 Einträgen:

```
X_sepal_length = X[:, 0]
X_sepal_width = X[:, 1]
X_petal_length = X[:, 2]
X_petal_width = X[:, 3]
```

Die eventuell etwas überraschende Syntax, um einen Vektor aus der Matrix zu bekommen `[:, 0]`, bietet uns NumPy (*https://docs.scipy.org/doc/numpy/user/basics.indexing.html*), das von Scikit-Learn für Datenstrukturen genutzt wird. Die Syntax besagt, dass wir von der ersten Dimension alle Einträge wünschen und von der zweiten Dimension nur das nullte, erste, zweite und dritte Feature. NumPy ist eine zweite, grundlegendere Python-Bibliothek, die performante Datenstrukturen zur Verfügung stellt. Sie wird uns am Rande immer wieder begegnen und dann auch detaillierter vorgestellt werden. Wie bei vielen Programmiersprachen üblich, fängt auch bei Python die Zählung bei null und nicht bei eins an.

Wir bringen dem Computer bei, Irisblüten zu unterscheiden

Hier möchten wir nun dem Computer beibringen, die unterschiedlichen Arten der Irisblüten anhand ihrer Features zu unterscheiden. Das ist erstaunlich einfach, da wir mit Scikit-Learn eine Software nutzen, die genau für so etwas gedacht ist. Wir brauchen zuerst einen sogenannten *Estimator*, also eine Strategie, wie der Computer lernen soll.

Hier nutzen wir wieder das Supervised Learning, das heißt, wir trainieren unseren Estimator mit einer Reihe von Datensätzen, von denen wir die Klassifikation in eine der drei Arten kennen. Danach hoffen wir, dass unser Estimator auch Irisblüten, die wir bisher noch nicht gesehen haben, richtig klassifiziert, also anhand der Größe der Blütenblätter sagen kann, was für eine Art Iris wir vor uns haben. Dies nennt man Generalisierung.

Das mit der Hoffnung ist so eine Sache, und daher nutzen wir nicht alle unsere Datensätze zum Training, sondern halten einige zurück, um danach zu testen, wie gut das Training eigentlich funktioniert hat. Auch dabei unterstützt uns Scikit-Learn mit seinem `model_selection`-Paket. Damit können wir unsere Daten vom Zufall gesteuert in Trainings- und Testdaten aufteilen. Ein typisches Verhältnis sind 60 % für das Training und 40 % für den Test:

```
from sklearn.model_selection import train_test_split
X_train, X_test, y_train, y_test =
    train_test_split(X, y, test_size=0.4)
```

Nun haben wir 90 Datensätze in `X_train` bzw. `y_train` und 60 in `X_test` bzw. `y_test`:

```
X_train.shape, y_train.shape, X_test.shape, y_test.shape
> ((90, 4), (90,), (60, 4), (60,))
```

Hier führen wir auch eine Konvention ein. Vom Code erzeugte Ausgaben schreiben wir direkt hinter den Code und fangen die Zeile mit einem Größerzeichen (>) an. Im Beispiel oben ist `((90, 4), (90,), (60, 4), (60,))` also nicht Teil des Codes, sondern die Ausgabe, die durch `X_train.shape, y_train.shape, X_test.shape, y_test.shape` im Notebook erzeugt wurde.

Nearest Neighbors

Eine wirkliche einfache Strategie heißt Nearest Neighbors Classification (*http://scikit-learn.org/stable/modules/neighbors.html#classification*). In der simpelsten Version wird untersucht, welchem bekannten Datensatz eine Eingabe am nächsten ist. Dann wird davon ausgegangen, dass diese neue Eingabe von derselben Art ist. Fertig. Das mag naiv klingen, aber erstaunlicherweise ist dieser Ansatz wirklich mächtig. Es ist gar nicht so weit hergeholt, diesen Ansatz mit erkenntnistheoretischen Klassikern zu vergleichen (*http://37steps.com/4370/nn-rule-invention/*). Vielleicht verarbeiten sogar Fliegen Gerüche mit einem ähnlichen Ansatz (*https://twitter.com/dribnet/status/931830521843236864*).

Wir sehen uns erst einmal den Code an und welche Ergebnisse diese Lernstrategie für unsere Daten liefert. Als Erstes erzeugen wir einen entsprechenden Estimator. Parameter `1` gibt an, dass wir nur nach dem jeweils nächsten bekannten Datenpunkt entscheiden. Das wird später noch wichtig:

```
from sklearn import neighbors
clf = neighbors.KNeighborsClassifier(1)
```

Nun haben wir in `clf` unseren Estimator und können diesen trainieren. Dankenswerterweise funktioniert das in Scikit-Learn immer auf dieselbe Weise, nämlich indem wir unsere Trainingsfeatures zusammen mit der zugehörigen Irisart in die `fit`-Methode einfüttern:

```
clf.fit(X_train, y_train)
```

Danach können wir Vorhersagen treffen. Nehmen wir an, wir haben die folgenden Angaben über die Maße der Blüte einer Iris: Länge des Kelchblatts = 6,3 cm, Breite des Kelchblatts = 2,7 cm, Länge des Kronblatts = 5,5 cm und Breite des Kronblatts = 1,5 cm. Wir füttern diese Daten nun in die `predict`-Methode und bekommen die Irisart `2` geliefert (wie erwähnt, werden wir Ausgaben von nun an in einer neuen Zeile darstellen, die mit einem Größerzeichen anfängt):

```
clf.predict([[6.3, 2.7, 5.5, 1.5]])
> 2
```

Das ist insofern bemerkenswert, da wir diese Werte nicht für das Training verwendet haben und dennoch eine Antwort bekommen. Woher wissen wir, wie vertrauenswürdig diese Antwort ist? War das Training insgesamt erfolgreich? Auch dafür gibt es eine Methode, die überprüft, wie gut ein Satz von Features auf einen Satz von Labels passt. Das Ergebnis befindet sich zwischen 0 und 1. 0 steht für »überhaupt nicht« und 1 für »passt perfekt«:

```
clf.score(X_train, y_train)
> 1.0
```

Hurra! `1.0` ist das bestmögliche Ergebnis, das war einfach! Aber wir wollen auch bisher nicht gesehene Daten generalisieren und machen daher den Check mit den bereits vorbereiteten Testdaten. Diese hat der Estimator ja bisher noch nicht gesehen, und daher geben sie Aufschluss über das Maß der Generalisierung:

```
clf.score(X_test, y_test)
> 0.94999999999999996
```

Dieser Wert besagt, dass wir 95% aller Testdatensätze richtig vorhersagen können. Nicht perfekt, aber auch nicht so schlecht und in der Praxis meist völlig ausreichend. Das liegt natürlich daran, dass wir einen besonders sauberen und aussagekräftigen Datensatz vorliegen haben. Bei echten Problemen sind die Ergebnisse auch mit viel Aufwand bei der Auswahl der Features, der Trainingsprozedur und der Lernstrategie oft deutlich schlechter.

Nearest Neighbors Classification

Unsere Lernstrategie hat den Vorteil, wirklich einfach zu sein, sodass du schnell verstehen kannst, wie sie funktioniert. Am einfachsten geht das mit einer Grafik, in der wir auftragen, wie welcher Datensatz zu welcher Vorhersage führt. Wir sehen dabei gleich ein grundsätzliches Problem von Visualisierungen: Wir haben vier Features und ein Label, wir Menschen können aber nur wenige Dimensionen gleichzeitig erfassen, auf einem 2-D-Medium wie einem Blatt Papier oder einem Bildschirm eigentlich nur 2. Mit etwas Trickserei und Einschränkungen können es auch ein paar mehr werden, aber nicht viel mehr.

Wir entscheiden uns, nur zwei Features, *Sepal width* und *Sepal length*, darzustellen und die vorhergesagten Labels als Farbe in die Darstellung hineinzucodieren. Es ist wichtig, zu verstehen, dass wir es uns hier künstlich schwerer machen als nötig, denn mit allen vier Features haben wir es ja zu sehr guten Ergebnissen gebracht. Es geht uns eher darum, den Nearest-Neighbors-Algorithmus besser darzustellen und die Phänomene des Over- und Underfittings zu illustrieren.

Unsere Grafik mit den beiden Features siehst du in Abbildung 2-1.

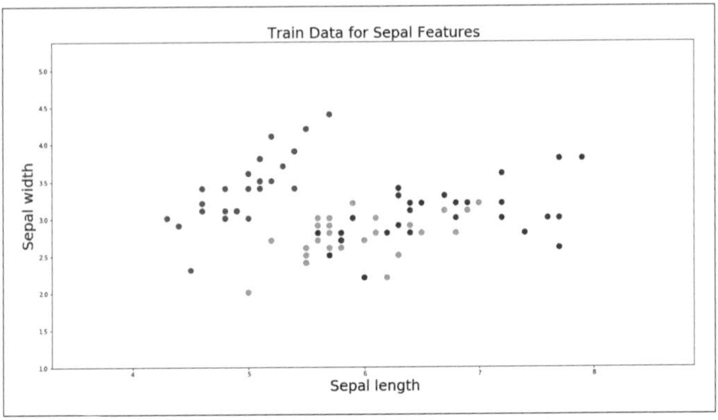

Abbildung 2-1: Verteilung der Trainingsdaten für Sepal-Features

Unsere beiden Features spannen ein zweidimensionales Koordinatensystem auf. Die Punkte darin sind die einzelnen Trainingsbeispiele. Sie sind an den Stellen des Koordinatensystems angebracht, die zu ihren Features passen. Jede Farbe drückt eine Irisart aus. Diese ist quasi unsere dritte Dimension.

In derselben Grafik zeigen wir in Abbildung 2-2 nun zusätzlich an, welche Vorhersage bei welcher Koordinate gemacht wird. Dabei nutzen wir die gleichen Farben wie für die Trainingsdaten, allerdings etwas heller als Hintergrund.

Noch einmal zur Wiederholung – die Vorhersage funktioniert sehr einfach: Bei jedem Punkt wird geschaut, welche Farbe der nächstliegende Trainingspunkt hat. Es ergeben sich dabei Grenzen zwischen den einzelnen Farben der Vorhersagen, diese nennt man auch *Decision Boundaries*.

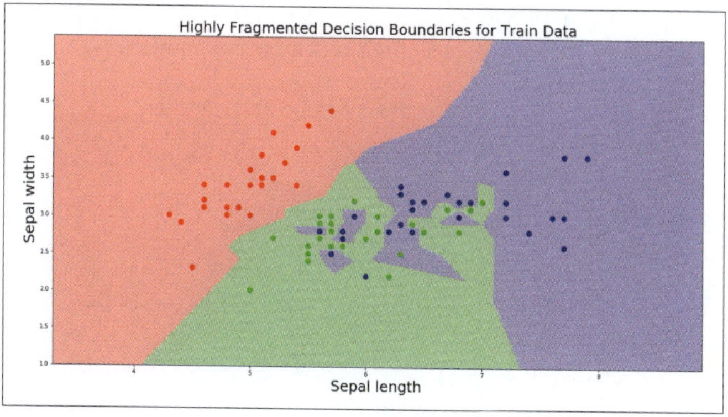

Abbildung 2-2: Decision Boundaries für Sepal-Features

Overfitting

Gerade im Zentrum der Grafik sind die Grenzen zwischen den Decision Boundaries zerklüftet und unruhig, wenig glatt und genau auf unsere Trainingsdaten angepasst. Während es für unsere Trainingsdaten gut aussieht, passen diese Grenzen nicht wirklich gut für die Testdaten, das heißt, wenn wir nur die beiden Sepal-Features nutzen, haben wir es hier mit *Overfitting* zu tun. Overfitting bedeutet, dass ein Modell deutlich besser auf Trainingsdaten als auf Testdaten funktioniert, also nicht gut auf unbekannte Daten generalisiert. Dieselben Decision Boundaries kannst du in Abbildung 2-3 für die Testdaten sehen.

Schau genau hin: Die Darstellung der Decision Boundaries dominiert, und so kann diese Grafik auf den ersten Blick genau so aussehen wie die vorherige. Entscheidend sind aber die Datenpunkte, die nun nicht mehr für das Training, sondern für den Test eingezeichnet sind.

Die beiden Punkte links von der Mitte passen zum Beispiel überhaupt nicht mehr zur Vorhersage, rechts von der Mitte sieht es ebenso schlecht aus. Oben passt es hingegen ganz gut. Wir werden später in Kapitel 5, *Feature-Auswahl*, sehen, warum manche Arten ganz gut passen und warum wir bei einer anderen Auswahl der Features plötzlich derartig schlechte Ergebnisse bekommen.

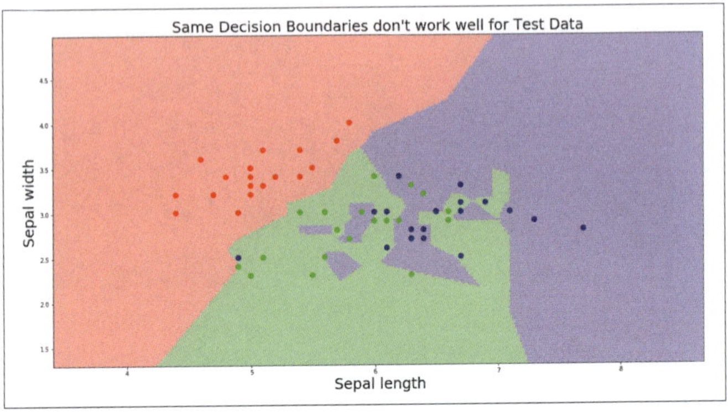

Abbildung 2-3: Unpassende Decision Boundaries für Testdaten

Nun aber hier die Ergebnisse für diese Feature-Auswahl:

```
clf_sepal.score(X_train_sepal_only, y_train)
> 0.9555555555555556
clf_sepal.score(X_test_sepal_only, y_test)
> 0.8000000000000004
```

Das passt zu unserem Eindruck aus den Grafiken: Für die Trainingsdaten sieht es nicht schlecht aus (95 % passend), aber die Testdaten liefern mit nur 80 % Genauigkeit kein gutes Bild ab.

Das Bild des Overfittings verfestigt sich hier. Unser Modell ist also zu speziell und zu komplex. Es passt sich zu genau den Trainingsdaten an und ist dann nicht mehr allgemein genug für die Testdaten.

Underfitting

Gut, dann also ein einfacheres Modell? Erstaunlicherweise bekommen wir das hin, indem wir nicht nur die Nähe zu einem einzigen Nachbarn bei der Vorhersage in Erwägung ziehen, sondern die Nähe mehrerer. Wir probieren einmal zehn Nachbarn aus:

```
clf_sepal_10 = neighbors.KNeighborsClassifier(10)
```

Abbildung 2-4 zeigt die passende Grafik für die Trainingsdaten, an der man schön die viel sanfteren Übergänge der Decision Boundaries sehen kann.

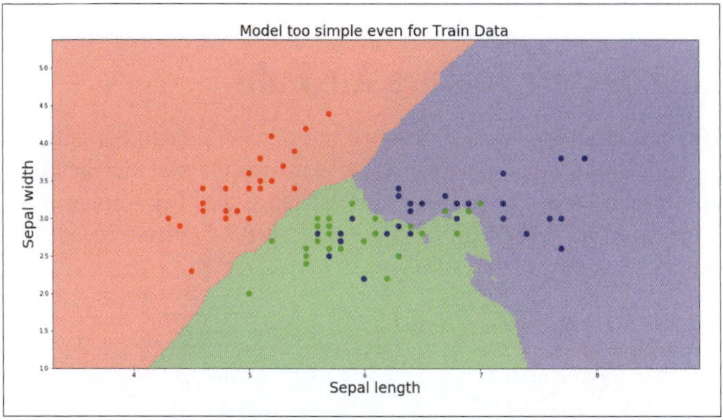

Abbildung 2-4: Glatte Decision Boundaries, aber dieses Mal sogar schwach für die Trainingsdaten

Leider kann man genauso schön sehen, dass nicht einmal die Trainingsdaten gut vorhergesagt werden können. Wir haben es jetzt also mit *Underfitting* zu tun. Von Underfitting spricht man, wenn ein Modell zu einfach ist und nicht einmal die Trainingsdaten annähernd reproduzieren kann.

Das bestätigen uns auch die Scores, die für Trainings- und Testdaten ähnlich schwach sind:

```
clf_sepal_10.score(X_train_sepal_only, y_train)
> 0.80000000000000004
clf_sepal_10.score(X_test_sepal_only, y_test)
> 0.76666666666666672
```

Der Sweet Spot liegt irgendwo zwischen dem zu komplexen und dem zu einfachen Modell. Wir verraten dir jetzt schon einmal: Egal wie wir unser Modell hier anpassen, wir bekommen nie gute Ergebnisse. Das liegt daran, dass dieser Satz an Features einfach nicht ausreicht, um die einzelnen Arten voneinander zu trennen. Nichts zu machen. In der Praxis ist so etwas ernüchternd. Wenn du nicht die richtigen, zu schlechte oder zu wenige Daten hast, kannst du noch so schlau sein, du wirst nie zu guten Ergebnissen kommen. Mehr dazu findest du in Kapitel 3, *Datenimport und -vorbereitung*, und Kapitel 5, *Feature-Auswahl*.

Eine bessere Feature-Auswahl

Umso erstaunlicher ist es, dass wir mit den Petal-Features sehr viel weiterkommen und fast Werte erzielen wie für alle vier Features zusammen. Wir bleiben bei zehn Nachbarn und bekommen diese Decision Boundaries, die wir in Abbildung 2-5 zuerst zusammen mit den Trainingsdaten anzeigen.

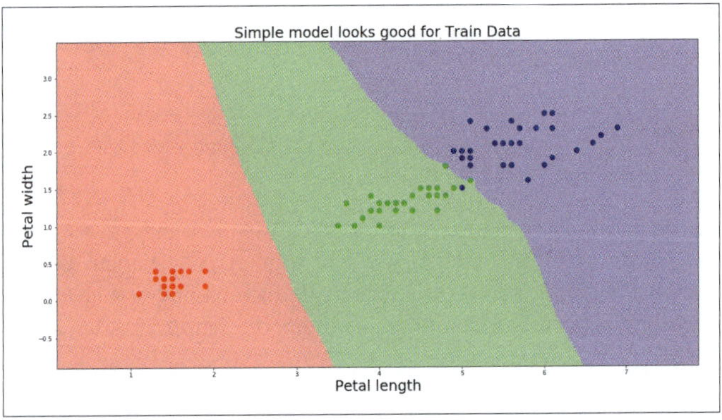

Abbildung 2-5: Petal-Features-Decision-Boundaries mit Trainingsdaten

Du kannst glatte Übergänge sehen und ebenso nur geringe Fehler bei den beiden Klassen in der Mitte und rechts. Das spiegelt sich auch in den Scores wider:

```
clf_petal_10.score(X_train_petal_only, y_train)
> 0.9666666666666667
```

Nicht perfekt, aber sehr gut, und vor allem sehr ähnliche Scores bei den Testdaten:

```
clf_petal_10.score(X_test_petal_only, y_test)
> 0.94999999999999996
```

In Abbildung 2-6 kannst du nun noch einmal dieselben Decision Boundaries sehen, dieses Mal aber mit den Testdaten. An der Decision Boundary rechts kann es keine glatte Grenze geben, die sowohl für die Trainingsdaten als auch für die Testdaten gute Ergebnisse liefert.

Abbildung 2-6: Petal-Features: Decision Boundaries mit Testdaten

Das Erstaunliche und Bemerkenswerte hier: Wir haben zwar wieder nur zwei Features verwendet, aber dieses Mal viel bessere Ergebnisse bekommen. Wir lernen daraus, dass es nicht nur auf die Menge der Features ankommt, sondern auch darauf, welche Features man auswählt. Hier hatten wir nur mehr oder weniger Glück mit der Auswahl, wie man das aber systematisch macht und warum das hier so gut geklappt hat, lernst du in Kapitel 5, *Feature-Auswahl*, und Kapitel 6, *Modellvalidierung*.

Die hier erklärte Nearest Neighbors Classification ist relativ einfach, aber erstaunlich häufig ausreichend. In Kapitel 4, *Supervised Learning*, zeigen wir dir weitere Lernstrategien, die grundsätzlich anders funktionieren.

Wir hoffen zudem, auf die theoretisch anspruchsvolleren Kapitel 5 und Kapitel 6 neugierig gemacht zu haben. Wie wir trainieren und wie wir Features auswählen, ist offensichtlich essenziell für unseren Erfolg.

Weiterführende Links

- Jupyter Notebooks: *https://jupyter.org/*
- Colab Notebooks: *https://colab.research.google.com*

KAPITEL 3

Datenimport und -vorbereitung

Daten stehen in den seltensten Fällen in genau dem richtigen Format und in perfekter Qualität zur Verfügung. Oft müssen sie sogar erst beschafft werden. In jedem Fall müssen sie aber in die von uns hier eingeführten Systeme importiert, d.h. eingelesen werden.

Diese Vorbereitung kann einen Großteil deiner Arbeit darstellen und ist selten der spannendste, bildet aber die Grundlage für die in den folgenden Kapiteln beschriebene weitere Arbeit. Ohne bereinigte Daten gibt es keine Analyse. Je mehr Arbeit du in die Vorbereitung steckst, desto besser werden auch die Ergebnisse.

In diesem Kapitel führen wir dich neben der Datenvorverarbeitung auch in die Grundlagen der Programmiersprache Python und ihrer Bibliotheken ein, die wir in den nachfolgenden Kapiteln für alle Beispiele nutzen werden. Dazu gibt es Kästen, die du überspringen kannst, wenn du dich gar nicht für die Programmierung interessierst oder die jeweiligen Programmierthemen bereits beherrschst.

Der komplette und ausführbare Code für dieses Kapitel ist wieder unter der URL *https://github.com/DJCordhose/buch-machine-learning-notebooks* als Notebook *kap3.ipynb* (*https://bit.ly/ml-kug*) erreichbar.

Datenimport

Für dieses Kapitel haben wir einen Beispieldatensatz ausgesucht, der relativ schlecht ist. Das ist zweckmäßig, da es hier ja um die Vorverarbeitung schlechter Datensätze geht. Wir verraten dir ein Geheimnis: Wir haben den Datensatz sogar mit Absicht noch schlechter gemacht, als er ohnehin schon war. Das ist sinnvoll, da du ja lernen sollst, wie man mit schlechten Daten umgehen muss.

Am Anfang steht immer der Import der Daten in ein System, das überhaupt erst eine Vorverarbeitung erlaubt. Wir nutzen die Programmiersprache Python mit den dafür passenden Bibliotheken. Für diesen speziellen Fall des Imports und der Vorverarbeitung setzen wir die Standardbibliotheken Pandas und NumPy ein.

Python

Python ist eine Programmiersprache, die an keinen besonderen Zweck gebunden ist. Sie ist jedoch die Programmiersprache schlechthin für wissenschaftliche Datenverarbeitung und für Aufgaben im Bereich Data Science und Machine Learning. Wir werden Python in der Version 3 für alle Programmierbeispiele in diesem Buch nutzen.

Python-Bibliotheken

Neben der eigentlichen Sprache Python braucht man eine ganze Reihe von bereits von anderen Menschen geschriebenen Bibliotheken. Diese Bibliotheken bieten Funktionalitäten, die wir nur sehr schwer oder mit hohem Aufwand selbst programmieren könnten. Konkret werden wir die Bibliotheken Pandas, NumPy, matplotlib, Seaborn und Scikit-Learn nutzen. Diese wirst du nach und nach kennenlernen.

Unsere Datensätze liegen als Textdatei vor, in der in jeder Zeile ein Datensatz steht. Die einzelnen Felder der Datensätze sind durch Kommata getrennt. Das könnte für die ersten Zeilen so aussehen:

```
5.1,3.5,1.4,2 mm,Iris-setosa
4.9,3.0,1.4,2 mm,Iris-setosa
4.7,3.2,1.3,2 mm,Iris-setosa
```

Und so sieht unsere erste Zeile Python-Code aus, die eine solche Datei einliest:

```
import pandas as pd
df = pd.read_csv('iris_dirty.csv')
```

In der ersten Zeile importierst du die Pandas-Bibliothek, danach kannst du sie unter dem Namen pd nutzen. Das tust du in der zweiten Zeile mit `pd.read_csv`. Diese Methode braucht einen Dateipfad und geht davon aus, dass sich dahinter eine Datei im CSV-Format befindet. CSV steht für *Comma-Separated Values*, also wie oben beschrieben für Werte, die durch Kommata getrennt sind.

Wir sind aber noch nicht ganz fertig, weil der Import in der ersten Zeile der Datei die Namen der Felder als Beschreibung erwartet. Das ist in unserer Datei nicht so, daher geben wir die Felder explizit beim Import an.

```
import pandas as pd

df = pd.read_csv('iris_dirty.csv',
                 header=None, # A
                 names=['sepal length', 'sepal width', # B
                        'petal length', 'petal width', 'class']
)
```

In Zeile A geben wir an, dass die Datei keinen Header hat, in dem die Namen der Felder stehen würden. Daher geben wir diese in Zeile B ersatzweise als Liste direkt an.

Python-Grundlagen

Bibliotheken liefern uns nützliche Funktionen, die wir über diese aufrufen können. In unserem Fall haben wir `read_csv` aus der Pandas-Bibliothek benutzt und den Aufruf über pd vorgenommen, da wir Pandas unter dem Namen pd importiert haben:

```
import pandas as pd
df = pd.read_csv('iris_dirty.csv')
```

In Python können Werte in Variablen abgelegt werden. Dazu schreibt man einfach den frei wählbaren Namen einer Variablen hin und weist ihm mit einem Gleichheitszeichen (=) einen Wert zu. Dieser Wert kann auch das Ergebnis eines Funktionsaufrufs sein. In unserem Beispiel legen wir die Variable `df` an, die die importierten Datensätze enthält:

→

```
df = pd.read_csv('iris_dirty.csv')
print(df)
```

Auf solche Variablen kann über ihren Namen wieder zugegriffen und der Inhalt kann herausgeholt werden. Oben haben wir das getan, um den Inhalt mit der `print`-Funktion auszugeben.

Funktionen (z. B. aus Bibliotheken) brauchen häufig Parameter als zusätzliche Angaben. Diese werden zum Teil über ihre Position angegeben, zum Teil aber auch über ihren Namen. Unser Aufruf der Importfunktion enthält beide Varianten:

```
df = pd.read_csv('iris_dirty.csv', header=None)
```

Der Parameter `header` wird über seinen Namen angegeben, während der Dateiname an erster Stelle steht und dadurch seine Bedeutung bekommt. Parameter werden in Klammern eingeschlossen und mit Kommata getrennt.

Strings (Zeichenketten) werden in Python entweder von einfachen (`'`) oder von doppelten (`"`) Anführungszeichen umschlossen. Das ist notwendig, damit Python weiß, wo die Zeichenkette anfängt und wo sie aufhört. Dies nutzen wir in unserem Dateinamen und in dem Namen für die Felder:

```
'iris_dirty.csv'
```

Kommentare werden mit einer Raute (#) eingeleitet. Alles was in einer Zeile hinter der Raute steht, wird von Python ignoriert und dient nur deiner Information. Hier ist C nur ein Kommentar und wird von Python überlesen:

```
print(df) # C
```

Statt eines einzelnen Werts für eine Variable oder einen Parameter kannst du auch eine Liste von Werten angeben. Dazu umschließt du die Werte mit eckigen Klammern ([und]) und trennst sie wieder, wie bei Parametern, mithilfe von Kommata.

```
df = pd.read_csv('iris_dirty.csv',
                 names=['sepal length', 'sepal width',
                        'petal length', 'petal width', 'class'])
```

Eine umfassendere, aber immer noch kurze Einführung, die auch NumPy-Grundlagen abdeckt, findest du unter *http://cs231n.github.io/python-numpy-tutorial/*.

Das vorbereitete Projekt

In unserem Projekt nutzen wir wie in Kapitel 2, *Quick-Start*, den im Bereich Machine Learning sehr bekannten und weitverbreiteten Irisdatensatz (*http://archive.ics.uci.edu/ml/datasets/Iris*). Hier geht es um die Klassifizierung von Schwertlilien (Iris). Dazu liegen uns bestimmte Längen und Breiten von untersuchten Exemplaren samt einer Klassifizierung vor. Alle weiteren Eigenschaften des Datensatzes werden wir uns nach und nach erarbeiten. Dies entspricht häufig dem Vorgehen in der Praxis, da du oft nur wenig über die Datensätze weißt und dich ihnen durch den Einsatz von Werkzeugen nähern musst.

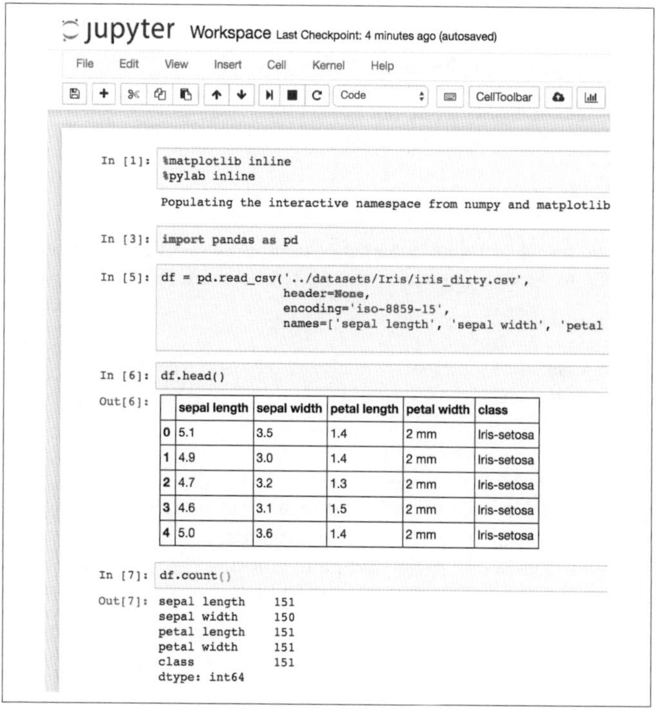

Abbildung 3-1: Dein Notebook im Browser

Wir empfehlen dir, alle Beispiele in den bereits in Kapitel 2, *Quick-Start*, eingeführten Jupyter-Notebooks nachzuvollziehen. Der Link ist wieder *https://github.com/DJCordhose/buch-machine-learning-notebooks* (*https://bit.ly/ml-kug*). Dieses Kapitel ist dort unter dem Namen *kap3.ipynb* erreichbar. Wenn du ein eigenes Notebook gestartet hast, solltest du in deinem Browser etwas Ähnliches wie das in Abbildung 3-1 sehen.

Preprocessing

Als Erstes solltest du dir bei einem Datensatz einen Überblick über seine Qualität verschaffen. Sobald du die Probleme des Datensatzes kennst, hast du schon die halbe Arbeit geleistet. Die andere Hälfte besteht darin, diese Probleme zu lösen und danach bereinigte Daten zur Verfügung zu haben.

Der folgenden Aufruf auf deinem Dataframe `df` gibt dir einen Überblick über die ersten Datensätze:

```
df.head()
```

Schließt du diese Zeile mit *Umschalt+Enter* ab, solltest du eine Tabelle wie die in dem Screenshot oben in deinem Browser sehen. Als Nächstes schauen wir, wie viele Werte es pro Spalte gibt:

```
df.count()
> sepal length    151
> sepal width     150
> petal length    151
> petal width     151
> class           151
```

Die Ausgabe zeigen wir wieder hinter dem > an. Hier sind es gleich mehrere Zeilen, und jede Zeile gibt die Anzahl der Werte für ein bestimmtes Feld an. Man hätte erwartet, dass es bei 151 Datensätzen auch 151 Werte pro Feld/Spalte gibt. Im Bereich `sepal width` sind es aber nur 150 Datensätze, es fehlt also ein Wert.

Fehlende Werte

Fehlende Werte kommen sehr häufig vor. Oft liegen Daten einfach nicht vor, manchmal ist es nicht einmal sinnvoll, an einer bestimmten Stelle überhaupt Daten zu haben.

Wenn ein einzelner Wert fehlt, kannst du mehrere Dinge tun:

1. den kompletten Datensatz löschen (wenn ein sehr wichtiger Wert fehlt, wie z. B. die Klassifizierung),
2. einen Mittelwert oder Ähnliches aus allen anderen Daten oder aus allen anderen Daten mit derselben Klassifizierung bilden (gut, wenn man wie wir nicht viele Datensätze hat),
3. den Wert selbst durch ein Machine-Learning-Verfahren bestimmen,
4. den fehlenden Wert mit einem festen anderen Wert, z. B. 0 oder –1, ersetzen.

Option 1 ist die einfachste Lösung, birgt aber große Risiken. Das Fehlen eines Werts könnte systematisch sein, das Löschen kompletter Zeilen verfälscht dann die Daten.

Zur Illustration ein Beispiel: Das Fehlen einer Festnetznummer bei einem Datensatz könnte systematisch sein, weil viele junge Menschen keinen Festnetzanschluss mehr besitzen. Werden alle diese Zeilen gelöscht, enthalten die Daten deutlich weniger junge Leute als vorher.

Wir entscheiden uns dafür, den fehlenden Wert mit einem Mittelwert aus allen Daten derselbe Klasse zu erzeugen. Dazu müssen wir erst einmal den unvollständigen Datensatz bestimmen, denn bisher wissen wir nur, dass ein Wert fehlt, aber nicht, wo.

Wir wissen, dass der fehlende Wert in der Spalte `'sepal width'` liegt, und diese Spalte kannst du in Pandas ganz einfach auslesen:

```
df['sepal width']
```

Leider haben wir dann gleich 151 Werte. Das macht es schwer, den fehlenden herauszusuchen (insbesondere weil du oft weit mehr als 150 Werte haben wirst). Zuerst fragen wir daher die Datensätze danach, ob die Spalte fehlt:

```
df['sepal width'].isnull()
```

Pandas: Dataframes und Series

Dataframe
: Der Dataframe ist die zentrale Datenstruktur von Pandas. Du kannst sie dir vorstellen wie eine Tabelle in Excel. Technisch besteht ein Dataframe aus einer Reihe von Series. Jede Series beschreibt dabei nicht eine Zeile der Tabelle, sondern eine Spalte. Über den [ ]-Operator kommst du an die einzelnen Series heran.

Series
: Eine Liste von Daten mit einem Index. Der Index kann angegeben werden, wird aber automatisch als fortlaufende Nummerierung gesetzt, wenn er fehlt. Über den [ ]-Operator kommst du an die einzelnen Daten heran.

  Im Notebook zu diesem Kapitel findest du einige veranschaulichende Beispiele zu *Series* und *Dataframes*.

Das gibt wieder 151 Ergebnisse, dieses Mal aber immerhin `True` und `False`. So etwas können wir nun als komplexere Bedingung in den eckigen Klammern angeben und den einzigen Datensatz herausfiltern, für den `True` herauskommt:

```
df[df['sepal width'].isnull()]
```

Unser fehlender Wert ist mit `NaN` (*Not a Number* = keine Zahl) gekennzeichnet:

index	'sepal length'	'sepal width'	'petal length'	'petal width'	class
82	5.8	NaN	3.9	12 mm	Iris-versicolor

Wir sehen auch, dass es der Wert `82` ist und die Iris zur Gattung `Iris-versicolor` gehört. Unser Plan war ja, den Mittelwert der `'sepal width'` aller Irisblüten aus derselben Gattung zu bestimmen. Erst einmal basteln wir uns wieder eine passende Bedingung, um alle Datensätze für diese Irisart zu bekommen:

```
iris_versicolor = df[df['class'] == 'Iris-versicolor']
```

Daraus extrahieren wir anschließend nur die `'sepal width'` und nutzen diese für den Mittelwert, den wir in der Variablen `mean SepalWidth` speichern:

```
meanSepalWidth = pd.Series.mean(iris_versicolor['sepal width'])
> 2.7800000000000007
```

Dazu setzen wir die Funktion `mean` ein, die wir über `pd.Series` erreichen. Der Mittelwert stellt sich dann ungefähr als 2,78 dar. Diesen müssen wir nun nur noch an die leere Stelle speichern und sind fertig mit dieser Korrektur:

```
df.loc[82,'sepal width'] = meanSepalWidth
```

Wir nutzen die Funktion `loc`, mit der wir ein bestimmtes Feld an einem bestimmten Index heraussuchen können. Der abschließende Test ergibt nun ein stimmiges Bild und 151 Werte für jedes der Felder:

```
df.count()
> sepal length 151
> sepal width 151
> petal length 151
> petal width 151
> class 151
```

Dubletten

Manches Mal hat man nicht zu wenige Daten, sondern zu viele. Oft schleichen sich durch falsche Dateneingaben oder Fehler in der Zwischenverarbeitung Dubletten ein, also doppelt vorhandene Datensätze. Pandas liefert eine sehr schöne Funktion, mit der du solche Datensätze findest ...

```
df[df.duplicated(keep=False)]
```

... die wir in einer Spielart nutzen, die uns alle doppelten Datensätze ausspuckt:

```
index sepal length  sepal width petal length petal width  class
9         4.9            3.1         1.5          1 mm         Iris-setosa
34        4.9            3.1         1.5          1 mm         Iris-setosa
37        4.9            3.1         1.5          1 mm         Iris-setosa
50        7.0            3.2         4.7         14 mm    Iris-versicolor
100       7.0            3.2         4.7         14 mm    Iris-versicolor
```

Gerade bei so ähnlichen Werten ist es Interpretationssache, ob ein Datensatz für ein und dieselbe Blume tatsächlich doppelt vorkommt oder ob es sich um eine echte Dublette handelt, die entfernt werden sollte. Wir können uns das Wissen zunutze machen, dass für jede Klasse genau 50 Datensätze existieren sollen. Wir haben 151, also nur einen zu viel. Aber von welcher Klasse?

Dazu zählen wir die Datensätze pro Klasse:

```
df.groupby('class').count()
```

Wir bekommen heraus:

- `Iris-setosa`: 49
- `Iris-setsoa`: 1
- `Iris-versicolor`: 51
- `Iris-virginica`: 50

Offensichtlich haben wir hier – so ganz nebenbei – noch ein zweites Problem entdeckt, aber erst einmal sehen wir, dass wir von `Iris-versicolor` tatsächlich ein Exemplar zu viel haben. Das muss die Dublette sein, die wir einfach löschen. Dabei spielt es keine Rolle, ob wir den ersten oder zweiten Datensatz löschen, da sie ja identisch sind. Wir erzeugen einen neuen Datenframe, in dem der entsprechende Datensatz (`100`) fehlt:

```
df = df.drop(df.index[[100]])
```

Zeichendreher/Tippfehler

Wie bereits bemerkt, gibt es eine weitere Auffälligkeit: Es gibt einen Datensatz der Klasse `Iris-setsoa`. Dabei handelt es sich offensichtlich um einen Tippfehler, denn auch dieser Datensatz sollte die Klasse `Iris-setosa` haben. Das können wir schnell reparieren. Erst einmal finden wir heraus, dass der Datensatz den Index `49` hat ...

```
df[df['class'] == 'Iris-setsoa']
> 49
```

... und dann setzen wir die Klasse neu:

```
df.loc[49,'class'] = 'Iris-setosa'
```

Nun erhalten wir gleichmäßige Daten, wenn wir die Anzahl der Datensätze pro Klasse durchzählen:

```
df.groupby('class').count()
>             sepal length sepal width petal length petal width
> class
> Iris-setosa            50          50           50          50
> Iris-versicolor        50          50           50          50
> Iris-virginica         50          50           50          50
```

Uneinheitliche Einheiten

Schauen wir uns unsere Daten noch einmal mit

```
df.head()
```

an:

```
sepal length  sepal width  petal length petal width class
5.1           3.5          1.4            2 mm        Iris-setosa
4.9           3.0          1.4            2 mm        Iris-setosa
4.7           3.2          1.3            2 mm        Iris-setosa
4.6           3.1          1.5            2 mm        Iris-setosa
5.0           3.6          1.4            2 mm        Iris-setosa
```

Alle Werte sollten in Zentimetern mit einer Nachkommastelle vorliegen. Es fällt aber auf, dass die Variable `petal width` leider in Millimetern angegeben ist und auch nicht in einem einfach zu verarbeitenden Format, da sie den Text `mm` enthält. Das wollen wir vereinheitlichen und auch dieses Feld in cm umwandeln.

Eine solche Umwandlung bekommst du dadurch hin, dass du `' mm'` löschst, die Zeichenkette in eine Zahl wandelst und durch 10 teilst. Genau das tun wir hier erst einmal beispielhaft für die Zeichenkette `'2 mm'`:

```
pd.to_numeric('2 mm'.replace(' mm', '')) / 10
> 0.20000000000000001
```

Der besseren Übersicht halber definieren wir für die Umwandlung erst einmal eine Funktion mit dem Namen `convert_from_mm` und dem Parameter `row`. Unter diesem Namen kann im Code der Funktion auf die aktuelle Zeile zugegriffen werden. Das sieht in Python so aus:

```
def convert_from_mm(row):
  return pd.to_numeric(row['petal width'].replace(' mm', '')) / 10
```

> **Funktionen in Python**
>
> Du definierst eine Funktion mit dem Schüsselwort `def`, dem Namen der Funktion und einer Liste von erwarteten Parametern. Das Ergebnis wird mit `return` geliefert.
>
> Blöcke, wie der Körper einer Funktion, werden in Python einzig durch Einrückungen ausgedrückt. Das bedeutet, der Block fängt mit der Einrückung an und endet, wenn auch die Einrückung endet.

Diesen Code müssen wir nun auf jeden einzelnen Wert von `'petal width'` anwenden und nicht nur einmal auf 2 mm. Mit der `apply`-Funktion kannst du genau das tun, *nämlich* einen bestimmten Code für jede Zeile ausführen. Dazu geben wir unsere oben definierte Funktion an, die *dann* nach und nach für alle Werte ausgeführt wird.

```
df['petal width'] = df.apply(convert_from_mm, axis='columns')
```

> `axis='columns'` ist etwas verwirrend. Es besagt, dass wir die Datensätze über die Spaltenachse einfüttern, was effektiv bedeutet: zeilenweise und nicht etwa spaltenweise. Dies ist meistens das, was wir wollen.

Dies wird nun für jede Zeile ausgeführt, und das Ergebnis überschreibt die bisherige `'petal width'`-Serie. Zur Überprüfung gucken wir uns noch einmal die Werte an und sehen, dass alles korrekt nach Zentimeter konvertiert wurde:

```
sepal length  sepal width  petal length petal width  class
5.1           3.5          1.4          0.2          Iris-setosa
4.9           3.0          1.4          0.2          Iris-setosa
4.7           3.2          1.3          0.2          Iris-setosa
4.6           3.1          1.5          0.2          Iris-setosa
5.0           3.6          1.4          0.2          Iris-setosa
```

Unplausible Daten (Ausreißer)

Das erste Problem bei unplausiblen Daten: Man muss sie erst einmal finden. Jeden einzelnen Datensatz durchzugehen, ist selbst bei einer relativ kleinen Menge von Datensätzen zumindest fehleranfällig und nervtötend, sehr bald aber auch schlicht nicht praktikabel. Wir bedienen uns daher den Mitteln der Statistik, um überhaupt erst einmal eine Idee davon zu bekommen, ob wir verdächtige Werte in unseren Daten haben. Mit dieser Information können wir dann weitere Untersuchungen vornehmen. Zuerst aber die statistische Untersuchung:

```
df.describe()
```

Diese Funktion ist beinahe Magie und liefert dir eine umfassende, aber dennoch kompakte Darstellung statistischer Maße.

> Die `describe()`-Funktion arbeitet nur dann gut, wenn deine Daten bereits strukturell aufgeräumt sind, d.h., wenn sie tatsächlich durchgehend numerisch sind und keine Lücken mehr enthalten.

Sieh dir dazu bitte das Ergebnis in Abbildung 3-2 an.

	sepal length	sepal width	petal length	petal width
count	150.000000	150.000000	150.000000	150.000000
mean	6.191333	3.054533	3.758667	1.198667
std	4.338310	0.433205	1.764420	0.763161
min	4.300000	2.000000	1.000000	0.100000
25%	5.100000	2.800000	1.600000	0.300000
50%	5.800000	3.000000	4.350000	1.300000
75%	6.400000	3.300000	5.100000	1.800000
max	58.000000	4.400000	6.900000	2.500000

Abbildung 3-2: Die statistische Auswertung unserer Daten

Pro Zeile findest du jeweils einen wichtigen statistischen Wert für jeden Wert in unserem Datensatz.

count, mean, std
: Die Anzahl der Werte, der Mittelwert und die Standardabweichung.

min, max
: Der jeweils kleinste und größte Wert.

25 %, 50 %, 75 %

Die drei Standardperzentile. Sie geben Aufschluss über die Verteilung der Werte. Das *25 %*-Perzentil gibt den Wert an, der größer ist als 25 % aller anderen Werte. Dasselbe gilt dementsprechend für *50 %* und *75 %*. *50 %* heißt auch *Median*.

Was fällt dir auf? Ein maximaler Wert von 58 bei *sepal length* sieht schon ganz schön verdächtig aus, meinst du nicht? Eine Blume mit einem Blütenblatt von mehr als einem halben Meter? Noch klarer wird es, wenn wir uns das grafisch aufbereitet in Histogrammen ansehen, die wir mit einem minimalen Aufruf erstellen. Ein Histogramm bildet alle Werte auf der x-Achse ab. Auf der y-Achse siehst du dann die Häufigkeit jedes vorkommenden Werts. Dabei kannst du auch angeben, ob du nun jeden einzelnen Wert mit seiner Häufigkeit sehen willst oder Werte zusammenfassen möchtest, die nebeneinanderliegen. Diese Zusammenfassungen nennt man auch *Bins*.

Pro Variable gibt es ein Histogramm, per Default werden dabei nur zehn Bins angezeigt, also nicht jeder Wert einzeln.

```
df.hist()
```

Das Ergebnis in Abbildung 3-3 ist besonders spannend in dem Histogramm unten links für *sepal length*. Ganz rechts gibt es genau einen einzigen Wert 58, alle anderen Werte sind unter 10. Das ist also unser Ausreißer.

Wir haben eigentlich jetzt genug gesehen, aber weil dies so tolle Funktionen sind: Sie arbeiten auch gruppiert für die einzelnen Klassen:

```
df.groupby('class').describe()
df.groupby('class').hist()
```

Damit bekommst du dann dieselbe Art Grafik, allerdings pro Klasse eine eigene.

Wir wollen jetzt aber unseren Ausreißer korrigieren. Wir könnten ihn wie einen fehlenden Wert betrachten und hätten dann die gleichen Optionen, die wir oben beschrieben haben.

Allerdings drängt sich hier ein anderer Verdacht auf: Nur das Komma ist verrutscht! Alle anderen Werte sind nämlich eine Größenordnung kleiner, und ein verrutschtes oder vergessenes Komma ist ein häufig auftretender Fehler. Dazu kommt etwas Domänenwissen, das wir mit dem kompletten Datensatz abgleichen. Die folgende Abfrage für den Datensatz mit der `'sepal length'` 58 ...

```
df[df['sepal length'] == 58]
```

... ergibt diese Antwort:

```
index sepal length sepal width petal length petal width   class
143       58.0            2.7          5.1         1.9   Iris-
virginica
```

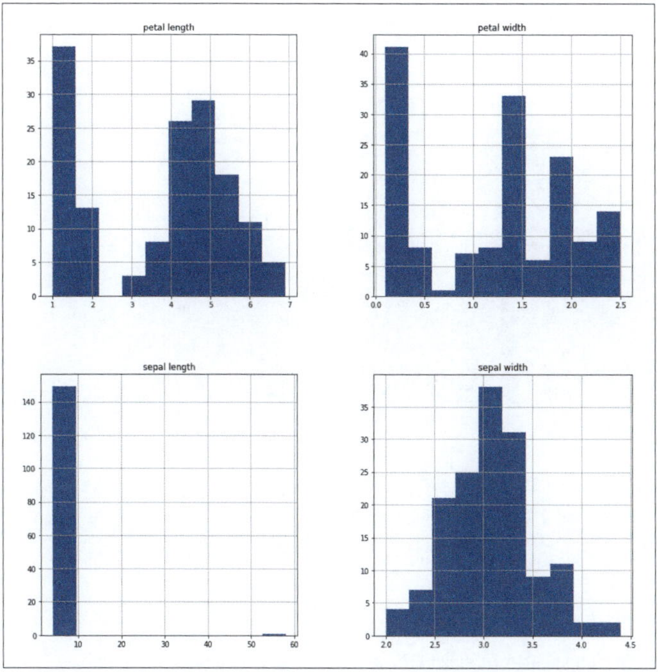

Abbildung 3-3: Histogramm: Wie häufig hat eine Variable einen gewissen Wert angenommen?

Dabei ist Sepalum (Sepal) der grüne Teil einer Blüte, der die Blüte z.B. nachts umschließt und schützt. Das Petal sind die Blütenblätter selbst. Es ist also anzunehmen, dass das Sepalum etwas größer ist als das Petal, aber nicht um mehr als den Faktor 10. Dass eine solche Korrelation zwischen den beiden Werten besteht, können wir sehr einfach mit der Bibliothek Seaborn darstellen:

```
import seaborn as sns
sns.jointplot(df['sepal length'], df['petal length'])
```

Das Ergebnis in Abbildung 3-4 zeigt sehr deutlich die annähernd lineare Korrelation mit genau einem Ausreißer. Der Pearson-Korrelationskoeffizient *r* von 0,23 gibt dabei an, wie stark die Werte tatsächlich linear korrelieren. 1 wäre perfekt, 0 gar nicht. Der relativ schwache Wert kommt durch den Ausreißer.

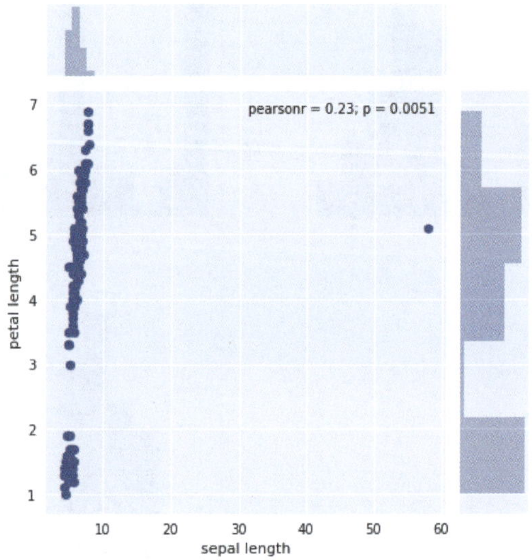

Abbildung 3-4: Annähernd linear mit einem Ausreißer: Korrelation zwischen der Länge des Kelchblatts und der des Blütenblatts

Korrigieren wir diesen Wert also erst einmal von Hand auf 5,8:

```
df.loc[143, 'sepal length'] = 5.8
```

Wenn wir die gleiche Grafik nach der Korrektur noch einmal berechnen, bekommen wir ein erstaunlich verändertes Bild, das du in Abbildung 3-5 sehen kannst. Hier ist der Pearson-Korrelationskoeffizient *r* auch erwartet nahe an 1, d.h., die beiden Werte sind stark linear korreliert.

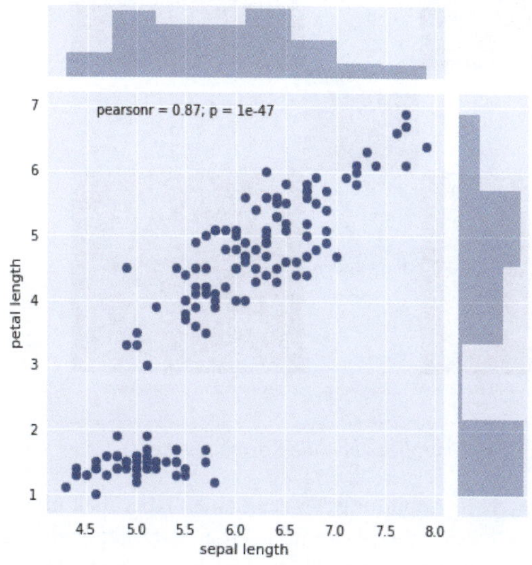

Abbildung 3-5: Feinere Auflösung: Korrelation zwischen der Länge des Kelchblatts und der des Blütenblatts

Es fallen zwei Dinge auf: Zum einen sieht die Grafik ganz anders aus und auch gar nicht mehr so schön linear. Da kommt daher, dass nun anders skaliert wird, da in der Grafik der Ausreißer jetzt nicht mehr angezeigt werden muss. Was wir vorher annähernd als Gerade gesehen haben, entpuppt sich bei genauerem Hinsehen als zweiteilige Gruppierung. Dennoch ist das Maß der linearen Korrelation nun mit 0,87 deutlich höher als vorher. Das ergibt Sinn, da wir unseren Ausreißer ja los sind.

Damit haben wir nun einen komplett bereinigten Datensatz. Für einen schönen Abschluss sehen wir uns noch einmal in der Übersicht eine Korrelationsmatrix zwischen allen Werten in Abbildung 3-6 an.

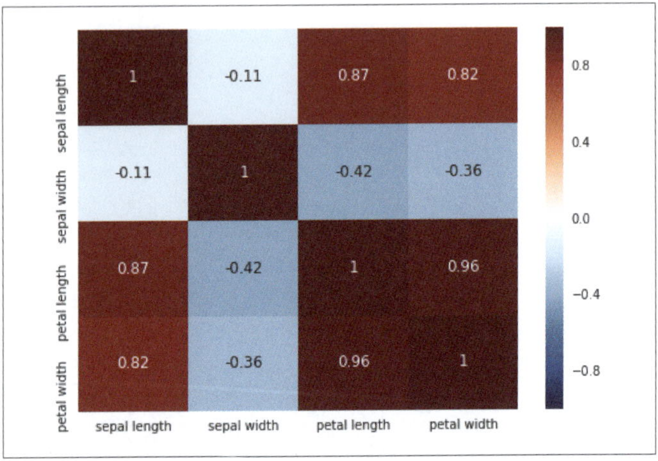

Abbildung 3-6: Überblick über alle Korrelationen

Diese Matrix in Abbildung 3-6 zeigt einen Überblick über alle Korrelationen. Sie ist spiegelsymmetrisch an der Diagonale, das heißt, du musst dir nur die untere Hälfte ansehen. Manche Korrelationen erscheinen offensichtlich, andere aber sind erstaunlich. Solch eine Darstellung ist extrem dicht und ideal für einen sehr schnellen Überblick. Du kannst sie mit nur zwei Zeilen Code mit Seaborn erzeugen:

```
corrmat = df.corr()
sns.heatmap(corrmat, annot=True)
```

Die eigentliche Matrix erzeugt Pandas, Seaborn stellt sie als Heatmap dar. Dabei wird die Farbe dunkler, je höher der absolute Wert ist.

Mit dem Wissen und den Techniken dieses Kapitels wirst du schon sehr weit kommen. Vieles in diesem Kapitel erfordert jedoch vor allem Fleißarbeit und ein wenig Intuition, wonach zu suchen ist und wie die Daten visualisiert werden sollten. In dem Notebook zu diesem Kapitel haben wir noch einige weitere Visualisierungen als Inspiration für dich zusammengestellt.

Weiterführende Links

- Pandas: *https://pandas.pydata.org/*
- NumPy: *https://numpy.org/*
- Matplotlib: *https://matplotlib.org/*
- Seaborn: *https://seaborn.pydata.org/*
- Ein gutes NumPy-Tutorial: *https://cs231n.github.io/python-numpy-tutorial/*

KAPITEL 4

Supervised Learning

Die Daten sind nun vorverarbeitet, und wir überlegen, was wir eigentlich damit machen wollen.

Mit *Supervised Learning* (überwachtem Lernen) bezeichnet man ein vom Menschen gesteuertes Lernen. Dabei wird ein System mit bekannten Daten trainiert, und dieses Wissen wird dann auf bisher nicht bekannte Daten angewendet. Insbesondere soll eine mathematische Funktion gelernt werden, die Features als Eingabe bekommt und die entsprechenden Labels als Ausgabe haben soll. Die Parameter dieser Funktion sollen so optimiert werden, dass die bekannten Daten möglichst gut wiedergegeben werden, dass aber auch gleichzeitig die Labels von neuen Daten vorhergesagt werden können.

In diesem zentralen Teil des Buchs fangen wir mit Grundlagen an und arbeiten uns dann durch die einzelnen Ansätze des überwachten Lernens.

Der Code und die erzeugten Grafiken für dieses Kapitel sind wieder unter der URL *https://github.com/DJCordhose/buch-machine-learning-notebooks* (*https://bit.ly/ml-kug*) als Notebook *kap4.ipynb* verfügbar.

Lineare Regression

Als erstes Beispiel nehmen wir den bekannten Boston-Housing-Datensatz (*https://archive.ics.uci.edu/ml/machine-learning-databases/housing/*), der die Immobilienpreise verschiedener Vororte Bostons auflistet. Der Datensatz enthält neben den Preisen 13 weitere Attribute der Häuser bzw. der Nachbarschaft, in der sich diese befinden. In unserem Beispiel wollen wir die Relation der Immobilienpreise (medianer Wert pro Bezirk) zu der durchschnittlichen Zimmeranzahl untersuchen.

Zunächst lädst du die Daten aus der Scikit-Learn-Bibliothek. Die Labels (Preise) sind in dem Datenobjekt im Attribut `target` und die 13 Features im Attribut `data` gespeichert:

```
import sklearn.datasets as data
boston = data.load_boston()
```

Die Form der Daten und des Targets bekommst du über die `shape`-Abfrage:

```
boston.data.shape, boston.target.shape
```

Anhand der Ausgabe kannst du sehen, dass 506 Datensätze mit jeweils 13 Features vorhanden sind:

```
((506, 13), (506,))
```

Die sechste Spalte in *boston.data* gibt die durchschnittliche Zimmeranzahl an. Wir speichern Features und Labels in gewohnter Weise in den Variablen *X* und *y*:

```
X = boston.data[:, 5:6]
y = boston.target
```

Wenn wir den Preis (`target`) gegen die Zimmeranzahl auftragen, können wir eine gewisse Tendenz erkennen. Wie erwartet, steigen die Preise mit der Zimmeranzahl (Abbildung 4-1). Wir hegen den Verdacht, dass die Relation mehr oder weniger linear ist. Mit dem Auge können wir sogar ganz grob eine Linie erraten. Die Gerade $y = 15 \cdot X - 70$ (rote Linie) in Abbildung 4-1 scheint eine gute erste Schätzung zu sein.

Ist das aber die »beste« Gerade? Oder gibt es bestimmte Methoden, wie man die »passendste« Gerade finden kann? Genau darum geht es beim Machine Learning: Wie findest du möglichst automatisch bzw. mithilfe eines selbstlernenden Algorithmus die optimale Lösung zu einem Problem? Und da lineare Regression ein schon lange bekanntes und sehr gut verstandenes Problem ist, wollen wir dich Schritt für Schritt durch diese erste Aufgabe führen.

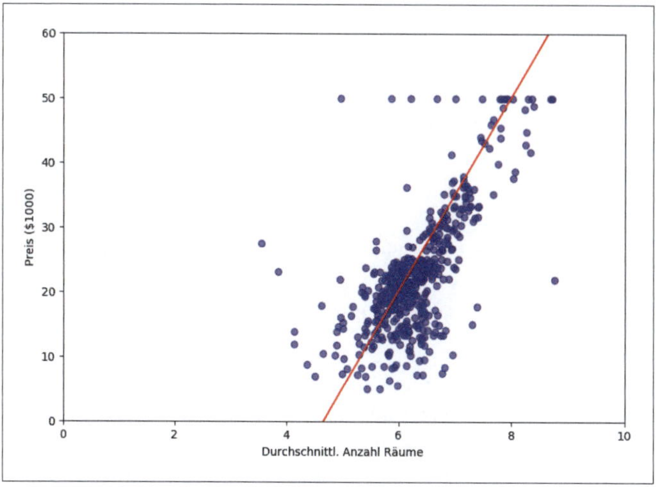

Abbildung 4-1: Boston-Housing-Datensatz

Eine Gerade in der x-y-Ebene kann mathematisch folgendermaßen formuliert werden:

$$y = a \cdot x + b$$

wobei `y` in unserem Beispiel den Preis darstellt, der in einer bestimmten Relation zu `x`, der Zimmeranzahl, steht. In der Machine-Learning-Sprache sind die `y`-Werte die Labels und die `x`-Werte die Features. `a` und `b` sind die Parameter des linearen Regressionsmodells. In unserem Fall kann man `a` als die Steigung und `b` als den y-Schnittpunkt grafisch interpretieren.

Loss-Funktion

Es gibt verschiedene Möglichkeiten, wie du dem Lernalgorithmus mitteilst, welche die »beste« Kurve (in diesem Fall eine Gerade) sein soll. Dieser Algorithmus soll die optimalen Parameter selbst herausfinden, d.h. »erlernen«. Zu dem Zweck definieren wir eine sogenannte Loss-Funktion (manchmal auch Cost- oder Error-Funktion genannt). Wir zeigen dir erst einmal so eine Funktion L (für Loss) und erläutern sie dann Schritt für Schritt:

$$L = \sum \left(y_i^{true} - y_i^{pred} \right)^2 = \sum \left[y_i^{true} - \left(a \cdot x_i + b \right) \right]^2$$

Wir bilden die Summe aller Abweichungen des tatsächlichen y-Werts (y_i^{true}) von dem y-Wert (y_i^{pred}), den unsere Geradenfunktion vorhersagt. Die Vorhersage y_i^{pred} können wir durch die Geradenfunktion von oben ersetzen, damit wir außer a und b keine weiteren Unbekannten in unserer Formel haben. Den wahren Wert y_i^{true} kennen wir aus dem `target`-Feld unseres Datensatzes.

Mit dieser Funktion sucht der Lernalgorithmus der linearen Regression diejenigen Parameter a und b, die die Summe aller Abweichungen minimiert. Das Quadrat benutzen wir, weil wir die Abweichungen immer positiv zählen, außerdem werden Punkte, die weit weg von der Geraden liegen, besonders stark gewichtet. Das heißt, größere Abweichungen tragen im erhöhten Maß zum Gesamtfehler bei.

Ordinary Least Square

Der einfachste Lernalgorithmus, der mithilfe einer solchen Loss-Funktion die optimalen Parameter `a` und `b` findet, ist die Methode *Ordinary Least Square* (OLS) bzw. die Methode der kleinsten Quadrate. Sie ist die klassische schon seit Jahrhunderten bekannte Methode und steht praktisch als Synonym für lineare Regression. Details zu OLS findest du z.B. in Wikipedia: *https://en.wikipedia.org/wiki/Ordinary_least_squares* oder *https://de.wikipedia.org/wiki/Methode_der_kleinsten_Quadrate*.

Wir machen es uns etwas einfacher und erhalten die Lösung mithilfe der Scikit-Learn-Bibliothek: Wir laden das Modul `LinearRegression`, erzeugen eine Instanz des Regressors und trainieren ihn mit unseren Daten. Dazu rufen wir die `fit()`-Methode mit der Zimmeranzahl `X` auf und geben ihr auch die tatsächlichen Preise `y` mit:

```
import sklearn.linear_model as lm
lr = lm.LinearRegression()  # Regressorinstanz
lr.fit(X, y)  # Training des Regressors mit den Daten
```

Nur zur Erinnerung: Wir beschäftigen uns hier mit Supervised Learning, d.h., wir trainieren mit uns bekannten Daten und erhoffen uns im ersten Schritt, ein Modell zu erhalten, das zumindest diese Daten reproduzieren kann. Unser Modell ist dabei durch unsere Geradenfunktion und die beiden Parameter `a` und `b` definiert. Dies kann bereits interessant sein, weil wir eine Idee von der Struktur der Daten bekommen. Typischerweise legt man es beim Training des Modells aber auf Generalisierung an. Das bedeutet, wir wollen nicht nur die bereits bekannten Werte vorhersagen, sondern auch Werte, die wir bisher nicht gesehen haben.

Erst einmal sehen wir uns aber an, wie gut das Training funktioniert hat, und zwar über den Aufruf der `score()`-Methode:

```
lr.score(X, y) # Validierung
```

In unseren Fall ist das:

```
0.48352545599133429
```

Die voreingestellte Metrik für die `score()`-Methode für lineare Regression ist der sogenannte R^2-Score. Es ist ein Maß für die Güte dieses Modells. Für uns reicht es hier erst einmal, zu wissen, dass die Güte des Modells desto besser ist, je näher der Score an 1 liegt. Da die Daten sehr stark gestreut sind, ist der Score weit von 1 entfernt.

Mehr über die Metrik und eine ausführliche Beschreibung der Güte eines Modells findest du in Kapitel 6, *Modellvalidierung*. Darin werden wir auch darauf eingehen, warum es für die Validierung des Modells günstig ist, nicht die Werte zu überprüfen, die wir bereits für das Training benutzt haben. In diesem Kapitel konzentrieren wir uns aber auf die Funktionsweise der verschiedenen Methoden und validieren erst einmal auf den Trainingsdaten.

Die Vorhersage des trainierten Modells für bestimmte Features erhält man über die `predict()`-Methode. Hier gibst du wieder die komplette Liste der Zimmeranzahl hinein und erhältst die vorhergesagten Preise:

```
y_pred = lr.predict(X)
```

In Abbildung 4-2 werden die wahren Werte (blau) mit der Vorhersage aus der `predict()`-Methode (rot) für alle Trainingsdaten verglichen.

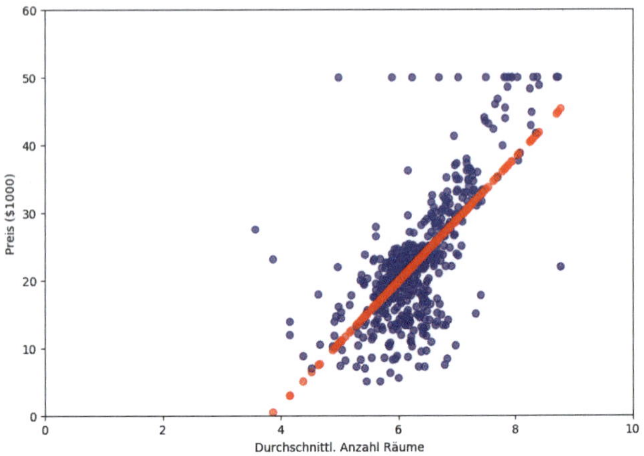

Abbildung 4-2: Ordinary Least Square Regression

Das Praktische an der Scikit-Learn-Bibliothek ist, dass alle Regressor- und Klassifikatorklassen im Großen und Ganzen die gleiche API besitzen. Das wird im Kasten unten noch mal zusammengefasst:

Grundlegende API von Scikit-Learn (Sklearn)

Zunächst erzeugst du eine Instanz einer Klassifikator- oder Regressionsklasse, z. B.:

```
import sklearn.linear_model as lm
lr = lm.LinearRegression()
```

Das Training der Daten `X` mit den Labels `y` wird immer über die Methode `fit()`, eventuell mit zusätzlichen Optionen, aufgerufen:

```
lr.fit(X, y)
```

Die Güte des Modells kann man mit der Methode `score()` berechnen:

```
lr.score(X, y)
```

→

Dabei solltest du beachten, dass bestimmte Score-Methoden voreingestellt sind. In der Regel liefern sie einen Wert zwischen 0 und 1, wobei ein großer Wert für hohe Güte steht. Für manche Probleme und Daten sind eventuell andere Score-Definitionen (auch Metriken genannt) aussagekräftiger.

Die Voraussage des trainierten Modells für neue Daten rufst du mit der Methode `predict()` auf:

```
lr.predict(X)
```

Stochastic Gradient Descent

Stochastic Gradient Descent (SGD) heißt ein Algorithmus, der mithilfe einer vorher definierten Loss-Funktion die optimalen Parameter a und b finden soll. Dieser Optimierungsalgorithmus wird heutzutage sehr häufig in Lernalgorithmen angewendet. Mit SGD kann man sehr gut die Art und Weise veranschaulichen, wie viele moderne Machine-Learning-Algorithmen funktionieren.

Für unser Boston-Housing-Problem starten wir mit irgendwelchen zufällig ausgewählten Parametern a und b. Im nächsten Schritt hangeln wir uns an der durch die Loss-Funktion beschriebenen Kurve zum Minimum hinunter (siehe Abbildung 4-3), indem wir die Steigung der Kurve durch die Ableitung der Funktion an den aktuellen Parameterwerten berechnen. Wenn etwas Negatives herauskommt, gehen wir nach rechts. Kommt etwas Positives raus, gehen wir nach links.

Die Ableitung oder das Differential einer Funktion beschreibt so etwas wie die Veränderung oder die Tendenz der Funktion bzw. der Kurve. Ist die Ableitung an einem bestimmten Punkt positiv, wird die Funktion für größere x größer und für kleinere x kleiner. Umgekehrt, bei einem negativen Ableitungswert, wird die Funktion für größere x kleiner und für kleinere x größer. Die Ableitung kann man grafisch auch als Steigung der Tangente an dem jeweiligen Punkt der Kurve darstellen. Tangentenhälften einer Loss-Funktion für einen gegebenen Datensatz, die in Richtung niedrigerer Werte zeigen, sind in Abbildung 4-3 dargestellt.

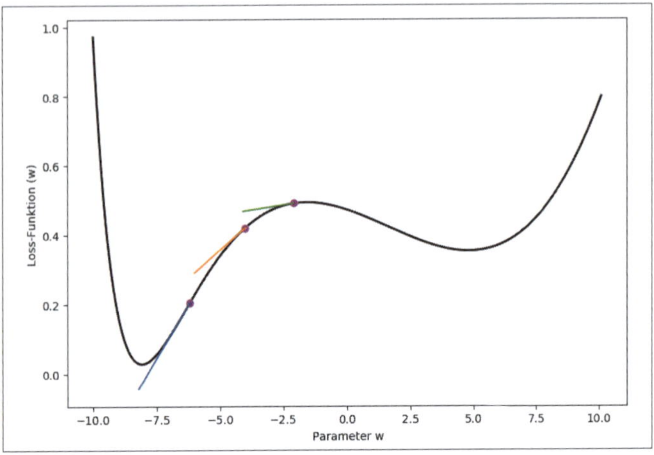

Abbildung 4-3: Ableitung der Loss-Funktion

Sollte die Ableitung 0 sein, haben wir unser Ziel erreicht, wir sind am Minimum unserer Loss-Funktion angelangt. Genauer gesagt, könnte es auch nur ein sogenanntes lokales Minimum sein oder sogar ein (lokales) Maximum (Abbildung 4-4).

Lokale Minima und Maxima kannst du durch unterschiedliche Strategien vermeiden. Eine Maßnahme ist z. B., die Schrittweite (die Learning Rate), mit der wir nach links oder rechts gehen, geschickt dynamisch anzupassen (siehe unten).

Bei der Stochastic-Gradient-Descent-Methode wird diese iterative Minimierung möglichst effizient ausgeführt. Sie wird sehr häufig auch bei anderen Lernalgorithmen, z. B. bei neuronalen Netzen, die wir in Kapitel 7, *Neuronale Netze und Deep Learning*, beschreiben, benutzt.

Der Begriff *Gradient* steht für eine mehrdimensionale Ableitung in eine bestimmte Richtung. In einer Dimension gibt es nur »rechts« oder »links«. Bei drei Dimensionen gäbe es z. B. auch »vorne«, »hinten«, »oben«, »unten« oder sogar eine bestimmte Kombination daraus. *Descent* ist der »Abstieg«. Beides zusammen bedeutet in unserem Fall also die Richtung, in die man gehen muss, um zum Minimum der Funktion zu gelangen.

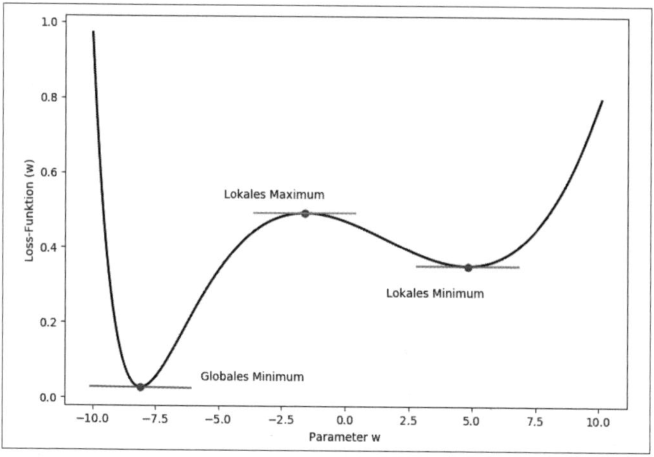

Abbildung 4-4: Maxima und Minima

Nun müssen wir uns überlegen, wie wir mit dieser Information unsere beiden Parameter *a* und *b* schrittweise in Richtung des Minimums anpassen. Den oben erläuterten Gradienten, also die mehrdimensionale Ableitung von *L*, beschreiben wir wie in der Mathematik üblich mit ∇L. Diesen multiplizieren wir mit der ebenfalls bereits erwähnten Learning Rate η, also dem Faktor, der bestimmt, wie stark die Änderung pro Iteration sein soll. Wir erhalten dann pro Schritt eine Korrektur von $\eta \cdot \nabla L$, die wir von den bisherigen Werten abziehen müssen.

Wenn wir alle Parameter, auch Gewichte genannt, in einen Vektor *w* zusammenfassen, lautet die Update-Regel für einen Iterationsschritt somit:

$$w_{i+1} = w_i - \eta \cdot \nabla L$$

In unserem eindimensionalen Regressionsfall ist *w = (a, b)*, da wir bei unserer Geradengleichung ja die Parameter für die Steigung und die Verschiebung herausfinden wollen. Hier die Geradengleichung noch einmal zur Erinnerung:

$$y = a \cdot x + b$$

Bei jeder Iteration werden *a* und *b* nach dieser Vorschrift verändert, bis die Änderung null oder nur noch sehr gering ist.

Die Learning Rate ist ein sehr wichtiger Parameter des Lernalgorithmus. Stellt man ihn zu klein ein, wird es unter Umständen sehr lange dauern, bis wir auch nur in die Nähe des Minimums gelangen (dabei spricht man oft auch von »konvergieren«). Stellt man die Learning Rate zu groß ein, besteht die Gefahr, dass der Algorithmus immer wieder über das Minimum hinwegspringt und wir nie eine zufriedenstellende Lösung finden.

Die Learning Rate richtig zu tunen, ist schwierig. Eine mögliche Strategie ist es, mit einer relativ großen Learning Rate zu starten und sie dann stetig immer kleiner werden zu lassen. Weitere sehr clevere Algorithmen (z.B. RmsProp oder Adam) berücksichtigen die Gradienten voriger Iterationsschritte und ermitteln daraus eine Richtung, die schneller konvergiert. Wir werden die Methoden in diesem Buch zwar nicht besprechen, aber du kannst dir mehr Informationen z.B. hier beschaffen: *http://sebastianruder.com/optimizing-gradient-descent/*.

Wenn du viele Daten hast und viele Features auswerten möchtest, kann die Berechnung des Gradienten sehr lange dauern oder sehr viel Speicherplatz beanspruchen, weil dafür alle Daten mit allen Feature-Dimensionen im Speicher gehalten werden müssen. Deshalb ist es eine gute Strategie, immer nur einen Datensatz auszuwerten und dementsprechend die Parameter *a* und *b* zu aktualisieren. Wenn man das auf diese Weise Schritt für Schritt für jeden einzelnen Datensatz macht, kommt man am Ende auf ein sehr ähnliches Ergebnis, als hätte man alle Daten auf einmal berechnet. Dies ist eine sogenannte stochastische Annäherung, die manchmal schneller konvergiert. Auf jeden Fall beansprucht sie weniger Speicherressourcen (für jede Berechnungsiteration muss nur ein Datensatz zum selben Zeitpunkt im Speicher liegen). Es gibt noch eine Mittellösung, die sogenannte Mini-Batch-Gradient-Descent-Methode, bei der man das Update immer nur für z.B. 10 oder 100 Datensätze durchführt.

In Sklearn wenden wir SGD auf unser Problem folgendermaßen an:

```
lr = lm.SGDRegressor()
lr.fit(X, y)
```

Der Score kann je nach zufälliger Initialisierung etwas schwanken ...

```
lr.score(X, y)
```

... er ist aber in jedem Fall schlechter als bei OLS. In unserem Experiment ist es dieser:

```
0.3732024974814111
```

Wir visualisieren den Unterschied in Abbildung 4-5.

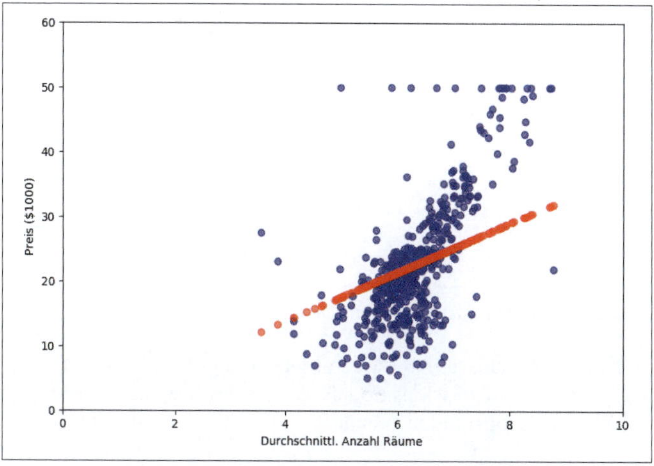

Abbildung 4-5: Stochastic Gradient Descent, erster Versuch

Woran liegt das? Der SGD-Algorithmus beendet die Optimierung, wenn sich der Fehler für eine Reihe von Durchläufen nicht nennenswert ändert. Dieser Wert ist auf 1e-3 voreingestellt und für uns zu hoch. Wir setzen diesen Wert außer Kraft – damit durchlaufen wir die voreingestellten 1.000 Durchläufe und bekommen einen Score nahe an 0,5:

```
lr = lm.SGDRegressor(tol=None)
lr.fit(X, y)
lr.score(X, y)
> 0.48274229859866685
```

Schon ziemlich nah an dem optimalen Ergebnis, oder nicht? Das können wir auch noch einmal an der Visualisierung in Abbildung 4-6 sehen.

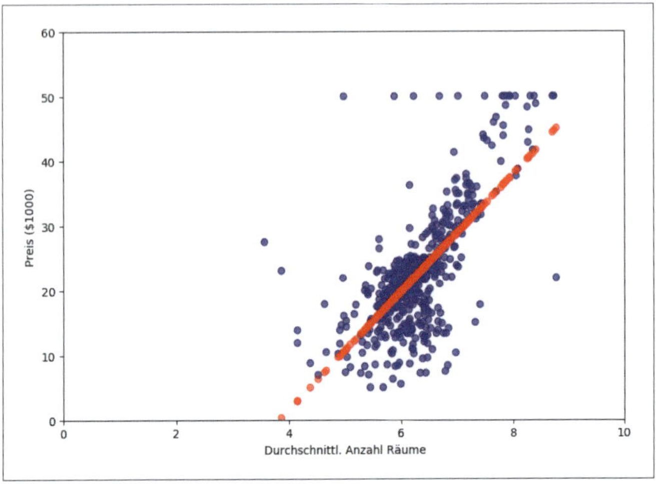

Abbildung 4-6: Stochastic Gradient Descent

Das war schon unser erstes Machine-Learning-Beispiel, genauer gesagt, das erste Regressionsmodell. Als Nächstes wollen wir mit dir ein Klassifikationsmodell erstellen.

Logistische Regression

Die logistische Regression ist eine der fundamentalen Techniken für Klassifikationen. Viele Klassifikationsmethoden lassen sich auf diese zurückführen. Deshalb möchten wir die grundlegende Methodik der logistischen Regression im Folgenden detaillierter beschreiben mit dem Ziel, dass du eine gewisse Intuition oder Anschauung dafür erlangst.

Während die lineare Regression für die meisten recht anschaulich ist, besteht bei der logistischen Regression nicht unbedingt eine direkte bildliche Beziehung zu den Formeln. Ohne eine mathematisch saubere Herleitung der logistischen Regression zu geben, möchten wir dir im Folgenden eine anschauliche Begründung ihrer Anwendung skizzieren.

Regression und Klassifikation scheinen auf den ersten Blick ganz unterschiedliche Problemstellungen zu sein. Auf den zweiten Blick gibt es aber einige Gemeinsamkeiten, die wir uns zunutze machen können. Um die Beziehung zwischen logistischer und linearer Regression zu veranschaulichen, erzeugen wir zunächst einen neuen Regressionsdatensatz mit 300 zufällig angeordneten Datenpunkten.

In Abbildung 4-7 ist das Label *y* gegen das Feature *x* aufgetragen, und die berechnete Regressionsgerade ist in Schwarz eingezeichnet.

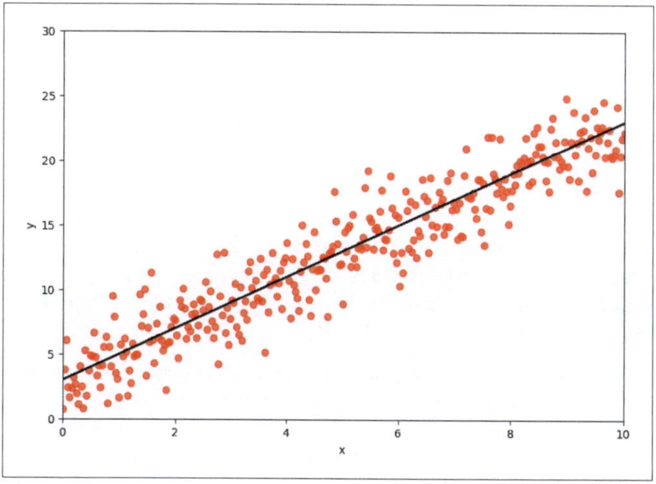

Abbildung 4-7: Lineare Regression

In Abbildung 4-8 betrachten wir nun ein Klassifikationsproblem. Es sind zwei verschiedene Klassen in Rot und Blau aufgetragen, die man durch eine Linie (in Schwarz) mehr oder weniger gut trennen kann. Diese beiden Klassen haben wir absichtlich so generiert, dass die trennende Linie identisch mit der Regressionsgeraden in Abbildung 4-7 ist.

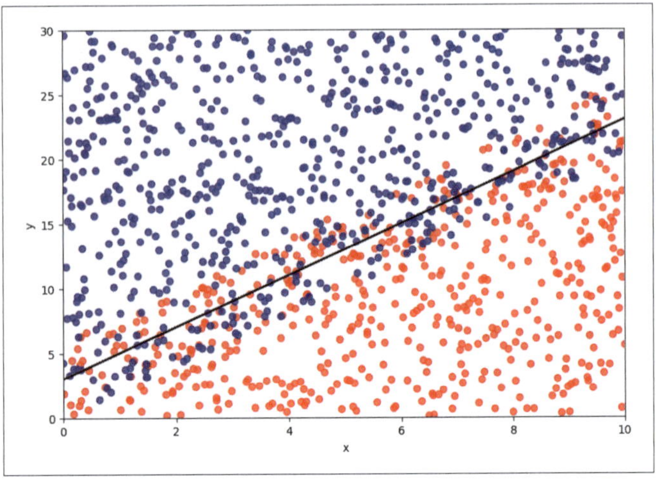

Abbildung 4-8: Klassifikationsproblem

Das ursprüngliche Regressionsproblem können wir nun in ein Klassifikationsproblem umformulieren: Wir suchen jetzt nicht die beste Linie, die die Daten wiedergibt, sondern diejenige, die die beiden Klassen am besten trennt. Da es sich um ein binäres Klassifikationsproblem handelt, ordnen wir der roten Klasse das Label 1 und der blauen das Label 0 zu.

Wir bewegen uns nun entlang der ursprünglichen schwarzen Regressionsgerade und betrachten das Verhältnis von roten zu blauen Punkten als Funktion des Abstands von der Geraden. In Abbildung 4-9 haben wir das einmal für den Abstand von zwei Einheiten von der Geraden (graues Band) angedeutet.

Nun stellen wir in Abbildung 4-10 dieses Verhältnis von roten zu blauen Punkten als Funktion des Abstands t zur Geraden $p(t|x)$ dar. In der Mitte ist die Wahrscheinlichkeit etwa 50 %, entweder blaue oder rote Punkte zu finden. Je weiter man nach rechts geht, desto größer ist die Wahrscheinlichkeit, dass man mehr rote als blaue sieht. Ganz weit rechts werden wir wahrscheinlich nur noch rote sehen. Das Gleiche gilt umgekehrt, wenn wir links der Geraden schauen.

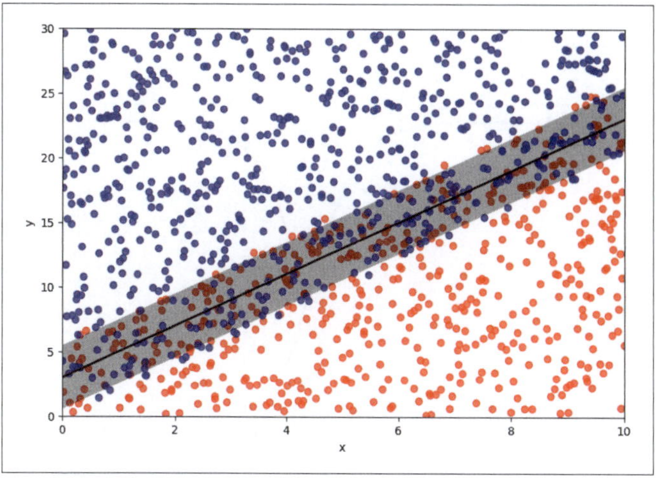

Abbildung 4-9: Trainingsbeispiele entlang der Geraden

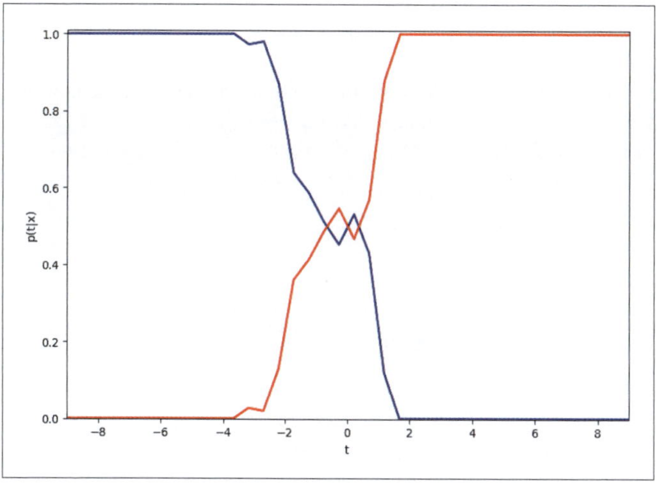

Abbildung 4-10: Anzahl Beispiele als Funktion des Abstands zur Geraden

In vielen Fällen können wir die Kurve in Abbildung 4-10 mit der Kurve in Abbildung 4-11 modellieren.

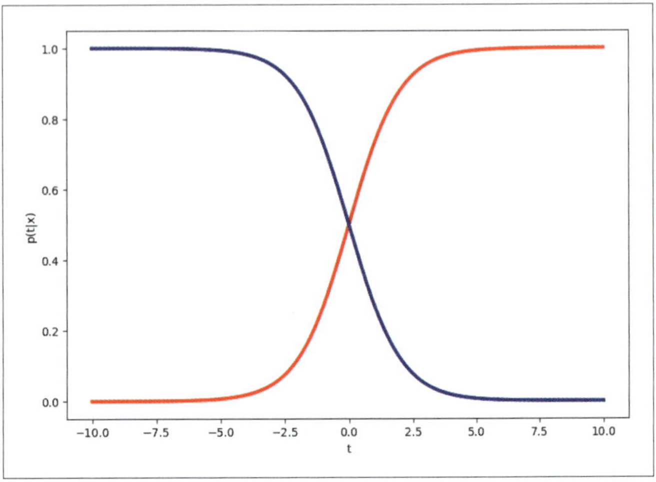

Abbildung 4-11: Verteilungsmodell

Dieses Modell macht die Annahme, dass man die Wahrscheinlichkeiten mit der logistischen Funktion beschreiben kann. Die Definition der logistischen Funktion *s*, wegen ihrer Form auch Sigmoid-Funktion genannt (siehe Abbildung 4-12), lautet:

$$s = \frac{1}{1 + exp(a \cdot x + b - y)}$$

Die logistische Funktion für unser Beispiel in zwei Dimensionen ist in Abbildung 4-13 dargestellt.

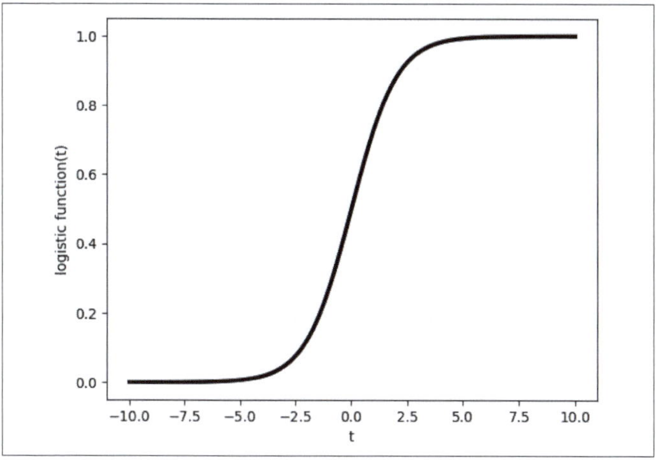

Abbildung 4-12: Logistische Funktion (Sigmoid-Funktion)

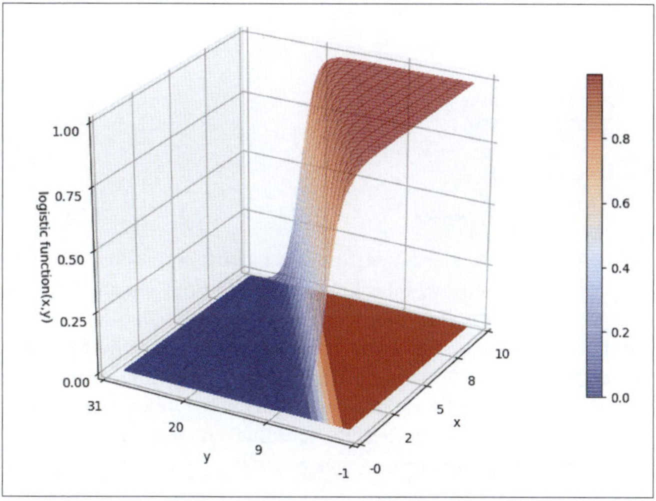

Abbildung 4-13: Logistische Funktion zweidimensional

Nach dieser anschaulichen Einführung wollen wir im nächsten Abschnitt eine Klassifizierung unserer Irisdaten mithilfe der logistischen Regression durchführen.

Logistische Regression der Irisdaten

In Sklearn kannst du den Klassifkator `LogisticRegression()` aus der Bibliothek `linear_model` aufrufen:

```
import sklearn.linear_model as lm
logr = lm.LogisticRegression()
```

Sklearn erkennt an den Shapes der Inputs `X` und `y` automatisch, wie viele Features für den Datensatz berücksichtigt werden sollen. Im obigen Beispiel hatten wir die zwei Features `X` und `y`. Der Irisdatensatz enthält drei Klassen und vier Features. Wir können nun mit nur wenigen Zeilen die etwas komplexeren Irisdaten mit logistischer Regression auswerten:

```
from sklearn.datasets import load_iris
iris = load_iris()

X = iris.data
y = iris.target
X.shape, y.shape
> (150, 4) (150,)

logr.fit(X,y)
logr.score(X,y)
> 0.95999999999999996
```

Dabei werden im vierdimensionalen Feature-Raum die linearen Hyperflächen ermittelt. Eine Linie kann man mit einem Punkt in zwei Bereiche aufteilen, bei einem zweidimensionalen Raum geht das mit einer Linie. Bei höheren Dimensionen spricht man von Hyperebenen oder -flächen, die den n-dimensionalen Feature-Raum aufteilen. Die Hyperfläche hat also immer eine Dimension weniger als der Feature-Raum. In diesem vierdimensionalen Beispiel ist die Hyperdimension also drei.

Auf diese Weise berücksichtigt man die Korrelationen zwischen allen vier Features. Wenn man sich z.B. nur paarweise zwei Features anguckt und dort jeweils die beste Gerade bestimmt (siehe

Abbildung 4-14), würde man jeweils nur die paarweisen Korrelationen berücksichtigen und nicht alle vier gleichzeitig. Wichtige Informationen hätte man nicht genutzt. Im folgenden Code geben wir die Scores für jede mögliche Gerade aus:

```
for pair in [[0, 1], [0, 2], [0, 3], [1, 2], [1, 3], [2, 3]]:
    X = iris.data[:, pair]
    y = iris.target

    logrfit = logr.fit(X, y)
    print(logr.score(X, y))
```

Wie du anhand dieser Ausgaben sehen kannst, sind alle Scores geringer als der Score, den wir mit allen vier Features erreicht haben:

```
> 0.766666666667
> 0.926666666667
> 0.906666666667
> 0.926666666667
> 0.946666666667
> 0.873333333333
```

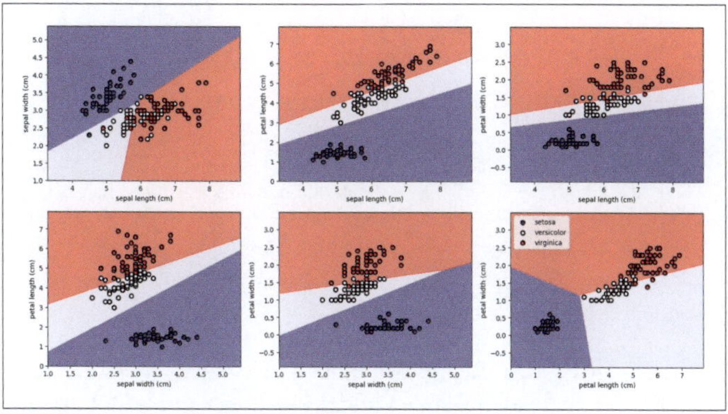

Abbildung 4-14: Paarweise Klassifikation des Irisdatensatzes

Support Vector Machine

Als Nächstes wollen wir eine weitere sehr effektive Methode mit einem etwas anderen Ansatz betrachten, die sogenannte *Support Vector Machine* (SVM). In Sklearn wird diese Klassifikationsmethode auch *Support Vector Classifier* genannt (SVC). Ihr Vorteil gegenüber der logistischen Regression ist, dass sie bei kleineren Datensätzen oft bessere Ergebnisse liefert. Dies hängt mit dem Problem der hohen Dimensionen zusammen, das wir in Kapitel 5, *Feature-Auswahl*, diskutieren.

Wir wollen zunächst ein einfaches Klassifikationsproblem betrachten, bei dem die beiden Klassen in der Feature-Ebene (x-y) linear separierbar sind, was bedeutet, dass es keine Überlappungen zwischen zwei Klassen gibt. Dies kannst du gut in Abbildung 4-15 erkennen.

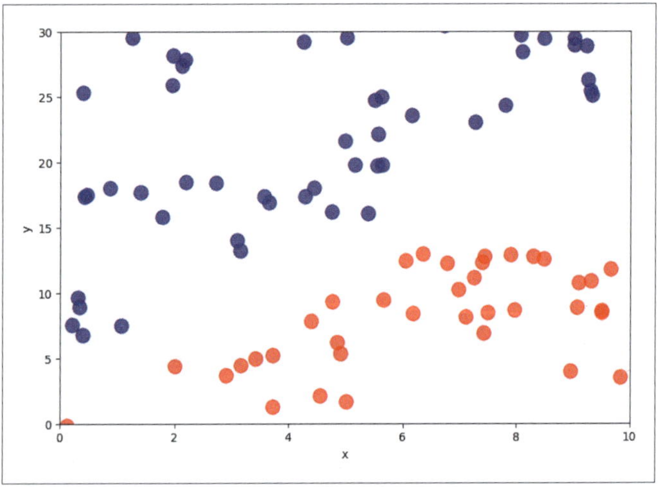

Abbildung 4-15: Zwei separable Klassen

Bei der logistischen Regression haben wir nach einer Geraden gesucht, die die beiden Klassen in der x-y-Ebene am besten trennt. Die logistische Loss-Funktion diente dabei als Kriterium. Die Minimierung der logistischen Loss-Funktion kann man interpretieren als Minimierung der Klassifizierungsunsicherheit oder als Minimierung der Missklassifizierungswahrscheinlichkeit.

Die lineare Support-Vector-Machine-Methode sucht nach der Geraden (der durchgezogenen Linie in Abbildung 4-16), die den größtmöglichen Abstand zu den jeweils nächstgelegenen Punkten (Support Vectors) der verschiedenen Klassen besitzt. Wie schon im vorigen Abschnitt erwähnt, nennt man diese Trennungsgerade in höheren Dimensionen auch Hyperfläche. Die Region zwischen den beiden gestrichelten Linien kann als Trennungsband (Margin) interpretiert werden. Im Fall von separierbaren Problemen, wie in unserem Beispiel hier, kann man eine Region finden, die die beiden Klassen perfekt trennt (Hard-Margin):

```
from sklearn.svm import SVC
model1 = SVC(kernel='linear', C=1)
model1.fit(X, y)
model1.score(X, y)
```

Wir erhalten den erwarteten perfekten Score:

```
> 1.0
```

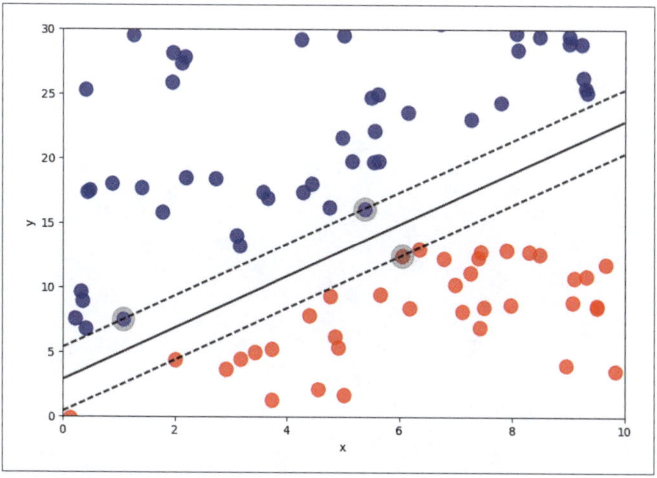

Abbildung 4-16: Support Vector Machine – Hard Margin

Diese Hyperfläche, in unserem Fall also die Trennungsgerade, findet man, indem man die sogenannte Hinge-Loss-Funktion minimiert:

$$L = \sum max\left(0,1 - t \cdot \left(w \cdot x + b\right)\right)$$

Dabei bezeichnet *t* das Label (–1, 1: blau, rot), und *w·x* + *b* bezeichnet die Geradenfunktion in Vektorschreibweise. Wenn *w* also der Normalenvektor der Geraden ist und *x* der Vektor eines Punkts, kann man *w·x*, also das skalare Vektorprodukt, auch als ein Maß für den Abstand des Punkts *x* zu der Geraden interpretieren. Wir wollen **w·x** + *b* maximieren, also *1* –(**w·x** + *b*) minimieren.

Für die Berechnung der Lösung ist es wichtig, dass nur wenige Punkte diese Hyperfläche bestimmen. Im separierbaren Fall sind es lediglich die Punkte, die auf den Grenzen der Margin liegen. Diese heißen *Support Vectors* (eingegraute Punkte in Abbildung 4-16) und geben dieser Methode auch ihren Namen. Die Punkte, die auf der falschen Seite der Linie liegen, wollen wir mit einem negativen Faktor belegen, also 1 – t·(**w·x** + b).

Für die Betrachtung von nicht linear separierbaren Klassen haben wir, wie in Abbildung 4-17 zu sehen, zwei Klassen mit Überlappungen generiert.

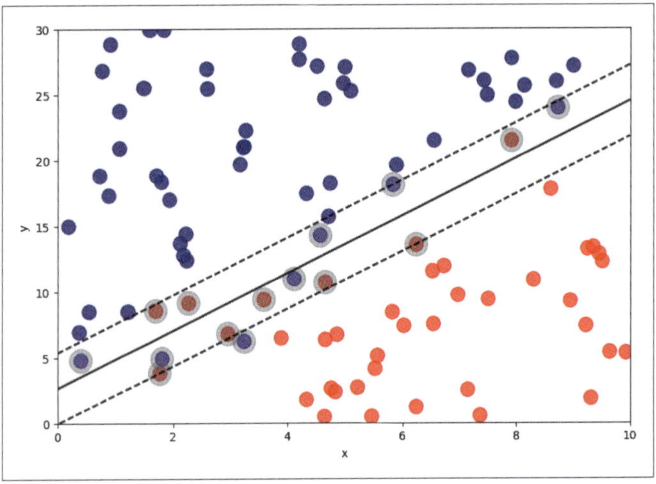

Abbildung 4-17: Linear nicht separable Klassen

Bei linear nicht separablen Klassen ist es sinnvoll, der Loss-Funktion einen weiteren Term hinzuzufügen, der die Toleranz von Punkten auf der falschen Seite kontrolliert:

$$L = \sum max\left(0, 1 - t \cdot \left(w \cdot x + b\right)\right) + \lambda \cdot w^2$$

Je größer λ gewählt wird, desto stärker erhöht man die Toleranz dieser missklassifizierten Punkte an der Grenzlinie.

Sklearn benutzt die externe Bibliothek `libsvm` (*https://www.csie.ntu.edu.tw/~cjlin/libsvm/*), die den Parameter `C` zur Regulierung verwendet. `C` ist umgekehrt proportional zu λ: $C \sim 1/\lambda$. Je kleiner `C` gewählt wird, desto stärker erhöht man die Toleranz dieser missklassifizierten Punkte an der Grenzlinie. Man weicht die Region regelrecht auf, deshalb heißt sie auch *Soft-Margin* (siehe Abbildung 4-18).

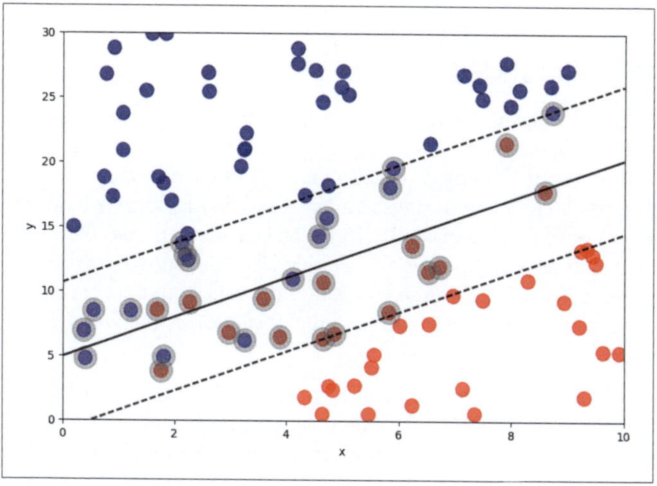

Abbildung 4-18: Soft-Margin

Für einen `C`-Wert von 100 erhalten wir beispielsweise einen Score von über 0,95:

```
model2 = SVC(kernel='linear', C=100)
model2.fit(X, y)
print(model2.score(X, y))
> 0.953333333333
```

Wenn wir `C` von `100` auf `0.01` ändern, weichen wir die Margin auf (siehe Abbildung 4-18):

```
model3 = SVC(kernel='linear', C=1.E-2)
model3.fit(X, y)
print(model3.score(X, y))
> 0.946666666667
```

Der optimale Wert für `C` hängt vom Problem und den jeweiligen Daten ab. Meist findet man ihn nur durch Ausprobieren. Die Anpassung der Parameter zur Vermeidung von Overfitting vor und während der Trainingsphase nennt man Regularisierung. Methoden zur Optimierung und Regularisierung von Parametern besprechen ausführlicher in Kapitel 5, *Feature-Auswahl*.

Nicht-lineare SVM

Um nicht-lineare Verteilungen zu trennen, bedient man sich eines Tricks. Dabei werden die ursprünglichen Koordinaten, die durch unsere Input-Variablen vorgegeben sind, in einem neuen Feature-Koordinatensystem so transformiert, dass die Klassen wieder durch eine Gerade trennbar sind. Grundsätzlich können fast alle Funktionen durch eine Summe von verschiedenen Basisfunktionen approximiert werden, z.B. durch Polynome oder Gaußfunktionen. Letztere ist ein Spezialfall einer sogenannten *Radial-Basis-Funktion* (RBF), die sehr häufig benutzt wird.

SVM bedienen sich eines weiteren Tricks: Statt die Koordinatentransformationen für alle Trainingsbeispiele durchzuführen und dann die Distanzberechnung in dem Feature-Raum vorzunehmen, werden Kernelfunktionen eingesetzt. Mit Kernelfunktionen kann man die Distanz in dem Feature-Raum berechnen, ohne die Koordinatentransformation explizit auszuführen. Das ist der sogenannte Kerneltrick, der bei hohen Dimensionen viel Rechenaufwand sparen kann.

Diese Vorgehensweise ist äquivalent zu einem Mapping der Input-Variablen vom Input-Raum in den Feature-Raum, bei der die Hyperfläche linear ist (Abbildung 4-19).

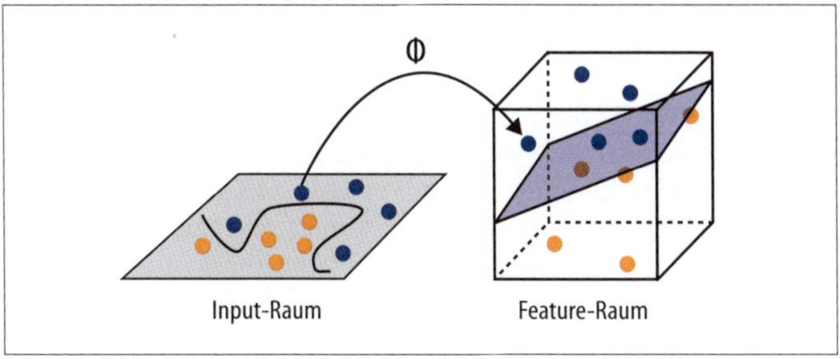

Abbildung 4-19: Input-Raum-Transformation

Ein Beispiel für die Anwendung von RBF-Kerneln in SVM ist in Abbildung 4-20 dargestellt.

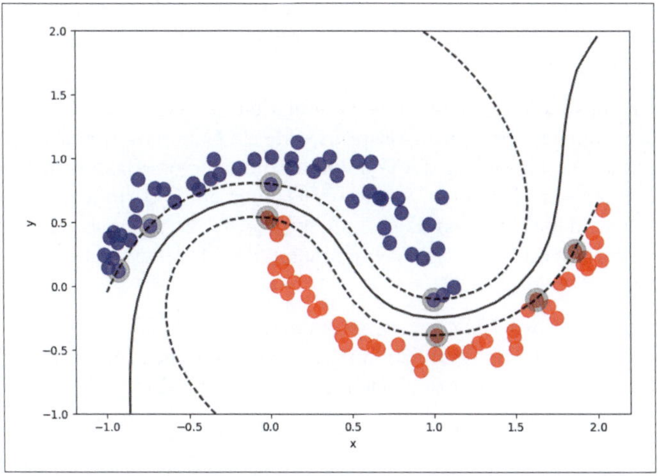

Abbildung 4-20: SVM mit RBF-Kernel

Eine perfekte Trennung erhält man durch die Anwendung einer SVM mit *Radial-Basis-Funktionen* (RBF) als Kernel:

```
model4 = SVC(kernel='rbf', C=1E6, gamma=1.)
model4.fit(X, y)
print(model4.score(X,y))
> 1.0
```

Zur Gruppe der Radial-Basis-Funktionen gehören alle Funktionen, deren Wert nur abhängig von der Distanz zu einem bestimmten Mittelpunkt ist. Gaußfunktionen gehören damit z.B. auch zu den RBF. Der Parameter Gamma für die RBF bestimmt dabei, wie schnell oder wie langsam der Wert der Funktion in Abhängigkeit zur Distanz vom Mittelpunkt fällt. Je größer der Gammawert, desto schneller wird der Funktionswert kleiner.

Somit sind RBF sehr gut geeignet, um beliebige Kurven anzupassen oder zu glätten. Jede Kurve kann durch eine Summe von RBF angenähert werden. Den Einfluss jeder einzelnen Funktion kann man über den jeweiligen Gammawert kontrollieren. Die einzelne Funktion hat jeweils einen großen oder geringen lokalen Einfluss auf die Gesamtfunktion. Man kontrolliert somit die Granularität der Approximation.

Genau so kann man auch die Granularität des SVM-Klassifikators kontrollieren. Im obigen Beispiel wurde ein Gammawert von 1 benutzt. Die Bedeutung der Granularität im Fall von Klassifikatoren können wir illustrieren, indem wir Gamma auf 100 erhöhen. Wir sehen, dass der Klassifikator überfittet, weil er jedem einzelnen Trainingsbeispiel zu viel Wert einräumt, das Modell ist zu komplex (siehe Abbildung 4-21).

Verringern wir hingegen den Gammawert auf 0,001, sehen wir Underfitting. Die Granulation ist zu gering, um die Struktur abzubilden, das Model ist zu einfach (siehe auch Abbildung 4-22):

```
model5 = SVC(kernel='rbf', C=1E6, gamma=1.)
model5.fit(X, y)
print(model5.score(X,y))
> 1.0
```

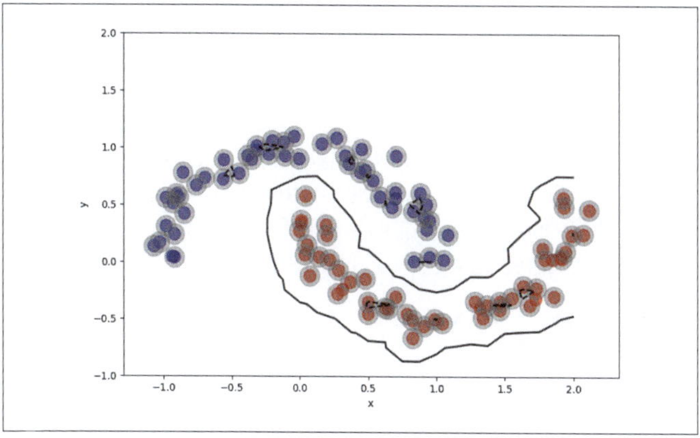

Abbildung 4-21: SVM-Overfitting

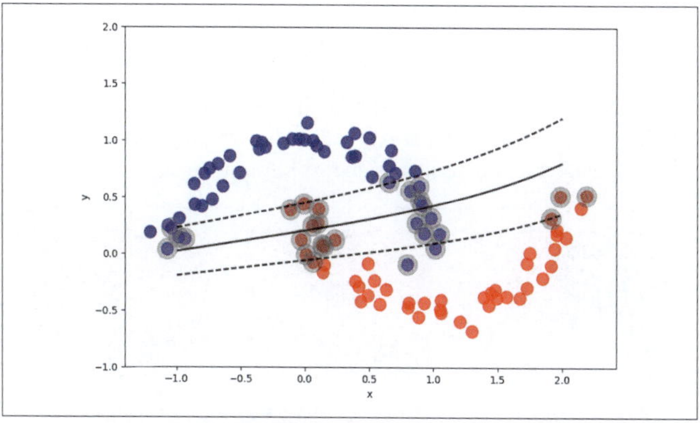

Abbildung 4-22: SVM-Underfitting

Wenden wir die SVM mit linearem Kernel auf den Irisdatensatz an, erhalten wir schon bessere Ergebnisse als mit linearer logistischer Regression:

```
iris = load_iris()
X = iris.data
y = iris.target
```

```
model6 = SVC(kernel='linear', C=1, gamma=1)
model6.fit(X, y)
print(model6.score(X,y))
> 0.98
```

Mit nicht-linearem RBF-Kernel und etwas Tunen erreichen wir sogar 100 %. Wie oben bereits gezeigt, ist hier ein Overfitting wahrscheinlich. Dieses Thema werden wir für diesen Fall in Kapitel 6, *Modellvalidierung*, aber noch näher betrachten.

```
model7 = SVC(kernel='rbf', C=1, gamma=1)
model7.fit(X, y)
print(model7.score(X,y))
> 0.98

model8 = SVC(kernel='rbf', C=1000, gamma=1)
model8.fit(X, y)
print(model8.score(X,y))
> 1.0
```

Die nicht-linearen dreidimensionalen Hyperflächen, die von der SVM ermittelt werden, lassen sich sehr schwer im vierdimensionalen Feature-Raum darstellen. Deshalb verzichten wir hier wieder darauf. Einen gewissen – aber dennoch eingeschränkten – Eindruck erhältst du, wenn wir wieder paarweise die zweidimensionalen Entscheidungsflächen darstellen (siehe Abbildung 4-23).

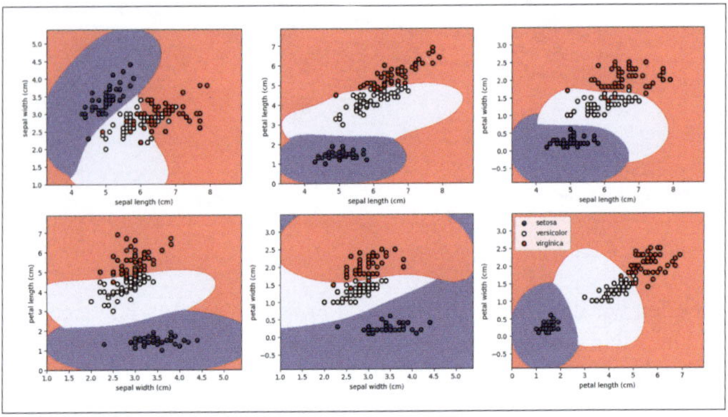

Abbildung 4-23: Paarweise RBF-SVM-Klassifikation der Irisdaten

Decision-Tree-Klassifikator

Decision Trees haben einige Vorteile gegenüber den beiden schon beschriebenen Klassifikationsmethoden. Man benötigt in der Regel keine so aufwendige Vorverarbeitung (Preprocessing), weil kategorische Input-Variablen nicht als Zahlen codiert werden müssen. Du kannst sogar numerische und kategorische Features simultan benutzen. Zudem kann eine Rangfolge der relevantesten Features nach der Trainingsphase relativ leicht extrahiert werden. Dies ist vor allem wichtig, wenn du die Entscheidungskriterien des Modells nachvollziehen möchtest. Decision Trees tendieren aber auch zu Overfitting. Es gibt einige Techniken zur Regularisierung, aber diese sind in der Praxis oft recht aufwendig. Häufig sind Ergebnisse nicht reproduzierbar, weil kleine Änderungen in den Daten manchmal schon zu gänzlich unterschiedlichen Baumstrukturen führen können.

Als einfaches Beispiel erzeugen und betrachten wir wieder zwei verschiedene Klassen (rot und blau dargestellt in Abbildung 4-24) mit den Features x und y.

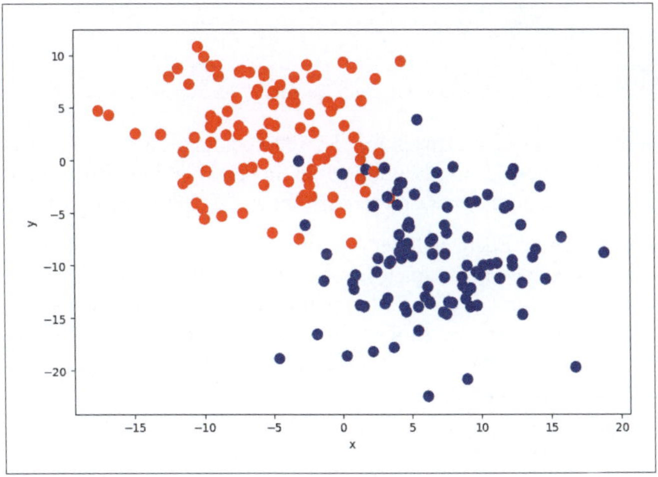

Abbildung 4-24: Decision Tree mit zwei Klassen

Wenn wir den DecisionTreeClassifier von Sklearn auf dieses Problem anwenden, können wir die Entscheidung des Klassifikators wieder mithilfe farbiger Entscheidungsflächen visualisieren (siehe Abbildung 4-25):

```
from sklearn.tree import DecisionTreeClassifier
tree = DecisionTreeClassifier()
tree.fit(X, y)
print(tree.score(X,y))
> 1.0
```

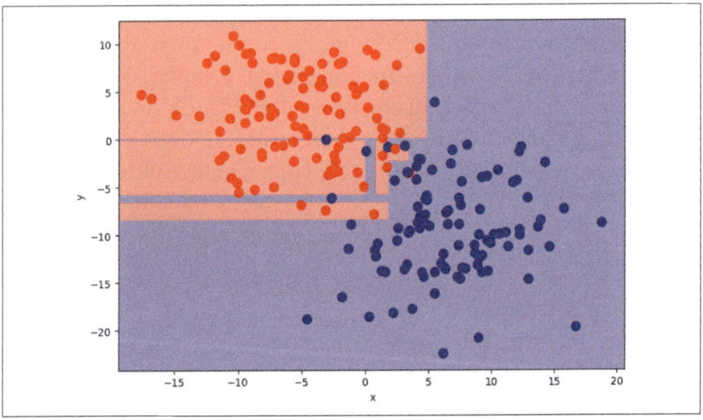

Abbildung 4-25: Entscheidung eines Decision-Tree-Klassifikators

Eine schematische Darstellung des Entscheidungsbaums könnte in etwa aussehen wie in Abbildung 4-26 (in der Abbildung wurden aus Platzgründen die Verzweigungswerte auf ganze Zahlen gerundet).

Auf der ersten Ebene teilt der Algorithmus alle Trainingsbeispiele in zwei Zweige: in die Beispiele mit dem x-Wert kleiner als 1,75 (erster Zweig) bzw. größer als 1,75 (zweiter Zweig, siehe Abbildung 4-27). Selbst mit dieser sehr groben Einteilung kommen wir bereits auf einen erstaunlich guten Score. Wir setzen dazu max_depth auf 1, um nur die erste Ebene zu nutzen:

```
tree1 = DecisionTreeClassifier(max_depth=1)
tree1.fit(X, y)
print(tree1.score(X,y))
> 0.91
```

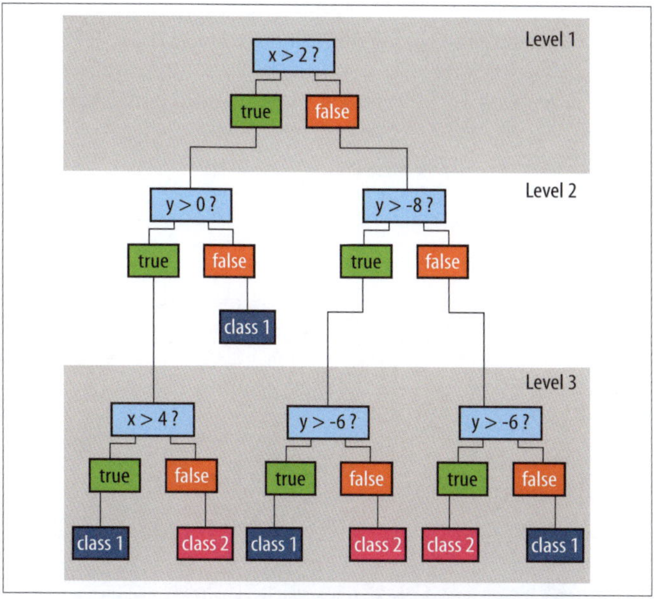

Abbildung 4-26: Schematischer Entscheidungsbaum

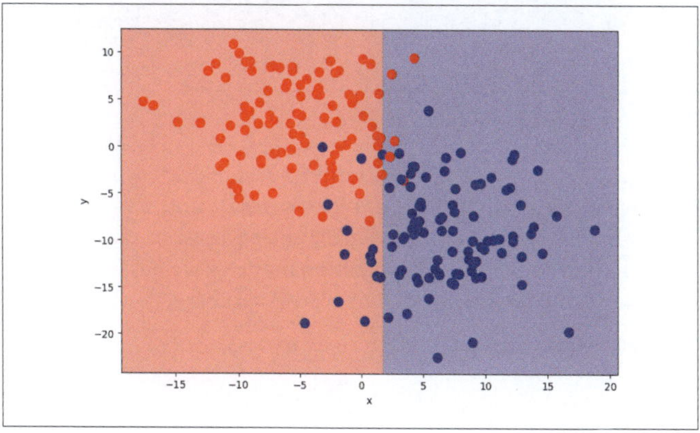

Abbildung 4-27: Level 1 Decision Tree

Auf der zweiten Ebene werden die jeweiligen Zweige wiederum in je zwei weitere Zweige geteilt. Der erste Zweig (x <= 1,75) wird geteilt in die Beispiele mit y < –8,4 und y > –8,4, während der zweite Zweig (x > 1,75) bei etwa y = 0 geteilt wird (siehe Abbildung 4-28):

```
tree2 = DecisionTreeClassifier(max_depth=2)
tree2.fit(X, y)
print(tree2.score(X,y))
> 0.97
```

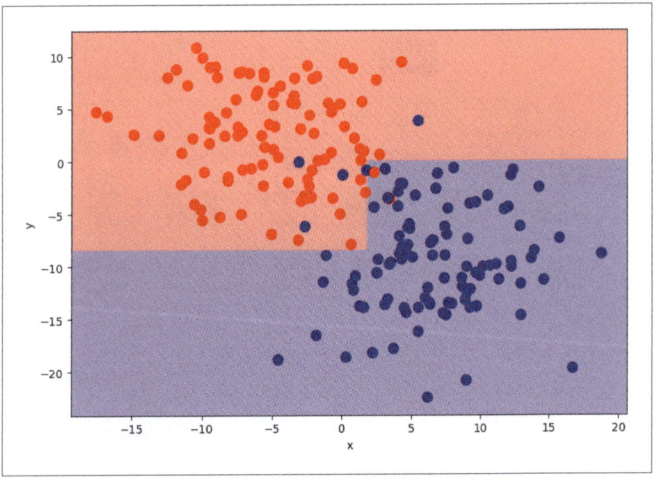

Abbildung 4-28: Level 2 Decision Tree

Auf die gleiche Weise geht es weiter auf der dritten und vierten Ebene etc. (siehe Abbildungen 4-29 bis 4-31), und zwar so lange, bis nur noch Beispiele von lediglich einer Klasse in einem Zweig (Branch) übrig sind. Die Klassifikation für den Zweig ist dann abgeschlossen, und der Zweig wird als Blatt (Leaf) bezeichnet:

```
tree3 = DecisionTreeClassifier(max_depth=3)
tree3.fit(X, y)
```

```
print(tree3.score(X,y))
> 0.975

tree4 = DecisionTreeClassifier(max_depth=4)
tree4.fit(X, y)
print(tree4.score(X,y))
> 0.985

tree5 = DecisionTreeClassifier(max_depth=5)
tree5.fit(X, y)
print(tree5.score(X,y))
> 0.99
```

Auf der vierten und fünften Ebene (siehe Abbildungen 4-30 und 4-31) kannst du aber ein Problem erkennen: Overfitting. Der Algorithmus konzentriert sich zu sehr auf Einzelbeispiele und verliert dadurch an Generalisierungsfähigkeiten. Wir erkennen das intuitiv daran, dass kleine Entscheidungsinseln oder -raster entstehen, die nur durch einzelne wenige Trainingsbeispiele verursacht werden.

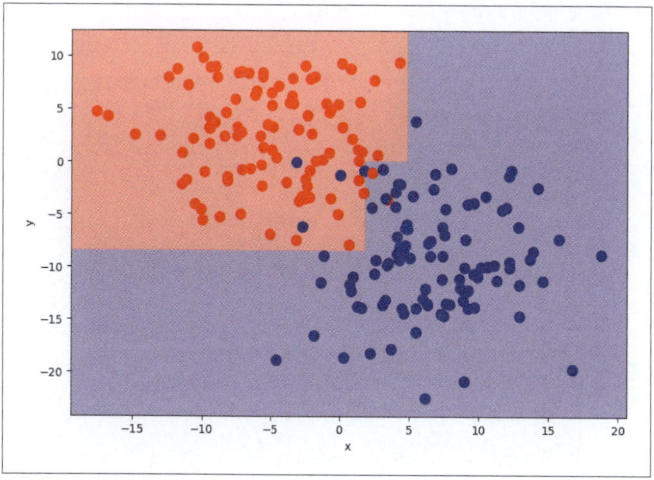

Abbildung 4-29: Level 3 Decision Tree

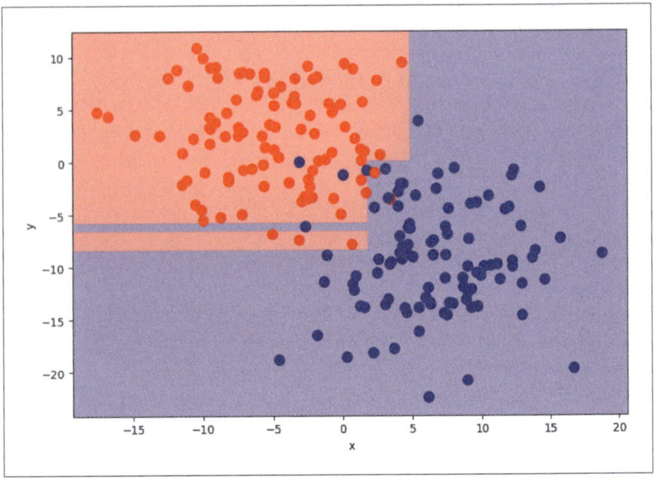

Abbildung 4-30: Level 4 Decision Tree

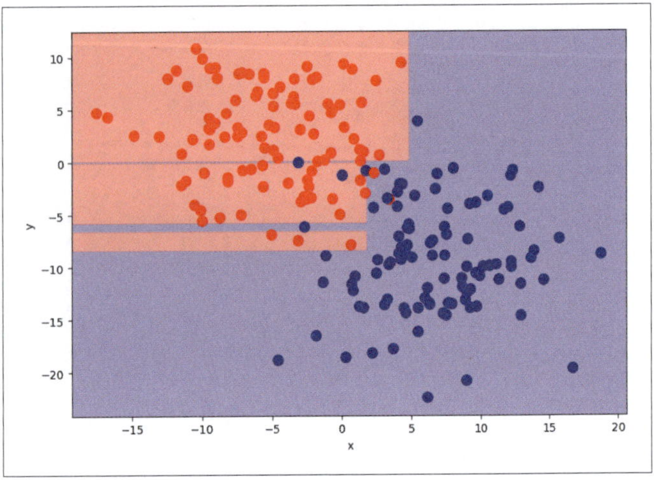

Abbildung 4-31: Level 5 Decision Tree

Wir können Overfitting unterdrücken, wenn wir einige der Voreinstellungen ändern. Eine Möglichkeit ist, die maximale Anzahl der Ebenen anzugeben. Wenn wir in unserem Beispiel diese maximale Anzahl auf 2 festlegen, sehen die Entscheidungsflächen folgendermaßen aus (siehe Abbildung 4-32):

```
tree = DecisionTreeClassifier(max_depth=2)
tree.fit(X, y)
print(tree.score(X,y))
> 0.97
```

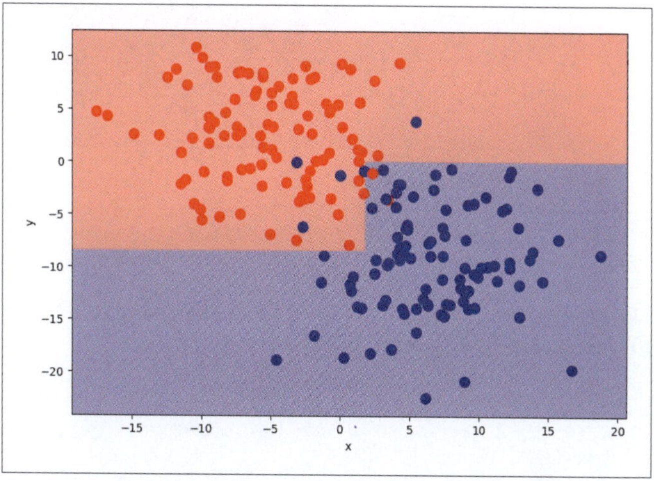

Abbildung 4-32: Regularisierung: maximale Anzahl an Levels

Eine weitere Möglichkeit besteht darin, die Mindestanzahl von 10 Beispielen pro Verzweigung anzugeben (siehe Abbildung 4-33):

```
tree = DecisionTreeClassifier(max_depth=2,
                              min_samples_split=10)
tree.fit(X, y)
print(tree.score(X,y))
> 0.98
```

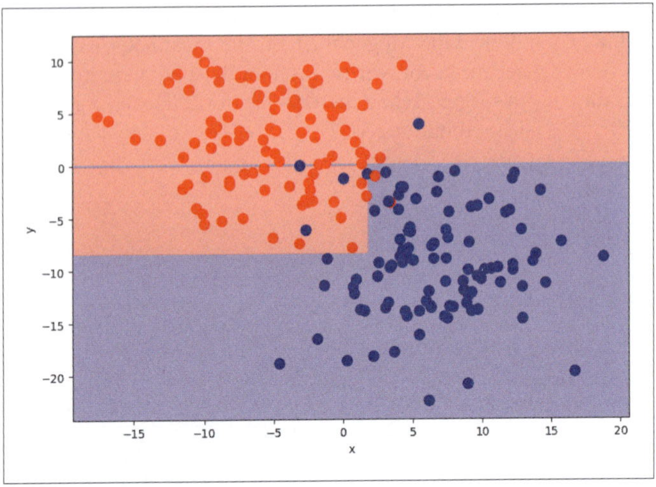

Abbildung 4-33: Regularisierung: Mindestanzahl von Beispielen pro Branch-Splitting

Die Festlegung der maximalen Anzahl von Blättern auf 8 führt zu folgendem Ergebnis (siehe Abbildung 4-34):

```
tree = DecisionTreeClassifier(max_depth=2,
                              min_samples_leaf=1,
                              max_leaf_nodes=8)
tree.fit(X, y)
print(tree.score(X,y))
> 0.98
```

Zusammenfassend können wir nun den Decision-Tree-Algorithmus mit allen besprochenen Regularisierungen auf den Irisdatensatz anwenden und erhalten folgende Ergebnisse:

```
X = iris.data
y = iris.target

from sklearn.tree import DecisionTreeClassifier
tree = DecisionTreeClassifier(max_depth=2,
                              min_samples_leaf=1,
                              min_samples_split=2,
                              max_leaf_nodes=8)
```

```
tree.fit(X, y)
print(tree.score(X,y))
> 0.99333333333
```

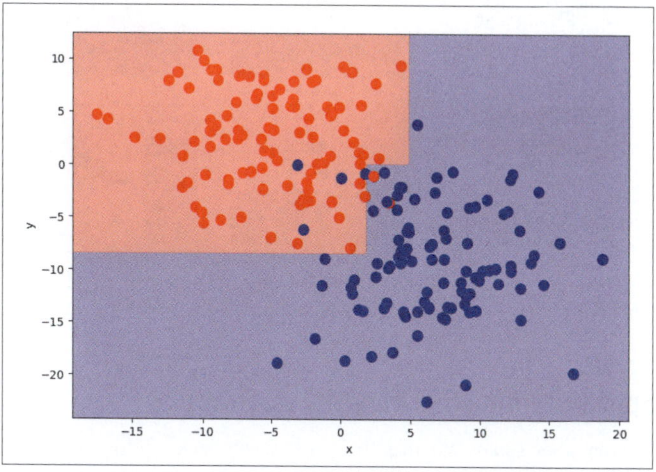

Abbildung 4-34: Regularisierung: maximale Anzahl von Leaf-Knoten

Das Resultat ist eine dreidimensionale Hyperebene im vierdimensionalen Feature-Raum. Diese können wir natürlich wieder nicht darstellen, deshalb zeigen wir dir die paarweisen zweidimensionalen Entscheidungsflächen in Abbildung 4-35. In diesem Fall gibt es sechs solcher Flächen. Sie stellen die Projektionen der dreidimensionalen Hyperfläche auf die jeweilige zweidimensionale Ebene dar. So bekommst du zumindest einen gewissen Eindruck der resultierenden Hyperebene.

Wie schon in der Einleitung angedeutet, können Decision Trees sehr effektiv sein, aber sie tendieren leicht zu Overfitting. Eine Regularisierung mithilfe der vielen Parameter ist möglich, in der Praxis aber oft zu aufwendig. Weiter unten werden wir dir im Rahmen der Ensemble-Methoden auch die Random-Forest-Methode vorstellen, die einige dieser Probleme löst.

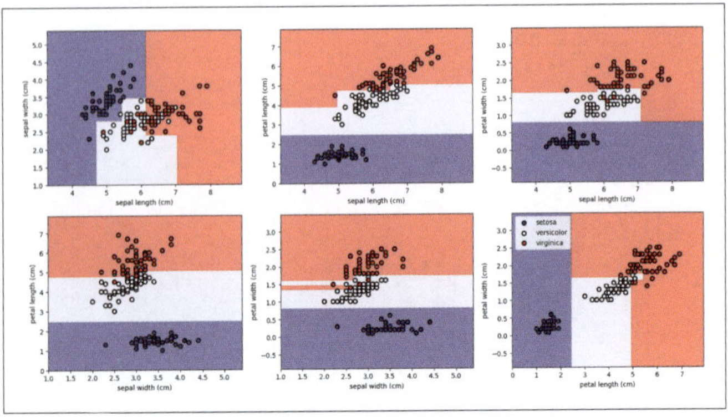

Abbildung 4-35: Paarweise Entscheidungsflächen des Decision-Tree-Klassifikators für die Irisdaten

Split-Kriterium: Gini Impurity vs. Entropie

Vorher aber sehen wir uns für ein besseres Verständnis in einem kleinen Exkurs an, wie auf jeder Ebene die Entscheidung getroffen wird, auf welche Weise die Zweige aufgespaltet werden. Als Voreinstellung wird das Gini-Kriterium angewendet. Dieses Kriterium ist ein Maß für die Klasseninhomogenität (engl. *Impurity*) der Beispiele, die in einen Zweig fallen:

$$Gini = 1 - \sum p(i)^2$$

Dabei bezeichnen i die Klasse und p die Wahrscheinlichkeit einer Klasse (approximiert durch den relativen Anteil der Beispiele in Klasse i). Je kleiner der Gini-Wert, desto größer ist die Klassenhomogenität des Splits. Teilt der Split die Beispiele für einen Zweig nur in eine Klasse i auf, wird die Wahrscheinlichkeit für Klasse i 1 und 0 für alle anderen. Die *Gini Impurity* ist dann null. Sind aber gleich viele Beispiele für alle Klassen i in dem Zweig, werden alle Wahrscheinlichkeiten klein und die Gini Impurity maximal.

Alternativ kannst du *Entropie* als Kriterium anwenden. Die Entropy ist definiert als

$$Entropie = -\sum p(i) \cdot log p(i)$$

Sie ist ebenfalls ein Maß für die Homogenität der Klassen. Sie hat ähnliche Eigenschaften wie die Gini Impurity, und man erhält in der Praxis sehr ähnliche Ergebnisse mit beiden. Das Gini-Kriterium ist bei der Berechnung etwas schneller, da kein Logarithmus angewendet wird, und wird deshalb etwas häufiger benutzt. Details dazu findest du wieder im Notebook zu diesem Kapitel.

Random-Forest-Klassifikator

Ein großer Nachteil von Decision-Tree-Klassifikatoren ist das Overfitting. Wie wir im vorigen Abschnitt gesehen haben, kann man Overfitting unterdrücken, indem man verschiedene Regularisierungsparameter manuell einstellt. Die optimalen Parameter hängen aber nicht nur von den Features ab, sondern auch von der Anzahl der Trainingsbeispiele. Die Suche nach den optimalen Parametern oder eine Automatisierung ist in der Praxis häufig sehr umständlich und aufwendig.

Die Bagging-Methode des Random Forest Classifier ist ein Beispiel für eine Ensemble-Methode, die Overfitting reduzieren kann. Beim Random-Forest-Klassifikator wird der Datensatz zunächst in kleinere zufällige Subsamples aufgeteilt (wobei Duplikate ausdrücklich erlaubt sind). Für jedes dieser Subsamples wird wiederum ein Decision Tree Classifier mit einem zufälligen Subsample der Features generiert. Die jeweiligen Ergebnisse werden am Ende mit gleicher Gewichtung zusammengefasst. Es wird bei Regression also der Durchschnitt aller Einzelentscheidungen für die Gesamtentscheidung genommen bzw. bei der Klassifikation die Mehrheit.

In der Voreinstellung in Sklearn werden zehn zufällige Klassifikatoren (`n_estimators`) generiert. Zusätzlich kann man auch noch die Parameter der einzelnen Decision Trees einstellen (`max_depth` etc.).

```
from sklearn.ensemble import RandomForestClassifier
rf = RandomForestClassifier()

> RandomForestClassifier(bootstrap=True,
               class_weight=None, criterion='gini',
          max_depth=None, max_features='auto',
          max_leaf_nodes=None,
          min_samples_leaf=1, min_samples_split=2,
          min_weight_fraction_leaf=0.0, n_estimators=10,
          n_jobs=1,
          oob_score=False, random_state=None, verbose=0,
          warm_start=False)
```

Wenden wir den so initiierten Random Forest Classifier auf unsere Irisdaten an, erhalten wir folgendes Ergebnis:

```
rf.fit(X, y)
print(rf.score(X, y))
> 0.995
```

In Abbildung 4-36 wird der Klassifikator wieder als paarweise Entscheidungsflächen visualisiert.

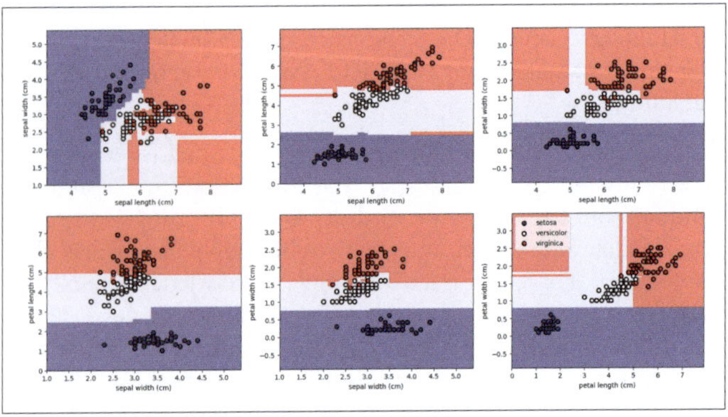

Abbildung 4-36: Paarweise Entscheidungsflächen des Random-Forest-Klassifikators für die Irisdaten

Random Forests haben in der Regel eine bessere Performance als einzelne Decision Trees. Sie neigen auch weniger zu Overfitting. Ansonsten besitzen sie weiterhin alle Vorteile von Decision Trees,

z. B. die Information über die Relevanz der einzelnen Features während des Trainings, und aufwendiges Preprocessing ist ebenfalls nicht notwendig.

Boosted Decision Trees

Bei der Bagging-Methode oben werden die Ergebnisse von möglichst guten Einzelklassifikatoren zusammengefasst, um eine bessere Generalisierung zu erreichen. Im Gegensatz dazu versucht man mit der Boosting-Methode, viele verschiedene schwache Einzelklassifikatoren zu trainieren. Dabei geht man in der Regel iterativ vor. In jedem Iterationsschritt wird ein zufälliger schwacher Klassifikator hinzugenommen, und zusätzlich bekommen die missklassifizierten Trainingsbeispiele höhere Gewichte und die korrekt klassifizierten geringere. Sukzessive werden dadurch viele spezialisierte Klassifikatoren generiert, die kombiniert werden zu einem Gesamtklassifikator. Die Idee von Boosting ist es, Overfitting zu reduzieren, indem man viele schwache (nicht komplexe) Klassifikatoren, die jeder für sich overfitten, kombiniert.

Es gibt verschiedene Boosting-Algorithmen. Einer der bekanntesten ist der AdaBoost-Algorithmus, der auch in Sklearn benutzt werden kann:

```
from sklearn.ensemble import AdaBoostClassifier
bdt = AdaBoostClassifier()
bdt.fit(X,y)
print(bdt.score(X,y))
> 0.96
```

Die Ergebnisse des Boosted Decision Tree, angewendet auf den Irisdatensatz, sind in Abbildung 4-37 visualisiert.

Boosted Decision Trees können bessere Ergebnisse liefern als Random Forests, wenn man die Parameter richtig anpasst. Das Tunen der vielen Parameter ist wesentlich aufwendiger als bei Random Forests, und bessere Ergebnisse sind nicht garantiert. Ein Overtunen von Boosted Decision Trees führt leichter zu Overfitting.

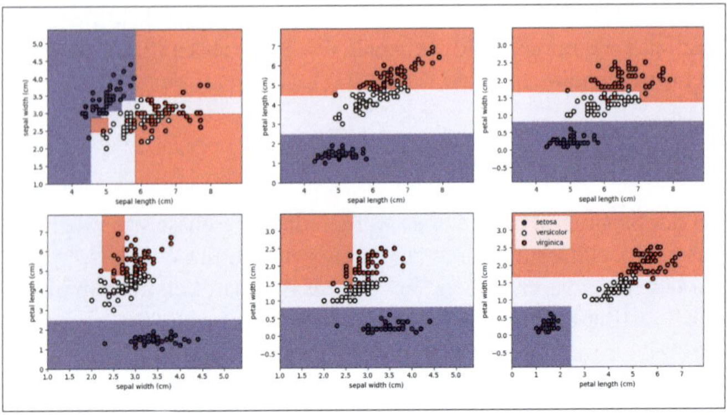

Abbildung 4-37: Paarweise Boosted-Decision-Tree-Klassifikation der Irisdaten

Weiterführende Links

- Scikit-Learn (auch Sklearn genannt): *https://scikit-learn.org/stable/*
- Sklearn User-Guide: *https://scikit-learn.org/stable/user_guide.html*
- Sklearn User-Guide Supervised Learning: *https://scikit-learn.org/stable/supervised_learning.html*
- Visueller Experimentierkasten für SVM: *https://dash-gallery.plotly.host/dash-svm/*
- Grafischer Vergleich von noch mehr Klassifikatoren, als in diesem Kapitel erläutert: *https://scikit-learn.org/stable/auto_examples/classification/plot_classifier_comparison.html*

KAPITEL 5

Feature-Auswahl

Im letzten Kapitel hast du bereits Einsichten in Lernstrategien bekommen und mehrere unserer Beispiele nachvollzogen. Jetzt wollen wir uns zusammen weitere Details ansehen und dein Verständnis vertiefen. Was sind die wichtigen Eigenschaften der Daten? Was hängt womit zusammen? Auch etwas statistisches Wissen kommt hier hinzu.

Der ausführbare Code für dieses Kapitel inklusive der erzeugten Grafiken ist unter der URL *https://github.com/DJCordhose/buch-machine-learning-notebooks* (*https://bit.ly/ml-kug*) als Notebook *kap5.ipynb* erreichbar.

Reduzierung der Features

Am Anfang eines Projekts stehst du manchmal vor einem Haufen Daten mit sehr vielen Attributen pro Datensatz. Alle diese Attribute sind potenzielle Features, allerdings weißt du noch nicht, ob alle wirklich nützlich sind. Da man mit Sklearn relativ einfach mit multidimensionalen Daten arbeiten kann, könnte man beschließen, einfach alle Attribute als Feature-Input für einen Machine-Learning-Algorithmus zu benutzen.

Es gibt allerdings drei gute Gründe, warum eine Auswahl bzw. Reduzierung der Features häufig sinnvoll ist:

1. *Vermeidung von Overfitting bei komplexen Modellen*: Die Anwendung vieler Features bedeutet eine Optimierung in einem Feature-Raum mit sehr hoher Dimension. Je größer die Dimensionalität,

desto mehr Daten braucht man, um statistisch signifikante Aussagen machen zu können. Overfitting entsteht häufig, wenn du zu wenige Daten hast oder die Dimension deines Feature-Raums zu hoch gewählt hast.

2. *Reduzierung der Trainingszeit*: Neben der Größe des Datensatzes, dem verwendeten Algorithmus und den verfügbaren Rechenressourcen hängen die Trainingszeiten auch von der Anzahl der Features ab.
3. *Bessere Interpretierbarkeit der Daten*: Je mehr Features du benutzt, desto schwieriger wird es, mögliche Kausalitäten abzuleiten. Diese könnten dir bei manchen Problemen helfen, die richtigen Maßnahmen zu empfehlen – etwa wenn du mögliche Faktoren für eine bestimmte Krebserkrankung identifizieren möchtest.

Fluch der hohen Dimensionen

Punkt 1 wird oft auch als Fluch der hohen Dimensionen bezeichnet. Zur Illustration generieren wir mithilfe des Zufallsgenerators von NumPy drei Features: `x1`, `x2` und `x3`. Sie werden dabei unabhängig voneinander so generiert, dass sie gleichförmig im Bereich zwischen 0 und 10 liegen:

```
import numpy as np
n = 100; vmin = 0; vmax = 10
x1 =  np.random.uniform(vmin, vmax, n)
x2 =  np.random.uniform(vmin, vmax, n)
x3 =  np.random.uniform(vmin, vmax, n)
```

In Abbildung 5-1 ist die eindimensionale Verteilung von `x1` als Histogramm dargestellt. Wir haben nun *Bins*, die jeweils einen Wertebereich zusammenfassen. Du kannst erkennen, dass ein Bin der Länge 1 im Durchschnitt etwa 10 Beispiele enthält, wenn wir 100 Beispiele generieren.

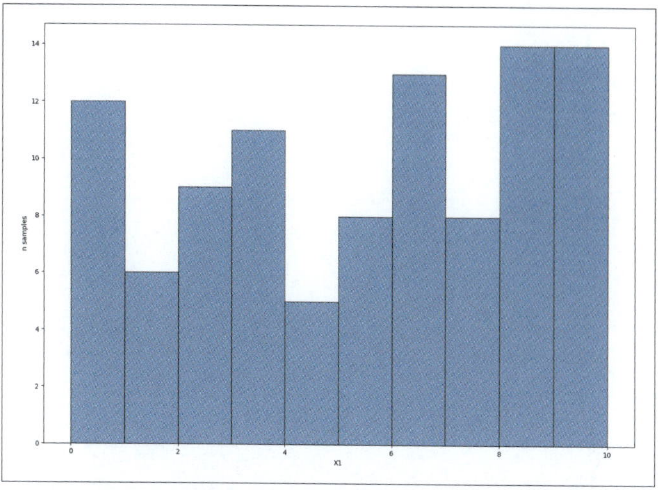

Abbildung 5-1: Verteilung eines Features x1

Nun erhöhen wir schrittweise die Dimension und sehen, wie sich das auf die Verteilung auswirkt. Die zweidimensionale Verteilung von `x1` und `x2` in Abbildung 5-2 zeigt schon eine deutliche »Verdünnung« der Beispiele pro Quadrat mit der Kantenlänge 1. Statistisch erwarten wir im Durchschnitt ein Beispiel pro Box.

Bei der dreidimensionalen Verteilung von `x1`, `x2`, `x3` in Abbildung 5-3 erwarten wir nur noch 0,1 Beispiele pro Kubus mit der Kantenlänge 1. Das heißt, je mehr Features du benutzt, desto weniger Daten pro Einheitsbox im Feature-Raum hast du im Durchschnitt zur Verfügung.

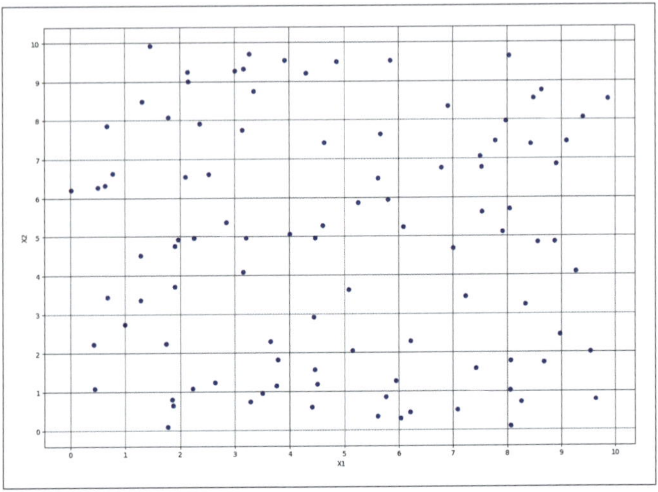

Abbildung 5-2: Zweidimensionale Verteilung der Features x1 und x2

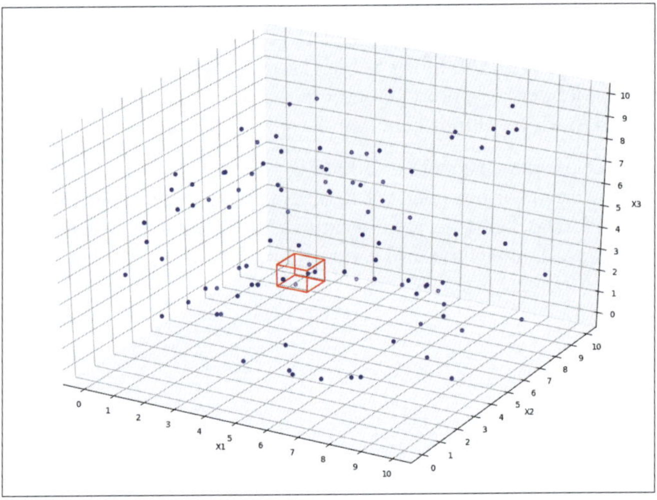

Abbildung 5-3: Dreidimensionale Verteilung der Features x1, x2, x3

Die statistische Signifikanz der Ergebnisse aller Machine-Learning-Algorithmen hängt sowohl von der Anzahl der Daten, die du analysierst, als auch von der Anzahl der Features ab, die du wählst. Eine unzureichende Anzahl von Daten führt häufig zu Overfitting. Benutzt du zu viele Features, steht durchschnittlich pro Raumeinheit eine zu kleine Anzahl an Stichproben zur Verfügung, sodass signifikante Aussagen nicht mehr möglich sind.

Overfitting und Underfitting

Den Zusammenhang zwischen der Anzahl der Trainingsbeispiele, der Komplexität eines Modells und Overfitting kann man am besten am Beispiel von nicht-linearer Regression zeigen. Dazu generieren wir eine kubische Verteilung (Polynom 3. Grades) mit 20 Datenpunkten (siehe Abbildung 5-4).

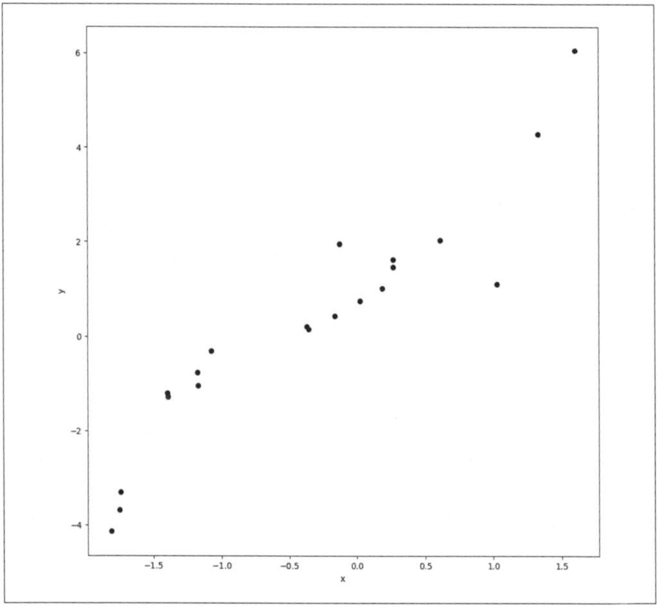

Abbildung 5-4: 20 Datenpunkte aus einer kubischen Funktion

Wenn du den Grad des Polynoms bereits vorher weißt, kannst du oft schon mit 20 Datenpunkten ein gutes Modell ohne Overfitting erhalten, wie du in Abbildung 5-5 sehen kannst.

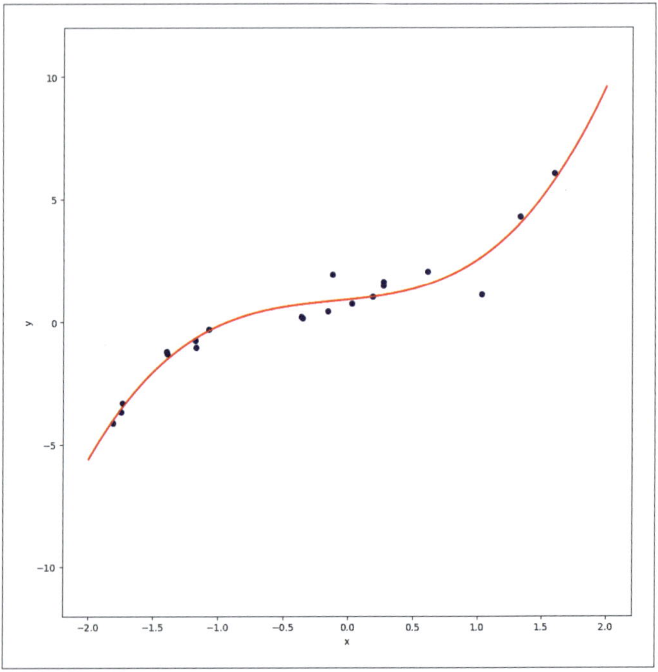

Abbildung 5-5: Regression mit einem Polynom 3. Grades

In der Regel kennen wir die Komplexität unseres Problems aber nicht. Um Underfitting zu vermeiden, wird daher häufig eher ein zu komplexes Modell gewählt. In unserem Beispiel wäre eine lineare Regression (eine Gerade ist ein Polynom 1. Grades) ein zu simples Modell. Das erkennst du auch am Ergebnis der linearen Regression in Abbildung 5-6.

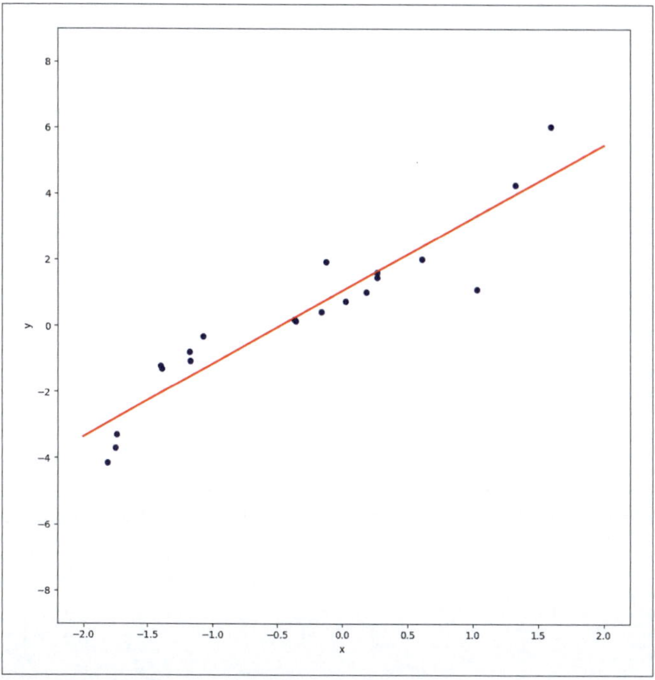

Abbildung 5-6: Underfitting mit linearer Regression

Ein zu komplexes Modell führt hingegen zu Overfitting. Im Extremfall wird sogar jeder Datenpunkt perfekt vorhergesagt, wenn wir z. B. ein Polynom 20. Grades zur Regression benutzen, wie in Abbildung 5-7 dargestellt.

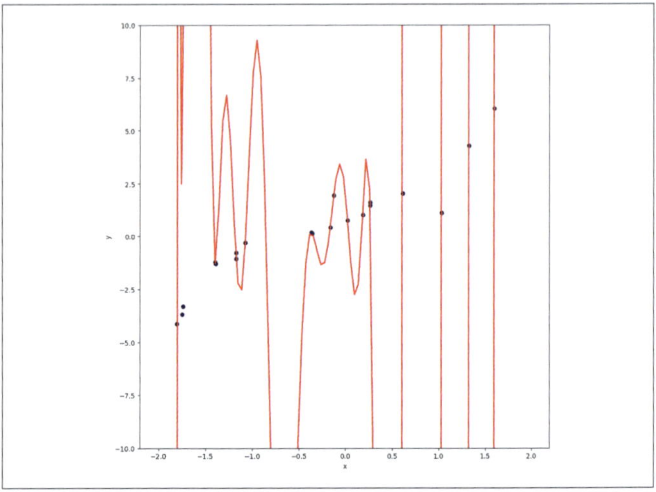

Abbildung 5-7: Overfitting bei einer Regression mit einem Polynom 20. Grades

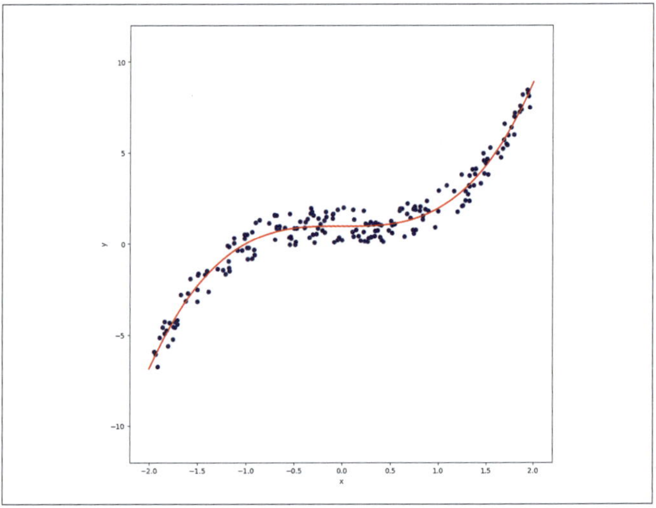

Abbildung 5-8: Regression mit einem Polynom 3. Grades mit vielen Daten

Wenn wir nun statt 20 200 Datenpunkte generieren, erhalten wir bei Regression mit einem Polynom 3. Grades wiederum eine gutes Modell, wie man in Abbildung 5-8 sehen kann.

Bei der Regression mit einem Polynom 20. Grades mit wesentlich mehr Daten als vorher sehen wir in Abbildung 5-9, dass das Overfitting nicht mehr ganz so schlimm ist wie vorher. Das Ergebnis des Modells ist sogar ganz passabel.

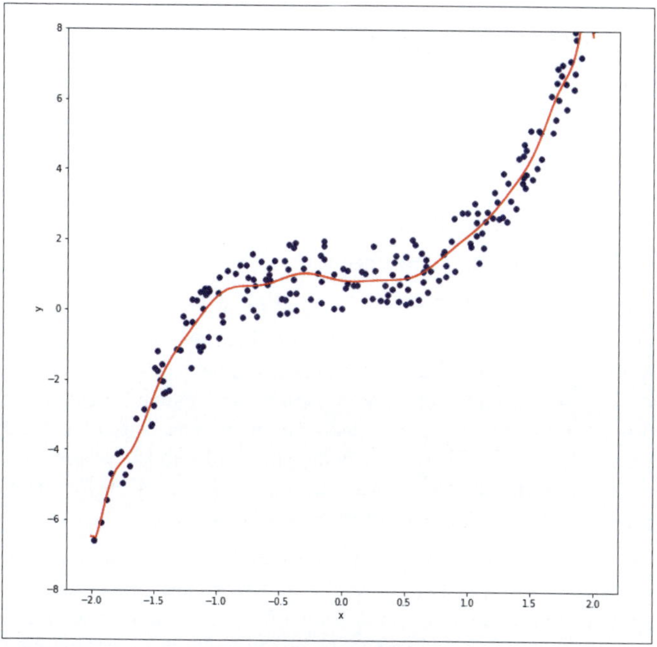

Abbildung 5-9: Regression mit einem Polynom 20. Grades mit vielen Daten

Für viele Probleme gilt in der Regel, dass man mit mehr Daten, weniger Features und geringerer Komplexität des Modells die Wahrscheinlichkeit des Overfittings reduziert.

Im vorigen Kapitel haben wir dir Regularisierungsmethoden für verschiedene Algorithmen gezeigt, mit denen man die Komplexität der Modelle kontrollieren kann. Die Anzahl der Daten ist oft begrenzt. Die Reduzierung der Features ist daher häufig eine gute Option zur Optimierung deiner Ergebnisse.

In diesem Kapitel werden wir dir einige Techniken zeigen, mit denen man die Anzahl der Features reduzieren kann, ohne dabei wichtige Informationen zu verlieren, bzw. mit denen wir den Informationsverlust minimieren können.

Auswahl der Features

Im letzten Abschnitt haben wir darüber diskutiert, warum es wichtig ist, nur eine begrenzte Anzahl von Features zu benutzen. In den Fällen, bei denen es sinnvoll ist, die Anzahl der Features zu reduzieren, stellen sich also diese Fragen:

- Was ist ein gutes Feature?
- Wie viele Features brauchen wir?
- Gibt es eine optimale Kombination an Features?

Die perfekte Feature-Kombination wird man bei vielen komplexeren Problemen nur schwer finden können, aber wir versuchen, dieser so nahe wie möglich zu kommen. Im Folgenden möchten wir dir anhand des Irisbeispiels zeigen, wie man systematisch an diese Fragen herangeht. Wir werden dir einige Methoden zeigen, mit deren Hilfe du abschätzen kannst, welche Features du benutzen und welche du weglassen kannst oder solltest.

Oft ergibt es Sinn, Features erst dann zu reduzieren, wenn sehr viele zur Auswahl stehen. Die obere Grenze hängt meist ab von deinem speziellen Problem, dem verwendeten Algorithmus, den vorhandenen Ressourcen etc. Es kann also schon bei zehn Features beginnen oder erst bei mehreren Hundert.

Der besseren Anschaulichkeit wegen werden wir keinen Datensatz mit vielen Features als Beispiel nehmen, sondern unseren Irisdatensatz mit vier Features. Wir wissen schon, dass alle vier Features informativ sind, d. h., jedes trägt dazu bei, eine bessere Klassifizierung zu erhalten. Zu Demonstrationszwecken werden wir für die

Beispiele zusätzliche Features generieren, die entweder nicht informativ oder aus einem der anderen Features abgeleitet (also redundant) sind.

Feature Exploration

Am Anfang eines Projekts mit neuen Daten hilft es oft, verschiedene Diagramme zu erstellen. Dadurch erhältst du ein besseres Verständnis von den Daten, d. h. ein besseres Bild über die Zusammenhänge zwischen den verschiedenen potenziellen Features und dem Target. Bei den sogenannten univariaten Diagrammen werden Histogramme der einzelnen Features erstellt.

In unserem Irisdatensatz sind die Längen und Breiten der beiden Blütenblätterarten (*setosa*, *versicolor*, *virginica*) von 150 Irispflanzen aufgelistet: `sepal length`, `sepal width`, `petal length`, `petal width`. Die entsprechenden vier Histogramme sind in Abbildung 5-10 dargestellt.

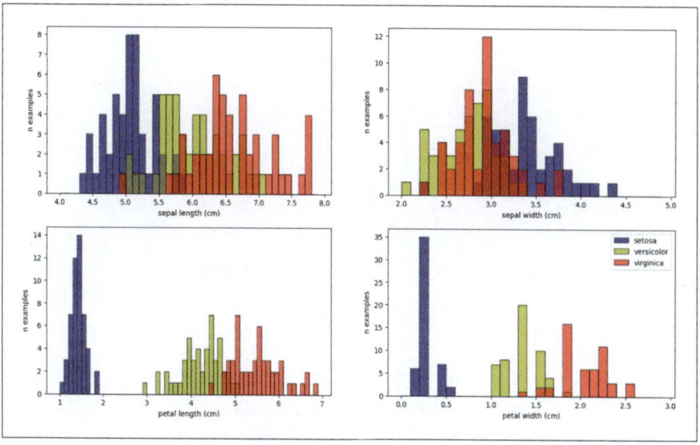

Abbildung 5-10: Univariate Verteilungen des Irisdatensatzes

Wie du siehst, kann man die Art *Iris setosa* von den anderen beiden Irisarten sehr leicht mithilfe nur eines Features unterscheiden: entweder über die Petal-Länge oder Petal-Breite. Im folgenden Code wenden wir den linearen SVC für jeweils ein Feature an:

```
from sklearn.datasets import load_iris
import numpy as np
from sklearn.svm import SVC

svc = SVC(kernel='linear')
iris = load_iris()
for fid in range(len(iris.feature_names)):
  X = iris.data[:, fid, np.newaxis]
  y = iris.target
  y[y==2] = 1 # map 2 → 1
  clf = svc.fit(X, y)
  print(iris.feature_names[fid], "(univariate score):",
  clf.score(X, y))
```

Dabei iterieren wir über die vier Feature-IDs und selektieren mit

```
X = iris.data[:, fid, np.newaxis]
```

jeweils nur ein Feature. Mit

```
y[y==2] = 1
```

fassen wir die Arten *versicolor* und *virginica* in einer Klasse zusammen und können damit über

```
clf = svc.fit(X, y)
```

die Art *setosa* von den Arten *versicolor* und *virginica* unterscheiden. Die Ergebnisse sehen so aus, wie wir es erwartet haben:

```
sepal length (cm) (univariate score): 0.893333333333
sepal width (cm) (univariate score): 0.826666666667
petal length (cm) (univariate score): 1.0
petal width (cm) (univariate score): 1.0
```

Mit `petal length` oder `petal width` können wir *setosa* von den beiden anderen Arten perfekt trennen, aber nicht mit `sepal length` oder `sepal width`.

Die Arten *versicolor* und *virginica* können hingegen sogar mit allen vier Features nicht gut getrennt werden. Das siehst du mithilfe dieses Codes, in dem wir die Arten *versicolor* und *virginica* explizit vorher herausfiltern:

```
iris = load_iris() # reload data
X = iris.data
y = iris.target
ids = y >= 1 # select only versicolor and virginica
```

```
clf = svc.fit(X[ids], y[ids])
print(clf.score(X, y))
```

Der Score ist nur 0,66.

Varianz und Korrelation

Eine einfache Methode, um die Beziehung zwischen zwei Features oder einem Feature und dem Target zu verstehen, ist die Berechnung des Pearson-Korrelationskoeffizienten *r*, den wir schon kurz bei der Bestimmung von Ausreißern in Kapitel 3, *Datenimport und -vorbereitung*, gesehen haben. Er ist folgendermaßen definiert:

$$r = \frac{cov(X,Y)}{std(X)std(Y)}$$

... wobei *cov(X,Y)* für die Kovarianz zwischen den Features *X* und *Y* steht und *std(X)* für die Standardabweichung von *X* (die genaue Definition kannst du auch hier nachschlagen: *https://de.wikipedia.org/wiki/Korrelationskoeffizient*).

Ein *r*-Wert von 1 bedeutet, dass die beiden Variablen linear 100 % korreliert sind, ein Wert von –1, dass sie 100 % linear antikorreliert sind, und ein Wert von 0, dass keine lineare Korrelation besteht.

Beispiele für einige Verteilungen mit den zugehörigen Korrelationskoeffizienten sind in Abbildung 5-11 dargestellt.

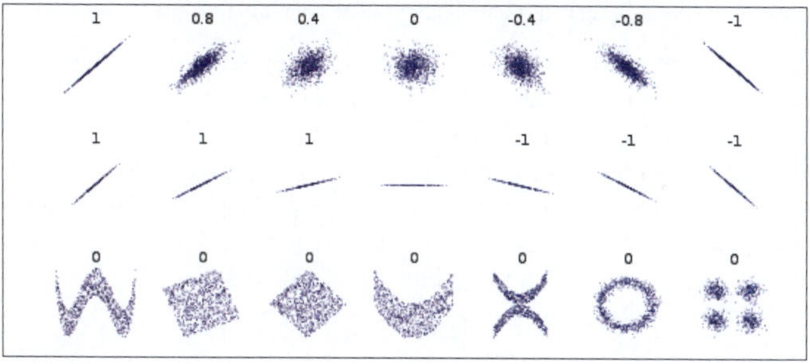

Abbildung 5-11: Pearson-Korrelationskoeffizient für verschiedene Verteilungen in der x-y-Ebene (Abbildung aus https://en.wikipedia.org/wiki/Pearson_correlation_coefficient)

Starke Korrelation zwischen zwei Features ist ein Indikator dafür, dass die beiden Features möglicherweise ähnliche Informationen tragen.

In Abbildung 5-12 sind die sechs bivariaten Diagramme des Irisdatensatzes zusammen mit den jeweiligen Korrelationskoeffizienten dargestellt.

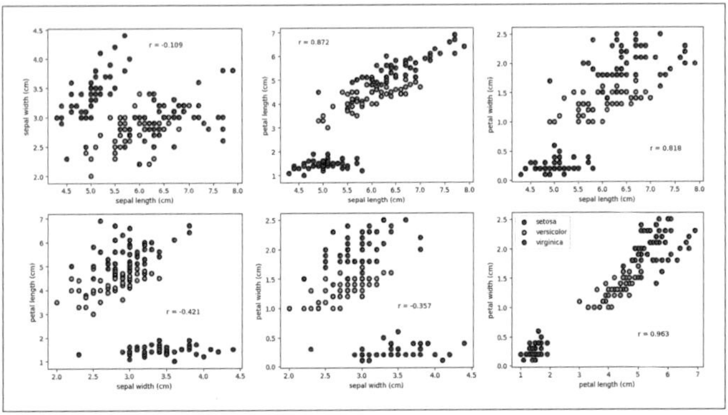

Abbildung 5-12: Bivariate Verteilungen mit Pearson-r des Irisdatensatzes

Starke Korrelation zwischen einem Feature und dem Target ist ein Indikator dafür, dass das Feature informativ oder relevant ist. Das bedeutet, dass es wertvolle Informationen besitzt, die ein Algorithmus zur Klassifizierung oder Regression verwenden kann.

Besteht eine starke lineare Korrelation oder Antikorrelation zwischen Feature und Target-Wert, besitzt das Feature eine hohe Klassifizierungsfähigkeit. In Abbildung 5-10 haben wir bereits gesehen, dass die Irisarten *setosa* und *versicolor* perfekt zu trennen sind. Dementsprechend erwarten wir auch einen hohen Korrelationswert zwischen dem Feature `petal length` und Target sowie `petal width` und Target, was wir mit folgendem Code überprüfen:

```
from sklearn.datasets import load_iris
import numpy as np
from scipy.stats import pearsonr # pearson package from scipy
iris = load_iris() # reload data
X = iris.data
y = iris.target
for fid in (0, 1, 2, 3): # loop over all features
    idx = np.where( (y == 0) | (y == 1) )
    x = X[idx]
    x = x[:, fid]
    print(iris.feature_names[fid], pearsonr(x, y[idx])[0])
```

Der Output sieht dann so aus:

```
sepal length (cm) 0.728290148746
sepal width (cm) -0.684019406159
petal length (cm) 0.969955270125
petal width (cm) 0.960157545411
```

Ein Pearson-Korrelationskoeffizient nahe null heißt nicht zwangsläufig, dass gar keine Beziehung zwischen den beiden Variablen besteht, sondern nur keine lineare, etwa bei einer quadratischen Beziehung:

```
x = np.random.uniform(-1, 1, 1000)
print(pearsonr(x, x**2)[0])
> 0.0187853623787
```

Dies ist auch einer der größten Nachteile des Pearson-Korrelationskoeffizienten. In Abbildung 5-11 oben siehst du ein paar Beispiele für verschiedene bivariate Verteilungen und die entsprechenden Pearson-*r*-Werte. In der untersten Reihe sind einige typische Verteilungen aufgeführt, die einen *r*-Wert von null besitzen, obwohl eine deutliche Beziehung zwischen x- und z-Wert besteht.

In dieser Beziehung etwas robuster ist die sogenannte Distance Correlation, die du hier nachschlagen kannst: *https://en.wikipedia.org/wiki/Distance_correlation*.

Abbildung 5-13 zeigt, dass der Distance-Korrelationskoeffizient bei den meisten Problemfällen einen von null verschiedenen Wert besitzt.

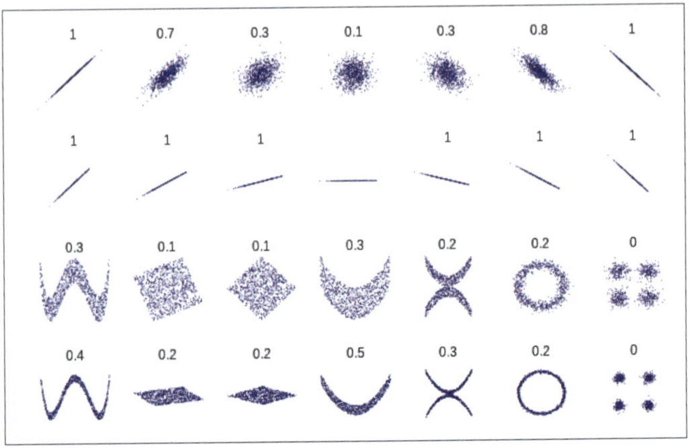

Abbildung 5-13: Beispiele für Distance-Korrelationskoeffizienten (Abbildung aus https://en.wikipedia.org/wiki/Distance_correlation)

Principal-Component-Analyse

Bei der *Principal-Component-Analyse* (PCA) benutzt man die Varianz der Daten als Kriterium zur Sortierung der Features. Die Idee dabei ist, die Koordinatenachse im Feature-Raum mit der größten Varianz zu finden. Die weiteren Achsen werden nach abnehmender Varianz sortiert mit der Einschränkung, dass alle Achsen orthogonal zueinander sein müssen. Auf diese Weise erhält man ein ganz neues Koordinatensystem und damit einen ganz neuen Feature-Raum.

Abbildung 5-14 zeigt eine zweidimensionale Verteilung zweier zufälliger Features *x1* und *x2*. Eingezeichnet sind auch die berechneten PCA-Komponenten, skaliert mit der jeweiligen Varianz.

Transformiert man die Daten in den neuen Raum, der von den beiden PCA-Komponenten aufgespannt wird, erhält man das in Abbildung 5-15 Dargestellte.

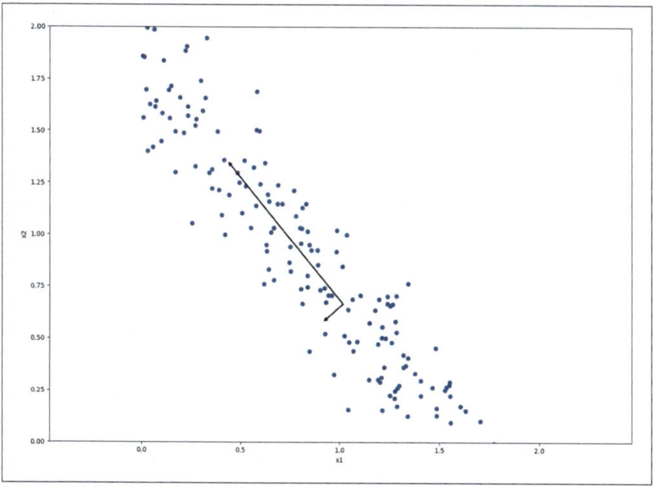

Abbildung 5-14: PCA-Komponenten von zwei Features

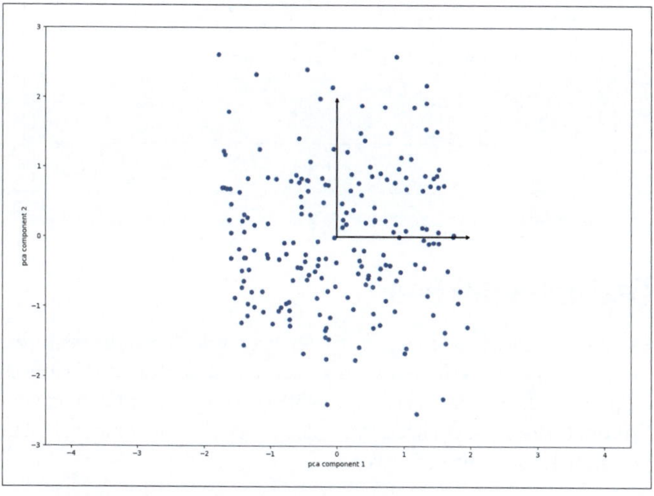

Abbildung 5-15: Mit PCA transformierte Daten

PCA wird häufig bei der Datenexploration und -visualisierung benutzt, weil man hochdimensionale Daten in zwei- oder dreidimensionale Daten mit möglichst geringem Informationsverlust transformieren kann. Dadurch kann man z. B. visuell untersuchen, ob sich die Daten in bestimmten Bereichen clustern.

Beispielsweise können wir die vier Feature-Dimensionen des Irisdatensatzes mithilfe von PCA auf zwei Dimensionen reduzieren, visualisiert in Abbildung 5-16.

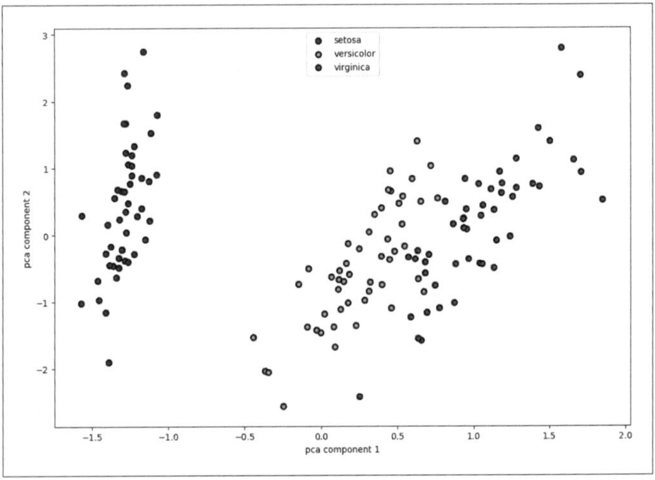

Abbildung 5-16: Die ersten beiden PCA-Komponenten der Irisdaten

Feature-Selektion

Es gibt verschiedene Strategien zur Reduzierung der Input-Features. Bei den meisten Methoden wird jeweils eine Rangliste der Features aufgestellt, die für das gegebene Problem den vermeintlich höchsten Informationsgehalt besitzen. Drei der gängigsten Techniken stellen wir dir in diesem Abschnitt vor.

Selektion nach Varianz

Im vorigen Abschnitt haben wir gesehen, dass die Korrelation bzw. die Varianz zwischen einem Feature und dem Target als Kriterium benutzt wird, um ein informatives Feature von einem weniger informativen Feature zu unterscheiden.

Die Varianz zwischen Features und Target können wir ausnutzen, um Features zu selektieren. Beim sogenannten F-Test wird die Varianz eines Features innerhalb der Klassen und zwischen allen Klassen berechnet, und der sich daraus ergebende Wert nennt sich F-Score:

$$F - Score = \frac{Varianz\ zwischen\ den\ Klassen}{Varianz\ innerhalb\ der\ Klassen}$$

Ein hoher F-Score ist ein Indikator für eine hohe Klassifizierungskraft eines Features.

Als Referenz berechnen wir zunächst den Score des linearen SVM-Klassifikators für die vier ursprünglichen Features:

```
from sklearn.datasets import load_iris
from sklearn.svm import SVC
import numpy as np

iris = load_iris()
X = iris.data
y = iris.target

# reference score
svc = SVC(kernel='linear', C=1)
clf = svc.fit(X, y)
print(clf.score(X, y))
> 0.993333333333
```

Der erhaltene Referenz-Score ist `0.99333`. Danach generieren wir ein neues nicht-informatives Feature mithilfe des Zufallsgenerators in NumPy:

```
# Add random noise as non informative data
rns = np.random.RandomState(12)
noise = rns.uniform(0, 6, size=(len(X), 1))
X = np.hstack([X, noise])
```

```
# Score with all noise
clf = svc.fit(X, y)
print(clf.score(X, y))
> 0.993333333333
```

Wie wir sehen, hat sich der Score mit dem zusätzlichen Feature nicht geändert. Das neue Feature enthält eben keine relevante Information, es ist deshalb überflüssig.

Wie können wir nun generell solche Feature-Kandidaten detektieren und aus unserer Feature-Liste ausschließen? Die Sklearn-Bibliothek `f_classif` besitzt die Funktion, eine Rangliste der Features nach dem F-Score zu berechnen. Mit `SelectKBest` können dann die vier besten Features mit der Option `k=4` ausgefiltert werden:

```
from sklearn.feature_selection import SelectKBest
from sklearn.feature_selection import f_classif

selector = SelectKBest(f_classif, k=4)
X_sel = selector.fit_transform(X, y)
```

Die F-Scores aller fünf Features kannst du mit `print(selector.scores_)` ausdrucken:

```
print(selector.scores_)
>
 [  1.19264502e+02   4.73644614e+01   1.17903433e+03   9.593244
06e+02 9.48960689e-01]
```

Wie erwartet, hat das fünfte Feature den geringsten Score. Wir überprüfen das Ergebnis, indem wir den linearen SVM-Klassifikator wieder auf die selektierten Features anwenden (`X_sel`):

```
svc = SVC(kernel='linear', C=1)
clf = svc.fit(X_sel, y)
print(clf.score(X_sel, y))
```

Der Klassifizierungs-Score ist wiederum `0.99333`. Das ergibt Sinn, da wir ja nun wieder bei dem ursprünglichen Feature-Satz sind.

Selektion nach Tree-Modellen

Eine Auswahl der Features auf Basis der Varianz ist häufig nicht optimal, da nicht-lineare Beziehungen zwischen den Features und dem Target nicht berücksichtigt werden.

Die Anwendung von ML-Modellen zum Sortieren der Features hat diese Einschränkung nicht. Man kann z. B. ein Feature-Ranking mit einem `RandomForest`-Klassifikator aufstellen, den wir schon im vorherigen Kapitel kennengelernt haben. Bei `DecisionTree`-basierten Modellen wird bei jedem Branch-Split berechnet, wie viel ein Feature zur Minimierung der Impurity eines Zweigs beiträgt. Im Fall eines `RandomForest`-Klassifikator werden die Beiträge der verschiedenen Features gemittelt und im Attribut `feature_importance` gespeichert:

```
from sklearn.feature_selection import SelectFromModel
from sklearn.ensemble import RandomForestClassifier

clf = RandomForestClassifier()
clf.fit(X, y)
print(clf.feature_importances_)
```

Die Importances der fünf Features sind bei unserem Durchlauf folgende:

```
[ 0.1632587   0.02530171  0.26785365  0.52779362  0.01579231]
```

Je höher der Wert, desto größer ist die Wichtigkeit des Features. Diese Ergebnisse sind nicht deterministisch, wenn du das Beispiel ausprobierst, kannst du durchaus andere, aber ähnliche Ergebnisse bekommen.

Mit `SelectFromModel` können dann mithilfe der Option `threshold` (Schwellenwert) die Features nach `feature_importance` gefiltert werden:

```
selector = SelectFromModel(clf, threshold=0.02)
X_sel = selector.fit_transform(X, y)
print(selector.get_support())
```

Der Filter-Output ist ein boolesches Array, bei dem jeder Wert angibt, ob sich das Feature oberhalb (`True`) oder unterhalb (`False`) der `threshold`-Option befindet:

```
[ True  True  True  True False]
```

Bei uns ist nur das letzte, künstlich hinzugefügte Feature unterhalb des Schwellenwerts.

Wir überprüfen das Ergebnis wieder, indem wir den linearen SVM-Klassifikator auf die selektierten Features anwenden (`X_sel`):

```
svc = SVC(kernel='linear')
clf = svc.fit(X_sel, y)
print(clf.score(X_sel, y))
```

Der Score lautet wie erwartet:

```
0.993333333333
```

Rekursive Eliminierung nach Modellen

Ein Beispiel für einen generelleren Einsatz von ML-Modellen ist die iterative Eliminierung von Features. Dabei wird nach jeder Iteration dasjenige Feature eliminiert, das am wenigsten zur Klassifizierung oder Regression beiträgt. Wir sehen uns hier als Beispiel einen `Random Forest`-Klassifikator an, bei dem die besten vier Features selektiert werden.

Zunächst trainieren wir `RandomForestClassifier` mit den Daten:

```
from sklearn.ensemble import RandomForestClassifier
clf = RandomForestClassifier()
clf.fit(X, y)
```

Dann wird eine Instanz der Recursive-Feature-Elimination-Klasse erzeugt. Als Klassifizierungsmethode geben wir unseren `RandomForestClassifier` an. Die Anzahl der zu selektierenden Features wird auf `4` gesetzt:

```
from sklearn.feature_selection import RFE
selector = RFE(clf, 4)
```

Jetzt wird der Selektor trainiert:

```
selector = selector.fit(X, y)
```

Und schließlich wird das daraus resultierende Feature-Filter-Array ausgedruckt:

```
print(selector.get_support())
[ True  True  True  True  False]
```

Dieses Array kann wieder genau wie im vorigen Beispiel benutzt werden, um die Features zu filtern.

Weiterführende Links

- Mehr zu Feature-Selektion: *https://scikit-learn.org/stable/modules/feature_selection.html*
- Grafisches Experiment zum Verständnis der PCA: *https://setosa.io/ev/principal-component-analysis/*
- Erkundung von Wort-Embeddings mit Dimensionsreduktion über PCA: *https://projector.tensorflow.org/*

KAPITEL 6

Modellvalidierung

In den beiden vorigen Kapiteln hast du gesehen, wie man mithilfe von Regularisierung, Reduzierung der Modellkomplexität und Feature-Reduzierung Overfitting vermeiden kann. In diesem Kapitel lernst du Methoden kennen, mit denen du Underfitting und Overfitting erkennen und somit die optimalen Parameter deines Modells abschätzen kannst. Die Grundlage dafür ist eine Evaluierung deines Modells nach möglichst objektiven Maßstäben.

Dafür gibt es je nach Problemstellung und Anwendung verschiedene Methoden, d.h. verschiedene Berechnungsvorschriften, die auch Metriken genannt werden. Der Wert, den ein bestimmtes Modell aufgrund der benutzten Metrik bekommt, nennen wir Score. Meistens ist die Metrik so konstruiert, dass der Score immer zwischen null und eins liegt, wobei ein Score nahe eins eine sehr gute Vorhersagekraft und ein Score nahe null eine sehr geringe Vorhersagekraft des Modells bedeutet.

Die Evaluierungsmetrik ist stark verknüpft mit der Loss-Funktion, die du schon in Kapitel 4, *Supervised Learning*, kennengelernt hast. Letztere dient während des Optimierungsprozesses als Maß für die Güte des Modells und wird vom Optimierungsalgorithmus benutzt, um in der nächsten Iteration die Parameter des Modells anzupassen. Der Score hingegen wird erst am Ende des Trainings aus dem sogenannten Testdatensatz ermittelt. Da per Konvention meist Minimierungsalgorithmen verwendet werden, ist die Loss-Funkion so konstruiert, dass niedrigere Werte eine Verbesserung des Modells bedeuten.

Die speziellen Rechenvorschriften der Scores und Loss-Funktionen nennt man im Allgemeinen *Metriken*. Optimalerweise würde man für Score und Loss-Funktion die gleichen Metriken benutzen (bis auf die Vorzeichen). Die Anwendung einer Metrik als Loss-Funktion setzt jedoch die Differenzierbarkeit der Metrikfunktion voraus. Diese Eigenschaft ist üblicherweise nicht gegeben.

Der ausführbare Code für dieses Kapitel inklusive der erzeugen Grafiken und ein paar mehr Details sind wieder unter der URL *https://github.com/DJCordhose/buch-machine-learning-notebooks* (*https://bit.ly/ml-kug*) als Notebook *kap6.ipynb* erreichbar.

Metrik für Klassifikation

Zunächst stellen wir dir einige Score-Metriken für Klassifikationsprobleme vor. Zur Vermeidung von Overfitting musst du streng darauf achten, dass der Datensatz vor Beginn des Trainings in einen Trainings- und einen Testdatensatz aufgeteilt wird. Dadurch verhindert man, dass der ML-Algorithmus den Datensatz quasi »auswendig lernt« und die Fähigkeit zu generalisieren verliert. In Kapitel 4, *Supervised Learning*, hast du bereits einige Regularisierungstechniken kennengelernt, die schon während der Trainingsphase Overfitting vermeiden können. Die Aufteilung in Trainings- und Testdatensatz ist eine weitere sehr effektive Methode, um nach dem Training mögliches Overfitting zu erkennen.

Dabei benutzt man den Score des Testdatensatzes als ein mehr oder weniger objektives Maß für die Modellgüte, da dieser Datensatz vom Algorithmus während der Trainingsphase noch nicht gesehen wurde. Ist der Score des Trainingsdatensatzes signifikant besser als der des Testdatensatzes, ist das ein deutliches Zeichen für Overfitting. Der Algorithmus hat sich zu sehr auf die speziellen Muster des Trainingsdatensatzes konzentriert und nicht auf die Muster, die bei beiden Datensätzen vorzufinden sind. Man sagt auch, der Algorithmus generalisiere das vorliegende Problem nicht gut genug.

Accuracy

Accuracy ist definiert als Verhältnis der Anzahl der Datenbeispiele mit richtig vorausgesagten Labels zu der Anzahl aller untersuchten Datenbeispiele:

$$accuracy = \frac{n(correctly\ predicted)}{n(all)}$$

Die Wahl dieser Metrik liegt auf der Hand, sie wird oft benutzt. Wir haben sie in vielen unserer Beispielen bisher angewendet. Sie ist auch die voreingestellte Methode für Klassifikatoren in Sklearn, wenn man `score()` aufruft.

Im folgenden Beispiel werden wir die Accuracy-Metrik explizit aufrufen. Zunächst laden wir wieder den Irisdatensatz:

```
from sklearn.datasets import load_iris
iris = load_iris()
X = iris.data
y = iris.target
```

Danach teilen wir den Datensatz mithilfe der `train_test_split()`-Methode in einen Trainings- und einen Testdatensatz auf. Als Argumente gibt man der Methode die Feature-Input-Matrix und das Target-Array. Optional kann mit dem Argument `test_size` die relative Größe des Testdatensatzes angegeben werden. In der Praxis werden häufig Trainings- und Testdatensatz im Verhältnis 70:30 angewandt. Die Methode gibt vier Objekte zurück, den Trainings- und den Testdatensatz bzw. das Trainings- und das Test-Target:

```
from sklearn.model_selection import train_test_split
X_train, X_test, y_train, y_test = train_test_split(X, y, test_
size=0.3, random_state=8, stratify=y)
```

Mit `random_state=8` initialisieren wir den Zufallsgenerator und können dadurch reproduzierbare Ergebnisse erzeugen. Mit `stratify=y` sagst du der Split-Funktion, dass die Proportionen zwischen den verschiedenen Kategorien möglichst wie im Target-Vektor y vorzufinden sind. Das ist günstig, damit nicht zufällig alle Datensätze einer Klasse im Test und einer anderen im Training landen.

Als Nächstes laden wir als Beispiel den SVC und trainieren die Trainingsdaten mit dem Klassifikator:

```
from sklearn.svm import SVC
svc = SVC(kernel='rbf')
clf = svc.fit(X_train, y_train)
```

Danach berechnen wir die Vorhersage des trainierten Modells für den Testdatensatz mit der `predict()`-Methode:

```
y_pred = clf.predict(X_test)
```

Die Accuracy berechnen wir jetzt explizit mithilfe der `accuracy_score()`-Funktion. Diese erhält man durch den Vergleich der Vorhersage (`y_pred`) mit den »wahren« Labels des Testdatensatzes (`y_test`):

```
from sklearn.metrics import accuracy_score
print(accuracy_score(y_test, y_pred))
```

Das Ergebnis lautet für unser Beispiel:

```
0.933333333333
```

Confusion Matrix

Betrachtet man ein binäres Problem mit den Labels `positive` und `negative`, dann kann man generell vier Fälle unterscheiden:

True positives (tp)
: Anzahl der Beispiele mit dem Label `positive` und die vom Modell richtig als `positive` vorausgesagt wurden.

False positives (fp)
: Anzahl der Beispiele mit dem Label `negative` und die vom Modell falsch als `positive` vorausgesagt wurden.

False negatives (fn)
: Anzahl der Beispiele mit dem Label `positive` und die vom Modell falsch als `negative` vorausgesagt wurden.

True negatives (tn)
: Anzahl der Beispiele mit dem Label `negative` und die vom Modell richtig als `negative` vorausgesagt wurden.

Diese vier Fälle kann man in einer 2-x-2-Matrix zusammenfassen, der sogenannten Confusion Matrix:

$$\begin{pmatrix} tp & fp \\ fp & tn \end{pmatrix}$$

In der Regel versucht man also, die Werte in der Diagonale von links oben nach rechts unten zu maximieren und alle anderen zu minimieren. Die Werte in dieser Diagonale geben die Anzahl der Testbeispiele wieder, die das Modell richtig vorausgesagt hat. Alle anderen Werte stellen die Anzahl der vom Modell falsch vorausgesagten Werte dar.

In unserem Irisbeispiel haben wir drei Kategorien. Hier können wir entsprechend eine 3-x-3-Confusion-Matrix berechnen:

$$\begin{pmatrix} ts & fcs & fgs \\ fsc & tc & fgc \\ fsg & fcg & tg \end{pmatrix}$$

... wobei die Abkürzungen folgende Bedeutungen haben:

`ts`
: Anzahl der Beispiele mit dem Label `setosa` und die vom Modell richtig als `setosa` vorausgesagt wurden.

`fcs`
: Anzahl der Beispiele mit dem Label `versicolor` und die vom Modell falsch als `setosa` vorausgesagt wurden.

`fgs`
: Anzahl der Beispiele mit dem Label `virginica` und die vom Modell falsch als `setosa` vorausgesagt wurden.

`fsc`
: Anzahl der Beispiele mit dem Label `setosa` und die vom Modell falsch als `versicolor` vorausgesagt wurden.

`tc`
: Anzahl der Beispiele mit dem Label `setosa` und die vom Modell richtig als `setosa` vorausgesagt wurden.

`fgc`
: Anzahl der Beispiele mit dem Label `virginica` und die vom Modell falsch als `versicolor` vorausgesagt wurden.

`fsg`
: Anzahl der Beispiele mit dem Label `setosa` und die vom Modell falsch als `virginica` vorausgesagt wurden.

fcg	Anzahl der Beispiele mit dem Label `versicolor` und die vom Modell falsch als `virginica` vorausgesagt wurden.
tg	Anzahl der Beispiele mit dem Label `virginica` und die vom Modell richtig als `virginica` vorausgesagt wurden.

Die Confusion Matrix des Irisdatensatzes erhältst du folgendermaßen:

```
from sklearn.metrics import confusion_matrix
print(confusion_matrix(y_test, y_pred))
```

Als Ergebnis gibt sie eine NumPy-Matrix in dieser Form aus:

```
[[15  0  0]
 [ 0 13  2]
 [ 0  1 14]]
```

Die entsprechenden Raten der Confusion Matrix erhält man durch Division der Matrixwerte durch die Gesamtanzahl der Beispiele pro Kategorie. Man muss also alle Werte durch die Summe der jeweiligen Zeile teilen und erhält so die normalisierte Confusion Matrix ...

```
import numpy as np
cm = confusion_matrix(y_test, y_pred)
cm_norm = cm.astype('float') / cm.sum(axis=1)[:, np.newaxis]
print(cm_norm)
```

... mit folgendem Ergebnis:

```
[[ 1.          0.          0.        ]
 [ 0.          0.86666667  0.13333333]
 [ 0.          0.06666667  0.93333333]]
```

Precision-Recall

Precision ist definiert als *tp/(tp + fp)*. Es ist also die True-positive-Rate oder der Anteil der richtig vorausgesagten Beispiele von allen positiv vorausgesagten Beispielen. Wie der Name schon andeutet, kann man diesen Wert als Präzision des Modells interpretieren.

Recall ist definiert als *tp/(tp + fn)*. Es ist der Anteil der richtig vorausgesagten positiven Beispiele von allen wahren positiven Beispielen. Diesen Wert kann man als Effizienz des Modells interpretieren oder als die Rate an positiven Beispielen, die das Modell »wiedererkennt«.

Für manche Anwendungen möchte man Precision, für andere Recall optimieren. Oft sind beide Werte wichtig. Zur Abwägung von Precision und Recall für den Irisdatensatz trägst du beide Metriken für verschiedene Stufenwerte gegeneinander auf. Dann kannst du mithilfe des Diagramms das optimale Wertepaar auswählen.

Die generierte Precision-Recall-Kurve für den Irisdatensatz und das SVC-Modell zeigt Abbildung 6-1. Die Fläche unter der jeweiligen Kurve (AUC = *Area Under the Curve*) ist ein Maß dafür, wie gut sowohl Precision als auch Recall gleichzeitig sind. Ein Wert von 100% oder 1 erhält also ein Modell mit perfekter Performance. In allen anderen Fällen kann man anhand des Diagramms die Precision-Recall-Paarwerte auswählen, die man für die jeweilige Anwendung als besten Kompromiss erachtet.

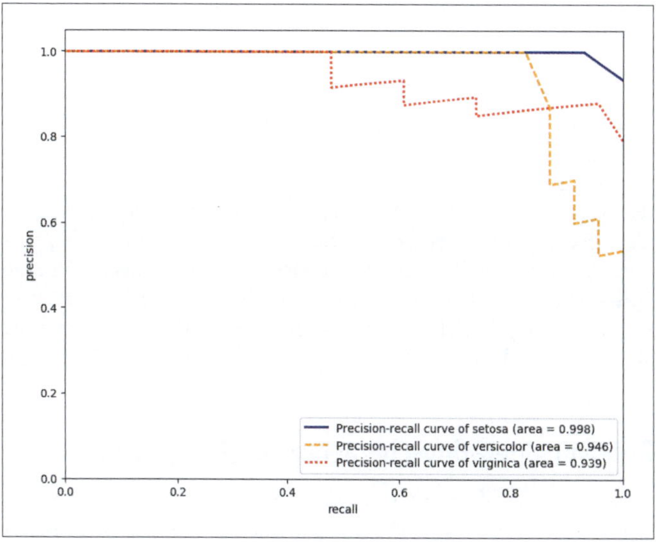

Abbildung 6-1: Precision-Recall-Kurve

Für eine ausgewogene Wahl zwischen Precision und Recall wird häufig auch der F1-Score genommen. Dies ist das sogenannte harmonische Mittel zwischen Precision und Recall und ist definiert als:

$$2 \cdot \textit{precision} \cdot \textit{recall} \, / \, (\textit{precision} + \textit{recall})$$

Precision, Recall und F1 werden in der `classification_report()`-Methode für jedes Label zusammengefasst:

```
from sklearn.metrics import classification_report
print(classification_report(y_test, y_pred, digits=3, target_
names=iris.target_names))
```

Das Ergebnis sieht folgendermaßen aus:

```
             precision    recall  f1-score   support

     setosa      1.000     1.000     1.000        15
 versicolor      0.929     0.867     0.897        15
  virginica      0.875     0.933     0.903        15

avg / total      0.935     0.933     0.933        45
```

Dabei bezeichnet `support` die Anzahl der Beispiele, die bei der Berechnung von F1 genommen wurden. Die letzte Zeile gibt den nach `support` gewichtete Mittelwert aller drei Labels wieder. Wie erwartet, werden *setosa*-Pflanzen perfekt klassifiziert. *versicolor*-Blumen werden recht präzise erkannt, d.h., es gibt relativ wenige *false positives*. Dafür ist die Wiedererkennungsrate etwas geringer, d.h., die *False-negatives*-Rate ist etwas höher. Bei der Erkennung der Pflanze *virginica* ist das Verhältnis in etwa umgedreht. Insgesamt haben sie aber einen ähnlichen F1-Score, weil Precision und Recall gleich gewichtet sind.

Receiver-Operating-Characteristic-(ROC-)Kurve

Zu analytischen Zwecken ist auch die sogenannte ROC-Kurve (*Receiver Operating Characteristic*) sehr aufschlussreich. Hier plottet man die Fall-out-Rate (False-positive-Rate: $fp/(fp + tn)$) gegen die Sensitivity (True-positive-Rate: $tp/(tp + fn)$) auf. Der optimale Punkt liegt nun links oben, und die Fläche unter der Kurve ist wiederum ein gutes Maß für die Performance des Modells (siehe Abbildung 6-2).

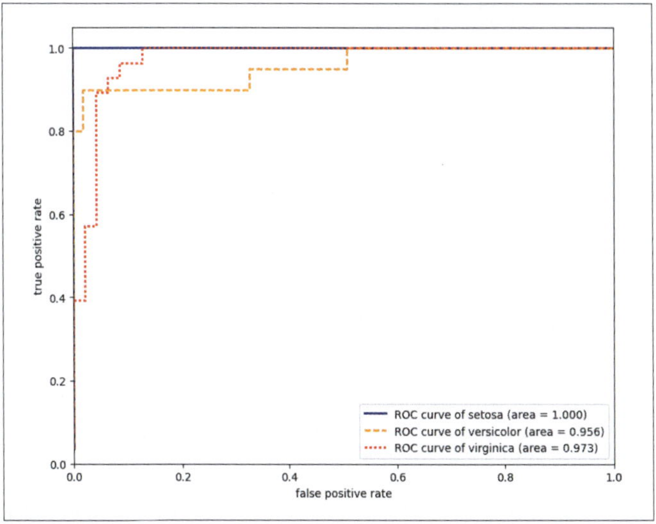

Abbildung 6-2: ROC-Kurve

Precision-Recall- und ROC-Kurven sind gute Indikatoren für das Potential deines Modells. Wie du sicherlich schon erkannt hast, muss man immer einen Kompromiss zwischen verschiedenen Metriken machen, die man optimieren will. In unserem Beispiel erkauft man sich eine sehr hohe True-positive-Rate (*tpr*) auch mit einer relativ hohen False-positiv-Rate (*fpr*).

Um die entsprechenden Metriken für deine jeweilige Anwendung zu optimieren, solltest du zunächst den Arbeitspunkt (z.B. den gewünschten *tpr*-*fpr*-Punkt aus der ROC-Kurve) anhand der Performance-Kurven (siehe Abbildung 6-1 und Abbildung 6-2) definieren. Dementsprechend kannst du dann den Schwellenwert für den Ausgabe-Score (`y_score`) deines Modells anpassen.

Sehr praktische Tools dafür gibt es in z. B. auch in Sklearn:

```
fpr, tpr, thresholds = sklearn.metrics.roc_curve(y_true,
y_scores)
precision, recall, thresholds = sklearn.metrics.precision_
recall_curve(y_true, y_scores)
```

Metrik für Regression

Für die Regression bietet sich der *Mean Squared Error* (MSE) an:

$$Mean\ Squared\ Error = \frac{1}{N}\sum\left(y_i^{true} - y_i^{pred}\right)^2$$

Alternativ kann man den *Mean Absolute Error* anwenden mit dem Vorteil gegenüber dem *Mean Squared Error*, dass er starke Ausreißer nicht so stark gewichtet, weil er das Quadrat weglässt:

$$Mean\ Absolute\ Error = \frac{1}{N}\sum\left|y_i^{true} - y_i^{pred}\right|$$

Sehr robust gegenüber Ausreißern ist der *Median Absolute Error*:

$$Median\ Absolute\ Error = Median\left(\left|y_1^{true} - y_1^{pred}\right|, \ldots, \left|y_n^{true} - y_n^{pred}\right|\right)$$

Der Median ist nicht so empfindlich gegenüber Ausreißern, weil der Wert des Ausreißers nicht direkt in die Berechnung geht. Stattdessen sind Anzahl und Reihenfolge der Werte entscheidend.

Eine weitere Metrik, die für Regression oft benutzt wird, ist der *R^2 score*. Er ist definiert als:

$$R^2\ score = 1 - \frac{\sum\left(y_i^{true} - y_i^{pred}\right)^2}{\sum\left(y_i^{true} - y_{mean}^{true}\right)^2}$$

Er ist ein Maß für den Anteil der Varianz, der durch das Modell beschrieben werden kann. Ist die Streuung der Vorhersage bezüglich der wahren Werte ähnlich der Streuung der wahren Werte selbst, besitzt das Modell wahrscheinlich eine hohe Vorhersagekraft für neue, noch nicht untersuchte Beispiele.

Die vier beschriebenen Regressionsmetriken sind in Sklearn implementiert. Als Beispiel laden wir wieder den Boston-Housing-Datensatz (die sechste Spalte in `boston.data` gibt die durchschnittliche

Zimmeranzahl an), teilen ihn in einen Test- und einen Trainingsdatensatz auf und führen die lineare Regression aus:

```
import sklearn.datasets as data
import sklearn.linear_model as lm
from sklearn.model_selection import train_test_split

boston = data.load_boston()
X = boston.data[:, 5:6] # column with mean number of rooms
y = boston.target

X_train, X_test, y_train, y_test = train_test_split(X, y, test_
size=0.3, random_state=112)

lr = lm.LinearRegression()
lr.fit(X_train, y_train)
```

Die Voraussage des Modells erhalten wir wieder mit der `predict()`-Methode:

```
y_pred = lr.predict(X_test)
```

Jetzt importieren wir die vier Metrikfunktionen mit

```
from sklearn.metrics import mean_squared_error, mean_absolute_
error, median_absolute_error, r2_score
```

... und berechnen die verschiedenen Testscores des Modells:

```
print(mean_squared_error(y_test, y_pred))
print(mean_absolute_error(y_test, y_pred))
print(median_absolute_error(y_test, y_pred))
print(r2_score(y_test, y_pred))
```

Sie ergeben folgende Werte:

```
48.2039684111
4.70696134123
2.88512150933
0.422035691714
```

Diese Werte bekommen dann Aussagekraft, wenn du sie mit den Trainingsscores vergleichst. Zunächst berechnen wir die Predictions für den Trainingsdatensatz mit

```
y_train_pred = lr.predict(X_train)
```

und berechnen dann die Trainingsscores:

```
print(mean_squared_error(y_train, y_train_pred))
print(mean_absolute_error(y_train, y_train_pred))
print(median_absolute_error(y_train, y_train_pred))
print(r2_score(y_train, y_train_pred))
```

mit folgenden Ergebnissen:

```
41.6510201078
4.32931028766
2.86065870053
0.508968494769
```

Wie du sehen kannst, sind die Trainingsscores in unserem Fall alle etwas besser als die Testscores. Deutet das auf leichtes oder starkes Overfitting hin? Verschiedene methodische Ansätze, die dir bei der Beantwortung dieser Frage helfen sollen, stellen wir dir im nächsten Abschnitt vor.

Evaluierung

Wie schon im vorigen Abschnitt erwähnt, können wir Overfitting nach der Trainingsphase sehr effektiv durch eine Aufteilung in Trainings- und Testdatensatz erkennen. Den gleichen Ansatz können wir nun auch anwenden, um während des Trainings Overfitting rechtzeitig zu detektieren.

Validierung

Für die Diskussion der Validierung laden wir wieder den Irisdatensatz und teilen ihn in einen Test- und einen Trainingsdatensatz:

```
from sklearn.datasets import load_iris
iris = load_iris()
X = iris.data
y = iris.target

X_train, X_test, y_train, y_test = train_test_split(X, y, test_
size=0.3, random_state=12)
```

Danach teilen wir den Trainingsdatensatz nochmals in einen endgültigen Trainings- und einen Validierungsdatensatz auf:

```
X_train, X_val, y_train, y_val = train_test_split(X_train, y_
train, test_size=0.3, random_state=12)
```

Zur Illustration berechnen wir die Accuracy des SVC mit RBF-Kernel für den Trainings- und den Validierungsdatensatz in Abhängigkeit des Parameters gamma. Dabei variieren wir gamma so lange, bis wir eine deutliche Divergenz zwischen Trainings- und Testscore erkennen:

```
import numpy as np
import matplotlib.pyplot as plt

fig = plt.figure(1, figsize=(9, 7))
ax = fig.add_subplot(111)
param_range = np.logspace(-3, 2, 200)
train_scores, val_scores = [], []
for g in param_range:
    svc = SVC(kernel='rbf', C=1, gamma=g)
    clf = svc.fit(X_train, y_train)
    train_scores.append(clf.score(X_train, y_train))
    val_scores.append(clf.score(X_val, y_val))

plt.plot(param_range, train_
scores, label="training sample", color="b", lw=2)
plt.plot(param_range, val_
scores, label="validation sample", color="r", lw=2)
ax.set_xscale( "log" )
plt.xlabel("gamma")
plt.ylabel("accuracy")
plt.axis("tight")
plt.legend(loc='center')
plt.show()
```

In Abbildung 6-3 kannst du sehen, dass die Trainingskurve (die durchgezogene Linie) stetig steigt, bis sie 100 % Accuracy erreicht, während die Validierungskurve (die gestrichene Linie) ab einem gamma-Wert von etwa 50 zu fallen beginnt. Dies ist ein Anzeichen dafür, dass der Algorithmus ab dem gamma-Wert von ca. 50 anfängt zu überfitten. Der optimale Wert scheint irgendwo zwischen 0,03 und 50 zu liegen. Den optimalem gamma-Wert bekommst du über die argmax()-Methode von NumPy:

```
best_param = param_range[np.argmax(val_scores)]
print("Best gamma value:", best_param)
```

In diesem Beispiel lautet er:

```
Best gamma value: 0.0382749447852
```

Um die Scores für den besten gamma-Wert zu bestimmen, instanziieren wir den SVC mit dem erhaltenen Wert und trainieren ihn noch einmal mit den Trainingsdaten:

```
svc = SVC(kernel='rbf', C=1, gamma=best_param)
clf = svc.fit(X_train, y_train)
```

Und die Trainings-, Validierungs- und Testscores erhalten wir mit:

```
print("Best train accuracy:", clf.score(X_train, y_train))
print("Best val accuracy:", clf.score(X_val, y_val))
print("Best test accuracy:", clf.score(X_test, y_test))
```

Die Ergebnisse lauten:

```
Best train accuracy: 0.972602739726
Best val accuracy: 0.96875
Best test accuracy: 0.955555555556
```

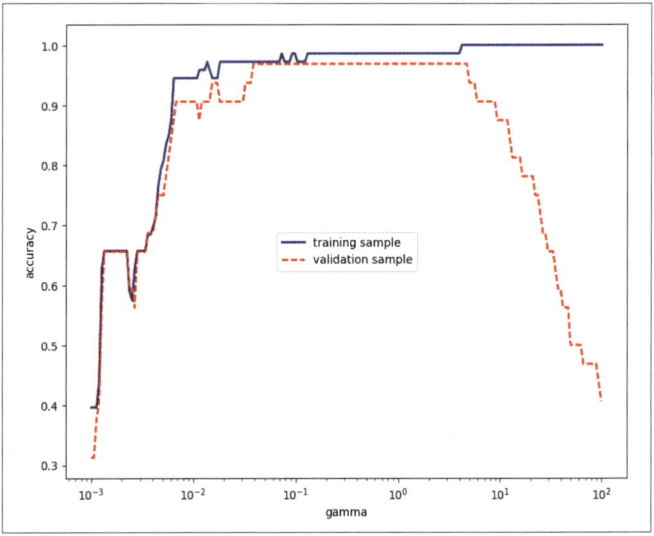

Abbildung 6-3: gamma-Validierungskurve

Der Trainingsscore ist nur ein paar wenige Prozent besser als die Testscores. In Anbetracht der Größe der Samples sind die Unterschiede nicht signifikant, und man kann mit einer gewissen Sicherheit davon ausgehen, dass wahrscheinlich kein Overfitting besteht.

Cross-Validation

Wenn die Daten nicht ausreichen, um sie zweimal aufzuteilen, oder wenn man einfach nur effizienter mit ihnen umgehen möchte, hat sich die Technik der *Cross-Validation* bewährt.

Hierbei teilt man die Daten zunächst in n gleiche Teile auf, z.B. n=5. Danach berechnet man in diesem Fall fünfmal den Validation-Score, wobei bei jeder Iteration jeweils ein anderes Fünftel als Validierungsdatensatz definiert wird. Die übrig gebliebenen vier Fünftel des Datensatzes werden zum Training benutzt. Der Durchschnitt und die Standardabweichung aller Scores sind dann ein gutes Maß zur Validierung des Modells.

In der Praxis ist Cross-Validation nicht immer möglich, weil man Training und Validierung n-mal laufen lassen muss, also alles auch n-mal länger dauert.

In Abbildung 6-4 wird die Cross-Validation-Kurve (die gestrichene Linie) mit der Standardabweichung (dem transparenten Band) dargestellt. Sie bestätigt unsere Aussage im vorigen Abschnitt, dass der optimale `gamma`-Wert zwischen 0,03 und 50 liegt. Die Standardabweichung gibt uns zusätzliche Informationen über die statistische Unsicherheit der Ergebnisse. Ist das rote, transparente Band zu breit, haben wir nicht genügend Daten, um signifikante Aussagen treffen zu können. Ist es ausreichend schmal und liegen Trainings- und Testscore innerhalb von etwa zwei Standardabweichungen, können wir uns relativ sicher sein, dass die Unterschiede aufgrund statistischer Fluktuation hervorgerufen werden und nicht durch Over- oder Underfitting.

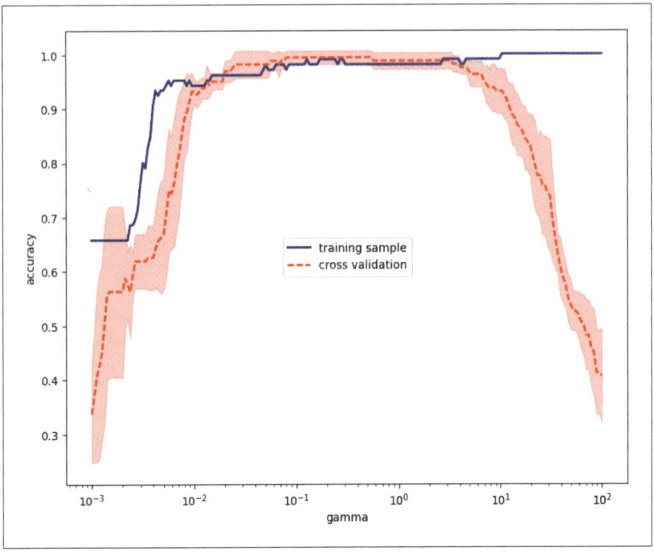

Abbildung 6-4: Cross-Validation

Hyperparameter-Suche

Parameter, die für die Optimierung des Algorithmus wichtig sind, werden auch Hyperparameter genannt. In der Regel müssen wir mehr als einen Hyperparameter optimieren, und oft sind diese nicht unabhängig voneinander. Es ist also in der Regel nicht einfach, einen optimalen Satz an Parametern zu finden. Manchmal helfen Erfahrung und Intuition, oft hilft aber nur raten. Zwei einfache Methoden dafür sind die Grid- und die Zufallssuche.

Grid-Suche

Bei der Grid-Suche listet man mehrere mögliche Werte für die verschiedenen Hyperparameter auf und iteriert über alle möglichen Kombinationen. Grid-Suche mit Cross-Validation kann man in Sklearn mit dem Paket `GridSearchCV` durchführen:

```
from sklearn.model_selection import GridSearchCV

X_train, X_test, y_train, y_test = train_test_split(X, y, test_
size=0.3, random_state=12)
```

Damit kann man mithilfe von Listen und Dictionaries für jeden Parameter bestimmte Werte angeben, die man bei der Suche berücksichtigen möchte. Hier definieren wir zwei verschiedene Gitter: das erste für den linearen Kernel mit fünf verschiedenen C-Werten und das zweite für den RBF-Kernel mit fünf verschiedenen gamma-Werten und vier verschiedenen C-Werten:

```
grid_params = [ {'kernel': ['linear'],
                 'C': [0.1, 1, 10, 100, 1000]},
                {'kernel': ['rbf'],
                 'gamma': [1E-3, 1E-2, 1E-1, 1E0, 1E1],
                 'C': [0.1, 1, 10, 100]}
              ]
```

Danach initiieren wir GridSearchCV mit dem SVM-Klassifikator und den gerade definierten Gitterpunkten und trainieren die Modelle:

```
clf = GridSearchCV(SVC(), grid_params)
clf.fit(X_train, y_train)

print("Best parameters:",clf.best_params_)
print("Best score:",clf.best_score_)
```

Das Ergebnis ist wie erwartet gut vereinbar mit dem Ergebnis der Cross-Validation-Kurve im vorigen Abschnitt:

```
Best parameters: {'kernel': 'rbf', 'gamma': 0.1, 'C': 1}
Best score: 0.980952380952
```

Zufallssuche

Statt fixer Punkte im Hyperparameterraum kann man auch eine zufällige Wahl von Parametern zur Suche verwenden. Sklearn bietet dafür das Paket RandomizedSearchCV:

```
from sklearn.model_selection import RandomizedSearchCV
from scipy.stats import uniform

rand_params = {'kernel': ['rbf'],
               'gamma': uniform(1E-2, 1E0),
```

```
                'C': uniform(0.1, 10)
                }
clf = RandomizedSearchCV(SVC(), rand_params, cv=5, n_
iter=1000, random_state=112)
clf.fit(X_train, y_train)

print("Best parameters:",clf.best_params_)
print("Best score:",clf.best_score_)
```

Die Ergebnisse für die besten Parameter können aufgrund der zufälligen Natur des Algorithmus stark schwanken. Die Qualität (der Score) ist jedoch meist mit der der Grid-Suche vergleichbar:

```
Best parameters: {'gamma': 0.82767738217526821, 'C': 0.64805740
282408253, 'kernel': 'rbf'}
Best score: 0.980952380952
```

Bei hochdimensionalen Feature-Räumen ist die Anwendung der Zufallssuche in der Regel effektiver als die der Grid-Suche. Meist liegt der optimale Parametersatz irgendwo innerhalb des Feature-Raums und nicht in einer »Ecke« oder am »Rand«.

Weiterführende Links

- Mehr zu Metriken und Modellvalidierung: *https://scikit-learn.org/stable/modules/model_evaluation.html*
- Confusion Matrix: *https://towardsdatascience.com/understanding-confusion-matrix-a9ad42dcfd62*
- Grafische Darstellung von ROC: *https://towardsdatascience.com/understanding-auc-roc-curve-68b2303cc9c5*
- Interaktives Experiment zum Verständnis von Precision-Recall: *https://zackakil.github.io/precision-recall-playground/*
- Sklearn 0.24 unterstützt zusätzlich »Successive Halving« als Methode zur Hyperparametersuche: *https://scikit-learn.org/0.24/auto_examples/release_highlights/plot_release_highlights_0_24_0.html*

KAPITEL 7

Neuronale Netze und Deep Learning

Dieses Kapitel zeigt ein praktisches Beispiel, das sämtliches bisher erworbene Wissen einbezieht und über die Beispiele mit Standarddatensätzen hinausgeht. Dazu lernst du die Grundlagen von neuronalen Netzen kennen, die wir mit den Bibliotheken TensorFlow und Keras entwickeln werden. Mit diesem Wissen werden wir zusammen ein Netz trainieren, das Verkehrsschilder erkennen kann. Die dazu notwendige Verarbeitung von Bildern funktioniert besonders gut mit Netzen mit vielen Schichten, sogenannten *Deep Neural Networks*.

Wie üblich ist der komplette und ausführbare Code für dieses Kapitel unter der URL *https://github.com/DJCordhose/buch-machine-learning-notebooks* (*https://bit.ly/ml-kug*) als Notebook erreichbar. Der erste Teil ist im Notebook *kap7-iris.ipynb* und der zweite Teil in *kap7-cnn.ipynb* zu finden.

Iris mit neuronalen Netzen

Wir beginnen erneut mit dem bereits bekannten Irisdatensatz. Wieder werden wir ein Modell trainieren, sodass es die drei unterschiedlichen Irisarten anhand von vier Features erkennt. In Abbildung 7-1 haben wir für dich noch einmal eine zusammenfassende Grafik erstellt. Sie heißt *Scatter Matrix* und stellt alle drei Irisarten als eine Funktion von jeweils zwei Features dar. Jede Art wird dabei durch eine andere Farbe gekennzeichnet. Auf der Diagonale siehst du ein Histogramm des jeweiligen Features über alle Datensätze.

Egal welche Features man wählt, eine Irisart ist immer sehr leicht linear von den anderen beiden trennbar, während die anderen beiden eng verschlungen bleiben.

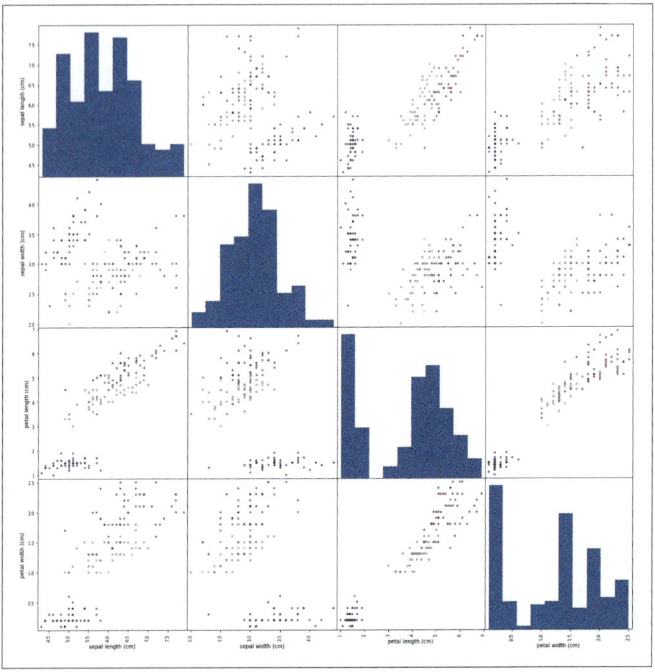

Abbildung 7-1: Scatter Matrix aller Iris-Features

In den bisherigen Kapiteln sind wir dem Iris-Problem durch die Auswahl guter Lernstrategien und der geschickten Auswahl und Codierung der Features begegnet. Auch bei neuronalen Netzen musst du gewisse Entscheidungen treffen und dir eine passende Architektur überlegen, allerdings sind Auswahl und Vorverarbeitung der Features hier meist nicht notwendig. Ein neuronales Netz besteht aus Neuronen, die oft in Schichten modelliert werden. Wenn du mehrere solcher Schichten hintereinanderschaltest, kommt den ersten Schichten die Aufgabe der Feature-Codierung zu. Auch diese wird erlernt und muss daher nicht von dir durchgeführt werden. Das nennt man *Deep Learning*. Du musst also nicht aus deinen verfügbaren Features auswählen und überlegen, wie du sie codierst. Stattdessen nimmst du alle verfügbaren Features und speist sie unverarbeitet in ein Netz ein. Dieser Ansatz funktioniert aufgrund der zusätzlichen Aufgaben nur gut, wenn großen Mengen an Trainingsdaten vorliegen. Wenn diese nicht in großer Menge zur Verfügung stehen, sind Auswahl und Vorverarbeitung wie bei klassischem Machine Learning notwendig.

Das Iris-Problem ist relativ einfach, und wir müssen noch nicht allzu tief in die Trickkiste greifen. Wir beginnen gleich mit unserer ersten Schicht, die nur dazu dient, den Irisdatensatz als Eingabe aufzunehmen. Sie muss also in der Lage sein, alle vier Features unverarbeitet aufzunehmen. Das sieht in der von uns verwendeten Bibliothek *Keras* so aus:

```
from keras.layers import Input
inputs = Input(shape=(4, ))
```

Die nächste Schicht übernimmt die eigentliche Aufgabe der Trennung der Irisarten. In diese Schicht füttern wir die unveränderten Werte aus der Input-Schicht. Hier gibt es drei Neuronen. Diese Anzahl der Neuronen ist willkürlich gewählt.

Zuerst erhältst du dazu den Code, dessen Verständnis wir uns danach allerdings mit einiger Theorie erarbeiten müssen:

```
from keras.layers import Dense
fc = Dense(3)(inputs)
```

Das künstliche Neuron

Grundlage aller neuronalen Netze sind sogenannte künstliche Neuronen. Solche künstlichen Neuronen sind als ein stark vereinfachtes Modell eines menschlichen Neurons entstanden. Daher stammt auch der Begriff *neuronales Netz*, das eine Zusammenschaltung solcher Neuronen bedeutet. In unserem obigen Netz haben wir drei solcher Neuronen – angegeben durch den Parameter `3` bei `Dense(3)`.

Die Nähe zum menschlichen Hirn ist es ehrlich gesagt etwas weit hergeholt, aber dennoch haben die künstlichen Neuronen spannenden Eigenschaften. Ein künstliches Neuron hat als Eingabe eine Reihe von Werten, aus denen das Neuron einen einzelnen neuen Ausgabewert berechnet. Dazu werden alle Eingaben mit Gewichten multipliziert, aufsummiert und dann durch eine sogenannte Aktivierungsfunktion geleitet. Dies ist in Abbildung 7-2 schematisch dargestellt.

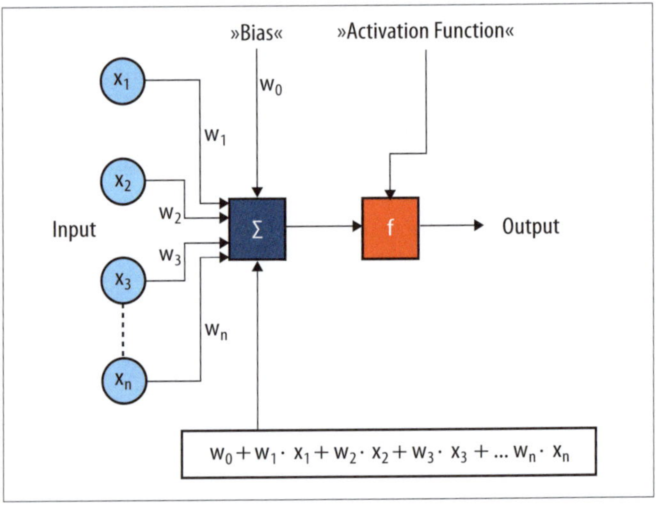

Abbildung 7-2: Ein künstliches Neuron

Wenn wir die Aktivierungsfunktion erst einmal außen vor lassen, ist so ein künstliches Neuron trivial. Zur Veranschaulichung haben wir eine naive Implementierung eines Neurons in einer sehr einfachen Version mit vier Eingabewerten vorbereitet:

```
def neuron_no_activation(x1, x2, x3, x4):
    sum = w0 + x1 * w1 + x2 * w2 + x3 * w3 + x4 * w4
    return sum
```

Damit ergeben sich die Gewichte `w0`, `w1`, `w2`, `w3` und `w4`. Das Gewicht `w0` ist eine Konstante, die auch »Bias« genannt wird, `w1` bis `w4` werden jeweils auf die Eingaben angewandt. In unserem Irisbeispiel würden die Eingaben aus der Eingabeschicht an alle drei Neuronen dieser Dense-Schicht geleitet. Damit hätten wir es mit insgesamt fünf Gewichten pro Neuron oder 15 Gewichten insgesamt zu tun: dem Parameter `w0` für den »Bias« und noch jeweils ein Gewicht pro Feature-Eingabe.

Diese 15 Gewichte sind die vom Lernalgorithmus zu lernenden Parameter. Je mehr Parameter zu lernen sind, desto größer ist das resultierende Modell. Jedes Gewicht bekommt einen initialen Wert, typischerweise einen kleinen Wert normalverteilt um 0 herum.

Die Aktivierungsfunktion

Die Aktivierungsfunktion (Activation Function) wird bei einem künstlichen Neuron auf die gewichtete Summe aller Eingaben angewandt. Bei den ersten neuronalen Netzen war diese Aktivierungsfunktion nur eine Stufenfunktion (auch Schwellenwertfunktion), die bei Werten kleiner als ein Schwellenwert 0 ausspuckt und oberhalb des Schwellenwerts den Wert 1. Eine solche Stufenfunktion ist in Abbildung 7-3 mit dem Schwellenwert 0 dargestellt. Das heißt, beim Eingabewert 0 geht die Ausgabe abrupt von 0 auf 1 über.

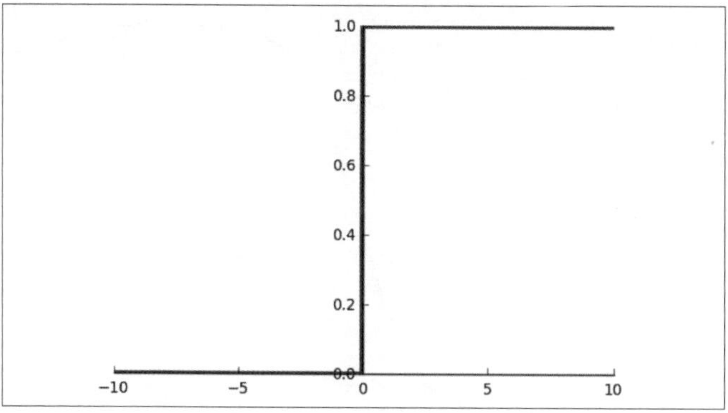

Abbildung 7-3: Stufenfunktion mit Schwellenwert 0

Eine solche Stufenfunktion ist sehr einfach, aber leider nicht stetig differenzierbar. Das bedeutet, wir können keine Ableitungsfunktion bestimmen, die die Steigung unserer Funktion angibt. Dies ist jedoch notwendige Voraussetzung für das Lernen eines neuronalen Netzes, wie wir später noch sehen werden.

Klassisch wurde hier daher eine andere Funktion benutzt, die der Stufenfunktion nahekommt, aber differenzierbar ist. Diese Funktion mit dem Namen Sigmoid ist in Abbildung 7-4 dargestellt. Sie ist im Wesentlichen eine verschobene und skalierte Tangens-hyperbolicus-Funktion, aber gebräuchlicher ist die Form über die Exponentialfunktion. Dies haben wir für dich einmal in Python ausgedrückt:

```
import math as math
def sigmoid(x):
    return 1 / (1 + math.exp(x * -1))
```

Eine komplette Implementierung eines künstlichen Neurons ist damit trivial:

```
def neuron(x1, x2, x3, x4):
    sum = w0 + x1 * w1 + x2 * w2 + x3 * w3 + x4 * w4
    return sigmoid(sum)
```

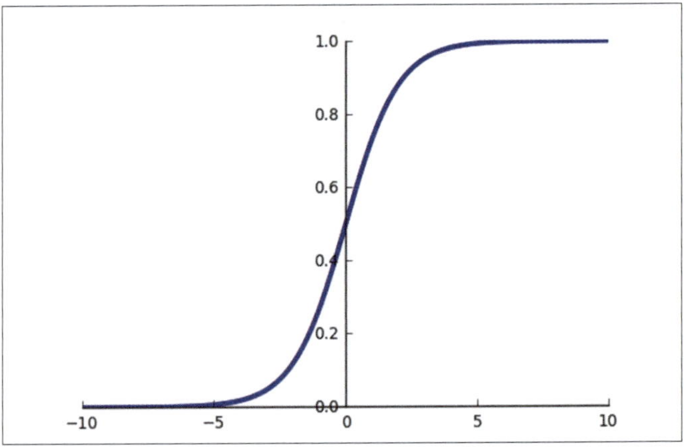

Abbildung 7-4: Die Sigmoid-Funktion

Was kann man mit einem künstlichen Neuron machen?

Schauen wir uns die Gleichung für unser künstliches Neuron noch mal genauer an, am besten erst einmal für zwei Variablen:

$$w_0 + w_1 \cdot x_1 + w_2 \cdot x_2$$

Diese Gleichung lässt sich sehr leicht in die folgende Form umwandeln:

$$y = a \cdot x + b$$

wobei:

$$x_2 = y,\ x_1 = x,\ -w_1 \cdot w_2 = a,\ -w_0 \cdot w_2 = b$$

Dies ist offensichtlich eine Gleichung für eine Gerade. Wenn wir dazu noch die Sigmoid-Aktivierungsfunktion nehmen, sind wir bei dem, was wir in Kapitel 4, *Supervised Learning*, bereits als *Logistic Regression* kennengelernt haben. Wir haben hier lediglich nicht nur eine Eingabevariable, sondern eine multiple Regression. Die Aktivierungsfunktion hat die ursprünglich lineare Funktion nun um eine nicht-lineare Komponente erweitert.

Wenn wir unser künstliches Neuron für eine Klassifikationsaufgabe nutzen möchten, können wir damit also anschaulich zwei Bereiche unterscheiden, die mit einer Geraden (plus der nicht-linearen Komponente durch die Aktivierungsfunktion) trennbar sind. Wenn wir uns noch einmal die Iris-Features in Abbildung 7-1 ansehen, wird klar, dass wir hier in keinem Fall mit einem einzigen Neuron auskommen. Mit einem einzigen Neuron könnten wir lediglich die eine klar abzugrenzende Irisart von den anderen trennen. Das genügt uns aber nicht.

Feed Forward Networks

Die Leistungsfähigkeit eines neuronalen Netzes entsteht erst durch die Zusammenschaltung von vielen Neuronen in Schichten zu einem Netz. Wir kommen dazu zu unserem kompletten Keras-Beispiel zurück:

```
inputs = Input(shape=(4, ))
fc = Dense(3)(inputs)
```

Die Input-Schicht nimmt, wie bereits erwähnt, die vier Features als Eingabe. Diese leitet sie unverändert an jeweils alle drei Neuronen der Dense-Schicht. Wir haben keine Aktivierungsfunktion angegeben, daher wird diese als linear angenommen. Das hat dieselbe Wirkung wie keine Aktivierungsfunktion. Wir haben erst einmal drei Neuronen genommen und hoffen, damit schon gute Ergebnisse zu bekommen. Jedes Neuron kann eine Linie zur Decision Boundary betragen, wir könnten hier also eine Art Dreieck oder Ähnliches abgrenzen. Später können wir ausprobieren, ob das tatsächlich langt oder ob wir sogar mit weniger Neuronen auskommen könnten.

Dense oder *Fully Connected* (fc) drückt aus, dass alle Neuronen der Schicht voneinander unabhängig sind, alle die gleichen Eingaben aller Neuronen der vorherigen Schicht (hier Input) bekommen und ihre Ausgaben wiederum an alle Neuronen der nächsten Schicht schicken. Dies kannst du auch in Abbildung 7-5 sehen. Wir bezeichnen alle Layer als *Hidden*, die nicht zur Eingabe oder Ausgabe von Werten dienen. *Hidden* beschreibt also nicht die Art eines Layers, sondern die Funktion und Position innerhalb eines kompletten Netzes. *Hidden* ist bei uns in der Abbildung somit nur der Fully-Connected-Layer in der Mitte.

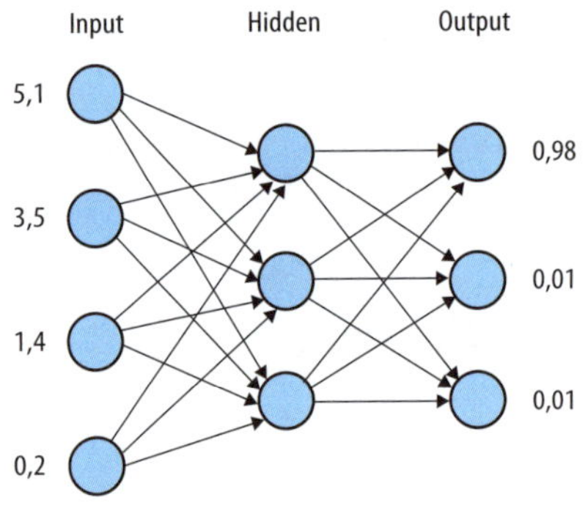

Abbildung 7-5: Ein komplettes neuronales Netz

Von *Feed Forward Networks*, wie unserem Beispiel, spricht man, wenn es keine Schleifen und einen direkten Weg von der Eingabe zur Ausgabe gibt. In unserem Fall werden auf der linken Seite die vier Features mit den Werten *5,1*, *3,5*, *1,4* und *0,2* hineingesteckt. Diese fließen nun durch das Netz, und jedes Neuron des Hidden-Layers nimmt seine Berechnung wie oben gezeigt vor. Die Ergebnisse werden gebündelt und auf eine spezielle Weise von der Ausgabeschicht auf der rechten Seite in sinnvolle Werte gewandelt. Darüber sprechen wir gleich noch.

Unter der Haube verwenden wir mit Keras das weitverbreitete TensorFlow-Framework. Dieses erlaubt auch bei komplexen Netzen eine sehr effiziente Simulation der Neuronen. Grundsätzlich funktioniert die Berechnung aber wie oben bereits erläutert.

Mit den beiden definierten Schichten können wir nun ein Keras-Modell erzeugen:

```
from keras.models import Model
model = Model(input=inputs, output=fc)
```

Nach der Definition kannst du dir das Modell sehr einfach mit `model.summary()` als Übersicht ausgeben lassen:

```
_________________________________________________________________
Layer (type)                 Output Shape              Param #
=================================================================
input_1 (InputLayer)         (None, 4)                 0
_________________________________________________________________
dense_1 (Dense)              (None, 3)                 15
=================================================================
Total params: 15.0
Trainable params: 15.0
Non-trainable params: 0.0
=================================================================
```

Die erste Schicht (`input_1`) hat keine trainierbaren Parameter, da es die Eingabe nur eins zu eins weiterleitet. Die `Dense`-Schicht (`dense_1`) enthält drei Neuronen, und alle drei geben ihre Ausgabe an die nächste Schicht weiter. Da jedes Neuron vier Eingaben aus der Input-Schicht bekommt und mit einem lernbaren Wert gewichtet und dazu noch den Bias hat, kommen wir hier auf 3 mal 4 plus 1, also 15 trainierbare Parameter.

So ein Keras-Modell muss kompiliert werden, bevor wir damit arbeiten können. Dabei geben wir einen Optimierungsalgorithmus, eine Funktion zur Bestimmung des Fehlers und die zur Anzeige des Fehlers verwendete Metrik an. Die Accuracy-Metrik haben wir bereits in Kapitel 6, *Modellvalidierung*, im Detail besprochen. Auf den Adam-Algorithmus (wurde in Kapitel 4, *Supervised Learning*, kurz erwähnt) und den Crossentropy-Loss gehen wir später noch einmal ein:

```
model.compile(optimizer='adam',
              loss='categorical_crossentropy',
              metrics=['accuracy'])
```

Dieses bisher natürlich noch völlig untrainierte Modell können wir dennoch schon einmal ausprobieren. Mit der `predict`-Methode können wir ein Array von Eingabe-Features in das Netz stecken und sehen, was herauskommt:

```
model.predict(np.array([[ 5.1,  3.5,  1.4,  0.2]]))
> array([[-5.83656883,  0.20519015, -
0.65838486]], dtype=float32)
```

Das ist pro Neuron in der letzten Schicht ein Wert. Was wir eigentlich wollen, ist aber eine von drei Kategorien. Daher nehmen wir eine weitere Schicht als endgültige Ausgabe hinzu:

```
predictions = Dense(3, activation='softmax')(fc)
```

Diese Schicht ist wieder Fully Connected, hat aber `softmax` als Aktivierungsfunktion. Sie bildet die gewichteten Eingaben der vorherigen Schicht pro Neuron auf einen Wert zwischen 0 und 1 ab, die wir als Wahrscheinlichkeit für eine Kategorie interpretieren können. Die Summe aller Wahrscheinlichkeiten ist dabei immer eins.

Das vollständige Modell

Damit haben wir nun das folgende komplette Modell:

```
inputs = Input(shape=(4, ))
fc = Dense(3)(inputs)
predictions = Dense(3, activation='softmax')(fc)
model = Model(inputs=inputs, outputs=predictions)
```

Diese Modell kompilieren wir wieder und probieren es erneut mit unserer Eingabe aus:

```
model.predict(np.array([[ 5.1,  3.5,  1.4,  0.2]]))
> array([[ 0.98027247,  0.00851573,  0.01121181]], dtype=float32)
```

Wir interpretieren die Ausgabe so: Die erste Kategorie ist es mit der Wahrscheinlichkeit von 0,98, die beiden anderen mit jeweils etwa 0,01. Damit haben wir uns auch die komplette Abbildung 7-5 erarbeitet.

Das Netz ist sich hier also sehr sicher. Wir sind uns natürlich gar nicht so sicher, da das Netz ja noch völlig untrainiert ist und daher ahnungslos. Die Ausgabe hängt von der zufälligen Initialisierung der Gewichte der Neuronen ab und wird bei jedem Durchlauf anders sein. Daher wirst du ebenfalls andere Werte sehen, wenn du das Beispiel ausprobiert.

Diese freie Art der Interpretation der Ausgabe mag etwas sonderbar erscheinen, weil sie willkürlich ist. Woher soll das Netz denn wissen, wie wir das Ganze interpretieren? Tatsächlich hängt diese Semantik mit der Art und Weise zusammen, wie wir unser Netz trainieren.

Training

Bevor wir unser neuronales Netz trainieren können, müssen wir ein kleines bisschen Feature-Engineering betreiben. Unser Netz gibt, wie gesehen, jeweils eine Wahrscheinlichkeit zwischen 0 und 1 pro Irisart aus, und so müssen wir auch unser Netz trainieren. In unseren Daten ist die Art aber als eine ganze Zahl zwischen 0 und 2 codiert:

```
X = np.array(iris.data)
y = np.array(iris.target)
X.shape, y.shape
> ((150, 4), (150,))

y[100]
> 2
```

Bei unseren Trainingsdaten gehen wir davon aus, dass sie garantiert richtig sind, daher entspricht diese 2 einer hundertprozentigen Wahrscheinlichkeit für Art 2. Das sähe dann so aus:

```
> array([ 0.,  0.,  1.])
```

Eine solche Codierung nennt man auch *One Hot Encoding*, weil jeweils einer von drei Werten 1 ist und die anderen beiden 0. Diese Art Codierung ist sehr gebräuchlich, und daher bietet Keras auch eine Hilfsfunktion dafür:

```
from keras.utils.np_utils import to_categorical
num_categories = 3
y = to_categorical(y, num_categories)

y[100]
> array([ 0.,  0.,  1.])
```

One Hot Encoding benutzt man, um einen gewissen Bias von vornherein auszuschließen. Zur Berechnung der trennenden Hyperflächen im Feature-Raum gehen vor allem die Beziehungen der einzelnen Beispiele zueinander ein. Diese Beziehungen kann man auch als generalisierte Distanzmetriken interpretieren, analog zu Distanzen wie du sie im dreidimensionalen Raum kennst. Zwei Beispiele wären sich also ähnlicher, je näher sie in diesem Raum zusammenlägen. Würden wir die Kategorien »Hund«, »Katze«, »Maus« nicht mit einem One-Hot-Vektor [x1, x2, x3], sondern mit einem Integer 1, 2 und 3 codieren, würde »Maus« näher an »Katze« sein als an »Hund«. Mit One-Hot-Codierung erweitert man den Feature-Raum in diesem Fall um drei Dimensionen statt nur um eine, damit alle drei die gleiche Distanz zueinander haben. Eine höhere Dimension ist ein gewisser Nachteil, wie du schon aus den vorigen Kapiteln weißt. Aber der große Vorteil ist, dass du von vornherein weder eine Reihenfolge noch ein Clustering entlang einer Achse vorgibst.

Als Nächstes müssen wir unsere – ohnehin knapp bemessenen – Trainingsdaten aufteilen: erst einmal in zwei Teile, wobei der erste größere Teil dem Training dient. Der zweite Teil dient am Ende der einmaligen Überprüfung, wie gut das Training bei bisher unbekannten Daten funktioniert hat. Die Meinungen gehen auseinander, wie groß die beiden Teile sein sollten, wir nehmen hier aber

80% der Daten für das Training und 20% für die Überprüfung. Auch dafür gibt es Hilfsfunktionen:

```
from sklearn.model_selection import train_test_split

X_train, X_test, y_train, y_test = train_test_split(X, y, test_
size=0.20, random_state=42, stratify=y)

X_train.shape, X_test.shape, y_train.shape, y_test.shape
> ((120, 4), (30, 4), (120,), (30,))
```

Die Daten werden damit zufällig aufgeteilt, und es entfallen 120 auf das Training und 30 auf die Überprüfung (Test). Mit der Angabe der Zahl 42 für die Initialisierung der Zufallszahlen haben wir die Ergebnisse für uns reproduzierbar gemacht. Der Aufruf von `train_test_split` wird damit bei denselben Daten immer dieselben Ergebnisse liefern. Dass von jeder Irisart dieselbe Anzahl von Datensätzen in Test und Training landet, haben wir mit `stratify=y` angegeben.

Nun können wir endlich mit dem Training loslegen, und zwar mit der `fit`-Methode auf unserem Modell:

```
model.fit(X_train, y_train, epochs=500, validation_split=0.3)
```

Wir geben, wie bei Sklearn gewohnt, `X` und `y` hinein und trainieren damit das Modell. Das Ganze führen wir nicht nur einmal durch, sondern 500 Mal (`epochs=500`), in der Hoffnung, dass bei jedem Durchgang die Ergebnisse besser werden.

Um ein besseres Maß dafür zu bekommen, ob wir gute Ergebnisse haben oder nicht, trennen wir wieder einen gewissen Anteil von Daten ab und berechnen nach jedem Durchlauf auch auf diesen Daten unsere Metriken. So sehen wir schon während des Trainings, ob sich das Ganze in die richtige Richtung entwickelt. Dieser Datensatz heißt *Validierung*. Wir haben damit den Testdatensatz und den Trainingsdatensatz, von dem sich der Validierungsdatensatz abspaltet.

Das ist noch wichtiger, wenn das Training nicht wie bei uns innerhalb weniger Sekunden abgeschlossen ist. Bei komplexeren Modellen und vielen Daten kann so etwas auch mit spezieller Hardware gern einmal Minuten, Stunden, Tage oder sogar Wochen dauern.

Da ist es gut, wenn man auch zwischendrin weiß, ob es sich lohnt, das Experiment fortzusetzen, oder ob man es besser abbricht.

Es ist aber in jedem Fall wichtig, den Testdatensatz nur ganz am Ende zu nutzen und auch nur ein einziges Mal. Die Philosophie dahinter ist, dass der Testdatensatz keinerlei Einfluss, auch keinen impliziten, auf das Training haben sollte.

Wir haben 30 % der Trainingsdaten für die Validierung abgestellt. Bei der Ausführung gibt es nun eine lange Ausgabe als Protokoll des Trainingsprozesses, eine Zeile pro Durchgang (Epoche).

Hier einmal die letzte Ausgabe:

```
loss: 0.3539 - acc: 0.9881 - val_loss: 0.3641 - val_acc: 0.9444
```

Es wird jeweils das Ergebnis der Loss-Funktion für unseren Trainingssatz (`loss`) und den Validierungssatz (`val_loss`) angezeigt. Beide sind in derselben Größenordnung, was dafür spricht, dass wir wenig Overfitting haben. Als zusätzliche Metrik haben wir uns beim Kompilieren des Modells auch Accuracy gewünscht, die ebenfalls angezeigt wird. Sie wird zwar nicht weiter vom Lernalgorithmus beachtet – wichtig ist dafür nur der Loss, der minimiert werden soll –, aber für uns Menschen ist das schon interessant. Die Accuracy gibt ja an, wie viele der Datensätze richtig vorausgesagt werden. Dabei wird lediglich die wahrscheinlichste Kategorie bei der Vorhersage beachtet. Wir sind bei beiden Werten, dem für den Trainingssatz (`acc`) und dem für den Validierungssatz (`val_acc`), nahe an der 1, was dafür spricht, dass wir auch kein wesentliches Underfitting haben.

Die Daten sind etwas schwer verdaulich, daher haben wir den Verlauf des Loss der Trainingsdaten mit dem TensorBoard in Abbildung 7-6 visualisiert. Die gleiche Grafik haben wir auch für den Validierungs-Loss. Diese Grafiken sind allerdings mit bloßem Auge nicht unterscheidbar. Das TensorBoard kommt mit TensorFlow und kann zur Überwachung des Lernvorgangs und der Inspektion des Netzes direkt im Browser genutzt werden.

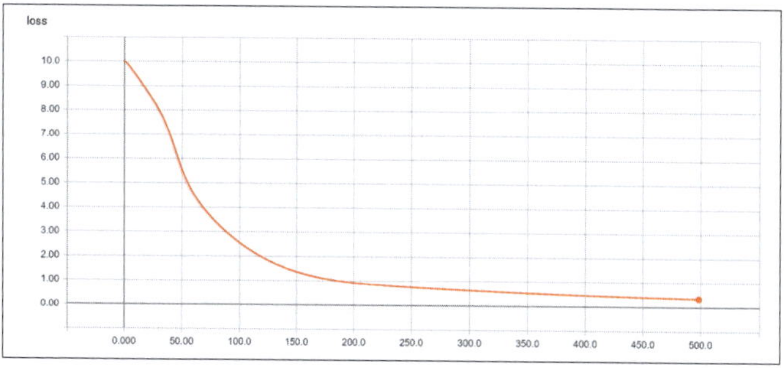

Abbildung 7-6: Loss für das Training

Nach so aussehenden Kurven wirst du dir beim Trainieren von neuronalen Netzen alle Finger lecken. Genauer gesagt, wirst du solche Kurven bei echten Problemen niemals sehen. Insbesondere sehen wir hier keine Sprünge, wir sehen eine kontinuierliche Verbesserung und auch kaum Overfittting, da die Kurve für die Validierung fast identisch ist.

Bewertung

Zuletzt bewerten wir unser Modell, und zwar zuerst zur Veranschaulichung mit dem ersten Datensatz, den wir oben bereits verwendet haben:

```
model.predict(np.array([[ 5.1,  3.5,  1.4,  0.2]]))
> array([[ 0.88338238,  0.10971692,  0.0069007 ]], dtype=float32)
```

Wir wissen, dass dieser Datensatz zur Irisart 0 gehört:

```
X[0], y[0]
> (array([ 5.1,  3.5,  1.4,  0.2]), array([ 1.,  0.,  0.]))
```

Unser Netz ist auch dieser Meinung, allerdings nur zu 88 %. 11 % sprechen für Art 1, und knapp 1 % bleibt bei Art 2. Nicht perfekt, aber gut genug für eine richtige Vorhersage.

Das wollen wir uns nun noch einmal für alle Datensätze ansehen. Beginnen wir mit den Trainingsdaten, also den Daten, mit denen wir tatsächlich trainiert haben, plus den Validierungsdaten:

```
train_loss, train_accuracy = model.evaluate(X_train, y_train)
train_loss, train_accuracy
> (0.40994858145713808, 0.97499999602635701)
```

Wir vergleichen also die tatsächlichen Daten mit unseren Vorhersagen und bekommen eine Accuracy um 97,5%. Das ist gut. Nun dasselbe mit den Testdaten, also wohlgemerkt den Daten, mit denen unser Netz bisher noch überhaupt nicht in Berührung gekommen ist:

```
test_loss, test_accuracy = model.evaluate(X_test, y_test)
test_loss, test_accuracy
> (0.4212094247341156, 0.93333333730697632)
```

Dieser Wert ist mit 93% immer noch gut, wenn auch erwartungskonform geringer als bei den Trainingsdaten. Obwohl auch hier der Loss ähnlich ist wie bei den Testdaten, sehen wir bei der Accuracy ein leichtes Overfitting. Noch besser erscheint dieser Wert, wenn wir die geringe Menge an Trainingsdaten und das sehr simple Modell betrachten. Solche Ergebnisse sind bei echten Problemen extrem ungewöhnlich. Das liegt vor allem daran, dass wir in der Regel keine so sauberen Daten mit so relevanten Features bekommen.

Deep Neural Networks

Im vorherigen Abschnitt hatte unser Netz eine Eingabeschicht, eine Ausgabeschicht für Wahrscheinlichkeiten von Kategorien und *Hidden-Layer* (versteckte Schichten) dazwischen. Solch einen Aufbau nennt man auch Architektur des Netzes.

Es ist beweisbar, dass solch eine Netzarchitektur jede Funktion approximieren kann, wenn man nur die Anzahl der Neuronen im Hidden-Layer hoch genug setzt. Warum sollte man dann komplexere Netze bauen, und warum gibt es so viele andere Architekturen?

In den 90er-Jahren waren neuronale Netze bereits im Bereich der künstlichen Intelligenz bekannt und verbreitet. Diese verwendeten jedoch typischerweise nur einen einzigen Hidden-Layer. Es stellte sich heraus, dass so ein Netz insbesondere mit der Sigmoid-Aktivierungsfunktion nur sehr langsam lernte oder gar nicht konvergierte. Neuronale Netze wurden daher eher als Sackgasse betrachtet.

Bei Deep Neural Networks gibt es nun nicht mehr nur einen einzigen Hidden-Layer, sondern gleich mehrere. Häufig zeigen sie unterschiedliche Arbeitsweisen und sind auch nicht immer nur sequenziell hintereinandergeschaltet. Dadurch ist es in manchen Fällen möglich, sich das Feature-Engineering, wie es für die klassische Supervised Lernstrategien notwendig war, zu sparen. Gerade im Bereich der Klassifikation von Bildern sind diese Strategien führend.

Wir haben bereits die Sigmoid-Funktion als bessere Variante der Stufenfunktion kennengelernt. Im praktischen Einsatz hat sich jedoch eine ganz andere Aktivierungsfunktion mit überraschenden Eigenschaften durchgesetzt, die sogenannte ReLU-Funktion (*Rectified Linear Unit*), die in Abbildung 7-7 dargestellt ist. Werte unterhalb einer Schwelle werden schlicht ignoriert und auf null gesetzt. Es hat sich experimentell herausgestellt, dass mit dieser Aktivierungsfunktion auch tiefe neuronale Netze trainierbar werden.

Damit wären wir in der modernen Zeit der neuronalen Netze angekommen und können nun echte Probleme lösen.

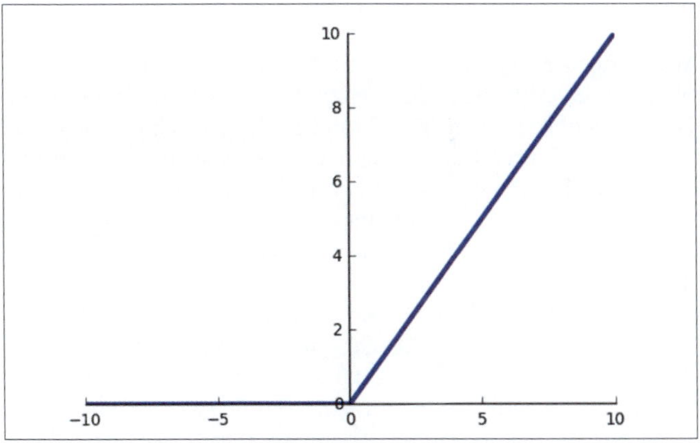

Abbildung 7-7: ReLU-Aktivierungsfunktion

Anwendungsbeispiel: Erkennung von Verkehrsschildern

Vielleicht besitzt du bereits ein Auto, das dich auf Geschwindigkeitsbeschränkungen aufmerksam macht oder gar teilweise autonom fahren kann. Falls ja, erkennt dein Auto wahrscheinlich Verkehrsschilder mittels einer eingebauten Kamera. Die meisten aktuellen Modelle nutzen dafür immer noch die klassischen Methoden der Bildverarbeitung. Moderne Fahrzeuge setzen jedoch mehr und mehr trainierte neuronale Netze ein.

Wir haben es also mit einem Klassifikationsproblem zu tun. Befindet sich ein Verkehrsschild vor dem Fahrzeug und, wenn ja, welches? Für unser Experiment haben wir Bilder von Verkehrsschildern mit Geschwindigkeitsbeschränkungen vorbereitet. Sie sind in sechs Kategorien aufgeteilt, pro Geschwindigkeitsbegrenzungsschild eins. In Abbildung 7-8 kannst du ein Beispiel pro Kategorie sehen und auch, wie viele Bilder wir pro Kategorie haben. Alle Bilder haben 64 × 64 Bildpunkte und drei Farbkanäle für den jeweiligen Rot-, Grün- und Blauanteil.

Wenn du die Bilder in einem gedruckten Buch betrachtest und dich über die schlechte Qualität ärgerst: Die Bilder haben vielleicht im Druck gelitten, aber nicht viel. Neben der schlechten Auflösung und der unscharfen Darstellung haben wir es auch mit Über- und Unterbelichtung zu tun. Auf der positiven Seite steht: Alle Schilder sind zentriert, kaum verzerrt und bildfüllend dargestellt, was das Training vereinfacht. Wiederum nicht so gut ist die reine Menge der Trainingsdaten. Wenn wir alle zusammenzählen, kommen wir nur auf knapp 400 Bilder. Das sind zwar viel mehr als die Daten im Irisbeispiel, wir haben aber auch doppelt so viele Kategorien, eine deutlich schlechtere Datenqualität und überhaupt gar keine Vorstellung von irgendwelchen abstrakten Features in unseren Bildern. Selbst bei mehreren Tausend Trainingssätzen spricht man daher immer noch von einem kleinen Datensatz, der kaum eine angemessene Klassifikation zulässt.

Das bedeutet auch, dass wir mit diesen Daten wenig Chancen haben, weniger optimal positionierte Daten zu klassifizieren. Aber darauf kommen wir im letzten Abschnitt noch einmal zu sprechen.

Abbildung 7-8: So sehen unsere Verkehrsschilder aus.

Architektur

Im vorherigen Irisbeispiel hatten wir eine gute Vorstellung von der Komplexität sowie der notwendigen Architektur und Größe des Modells. Dies ist bei typischen »echten« Problemen meist nicht der Fall. Die Auswahl des Modells beruht daher bei der Kategorisierung von Bildern hauptsächlich auf bereits gemachten Erfahrungen, Intuition und Experimenten. Auch wissenschaftliche Papers können meist nur vage theoretische Erklärungen bieten und beschreiben eher Ergebnisse von Experimenten, die sich – hoffentlich – auf die eigenen Bilddaten übertragen lassen.

Wir beginnen mit einer leicht vereinfachten Variante der klassischen VGG-Architektur von 2015 (*https://arxiv.org/pdf/1409.1556.pdf*). Diese enthält eine ganze Reihe spannender Eigenschaften. Einen Überblick über die Architektur kannst du in Abbildung 7-9 bekommen. Wir füttern statt einzelner Daten unser Netze mit ganzen Bildern. Im ersten Teil des Netzes extrahieren wir die Features des Bilds. Dabei schalten wir eine Reihe ähnlicher Blöcke mit speziellen Arten von Schichten hintereinander, die wir im Folgenden genauer erläutern werden. Im hinteren zweiten Teil kommt eine Klassifikation zum Einsatz, wie wir sie schon bei der Iriserkennung kennengelernt haben. Hier gibt es keine Überraschungen.

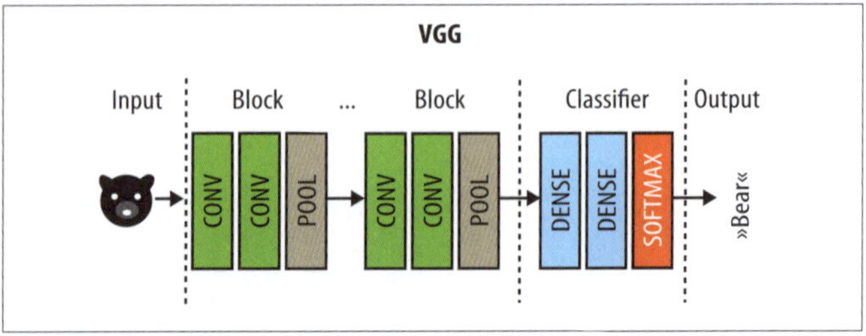

Abbildung 7-9: Unsere VGG-artige Netzarchitektur

Input-Schicht

Anders als im Irisbeispiel stecken wir nun keine flachen Eingabevektoren mehr in unser neuronales Netz, sondern gerasterte Bilder mit 64 × 64 Bildpunkten und drei Farbkanälen für Rot, Grün und Blau. Dementsprechend muss unsere Input-Schicht aussehen:

```
inputs = Input(shape=(64, 64, 3))
```

Convolutional Layer

Spannend wird es erst in der Schicht danach. Ähnlich wie Filter in Bildbearbeitungsprogrammen, die ein Bild unter anderem schärfen oder verschwimmen lassen können, wenden wir auf diese Eingabe eine ganze Reihe von Filteroperationen an. Solch eine Operation wird durch einen Filterkernel, technisch eine Matrix von Werten, realisiert. Dabei wird der Filter Schritt für Schritt über alle Kanäle des Bilds geschoben, und pro Schritt wird ein neuer Bildpunkt erzeugt. Das könnte in Keras so aussehen:

```
x = Convolution2D(64, 3, activation='relu', padding='same')(inputs)
```

Hiermit geben wir an, dass wir insgesamt 64 Filter mit einer Größe von 3 × 3 haben wollen. Unsere Activation ist die oben gezeigte `relu`-Funktion, und die Filteroperationen am Rand des Bilds (`padding='same'`) wiederholen einfach die fehlenden Bildpunkte aus den bestehenden Randpunkten.

Hatten wir vorher drei Farbkanäle, ist hier die Darstellung der Farbe bereits verloren gegangen und durch eine kombinierte Filterausgabe ersetzt worden. Da es eine Ausgabe pro Filter gibt, haben wir nun statt drei Kanälen 64 mit derselben ursprünglichen Auflösung von 64 × 64. Derart gefilterte Ausgaben kann man auch als Mensch immer noch als Bild erkennen, nur eben so, als hätten wir es mit einem Bildbearbeitungsprogramm verändert. Für ein echtes Foto eines 80-Schilds in Abbildung 7-10 haben wir vier der 64 gefilterten Bilder in Abbildung 7-11 dargestellt. Jedes so erzeugte Bild nennen wir ein Feature-Channel, weil wir davon ausgehen, hier automatisch ein relevantes Feature aus dem Bild erlernt zu haben.

Abbildung 7-10: Ein 80-Schild

Abbildung 7-11: 4 von 64 Feature-Channels der ersten Convolution-Schicht

Für jeden der drei Eingabekanäle haben wir also eine 3-x-3-Matrix für den Filterkern und 64 Ausgabekanäle. Dazu kommt ein Bias-Wert pro Kanal. Das ergibt 3 × 3 × 3 × 64 + 64 = 1.792 trainierbare Parameter allein für diese eine Schicht. Nun kommt aber schon die nächste Schicht:

```
x = Convolution2D(64, 3, activation='relu', padding='same')(x)
```

Diese sieht zwar fast identisch aus, hat nun aber nicht die drei Farbkanäle als Eingabe, sondern die 64 Kanäle der Schicht davor. Damit haben wir hier zusätzliche 64 × 3 × 3 × 64 + 64 = 36.928 trainierbare Parameter.

Danach kommt noch einmal genau so eine Schicht, und mit jeder Schicht abstrahieren wir weiter von der ursprünglichen Eingabe. Die extrahierten Feature-Channels werden dem ursprünglichen Bild immer unähnlicher.

Sub-Sampling durch Max Pooling

Nach jedem Block von Convolution-Schichten fügen wir eine Max-Pooling-Schicht ein. So eine Schicht geht mit einem Raster über die Bilddaten, sucht innerhalb des Rasters nach dem Punkt mit dem größten Wert und erzeugt ein neues Bild nur aus diesem höchsten Wert. Solch eine Schicht

```
x = MaxPooling2D(pool_size=(2, 2))(x)
```

verkleinert dabei ein Bild in x- und y-Richtung um jeweils die Hälfte. Ein 64 × 64-Bild wird dadurch zu 32 × 32. Dies ist eine effektive Art von Subsampling.

Eine solche Schicht reduziert die Datenmenge und damit auch die zu erlernenden Parameter der nächsten Schicht.

Steigende Anzahl von Feature-Channels

Mit jedem Block vergrößern wir die Menge von Feature-Channels und verkleinern die Größe der Bilder selbst. Wir erhoffen uns dadurch immer abstraktere Feature-Channels, die wir am Ende durch eine relativ große Fully-Connected-Schicht und die bereits bekannte Softmax-Schicht in eine Klassifikation umsetzen. Alle Schichten bis zur Fully-Connected-Schicht dienen der Feature-Extraction. Zur Klassifikation in der Fully-Connected-Schicht klopfen wir noch die 256 × 16 × 16 Bilder flach mit einer sogenannten *Flatten-Schicht*, da die Fully-Connected-Schicht sonst nichts mit der Eingabe anfangen könnte.

Hier die komplette Beschreibung unserer Netzarchitektur:

```
inputs = Input(shape=(64, 64, 3))

# one block of convolutional layers
x = Convolution2D(64, 3, activation='relu', padding='same')(inputs)
x = Convolution2D(64, 3, activation='relu', padding='same')(x)
```

```
x = Convolution2D(64, 3, activation='relu', padding='same')(x)
x = MaxPooling2D(pool_size=(2, 2))(x)

# one more block
x = Convolution2D(128, 3, activation='relu', padding='same')(x)
x = Convolution2D(128, 3, activation='relu', padding='same')(x)
x = MaxPooling2D(pool_size=(2, 2))(x)

# one more block
x = Convolution2D(256, 3, activation='relu', padding='same')(x)
x = MaxPooling2D(pool_size=(2, 2))(x)

x = Flatten()(x)
x = Dense(256, activation='relu')(x)

# softmax activation, 6 categories
predictions = Dense(6, activation='softmax')(x)
```

Wie du siehst, haben wir im zweiten Block schon 128 Feature-Channels. In Abbildung 7-12 kannst du die Ausgabe von 4 von ihnen sehen. Du siehst, ein Feature-Channel fühlt sich schon gar nicht mehr für die 80 zuständig und bleibt komplett unaktiviert.

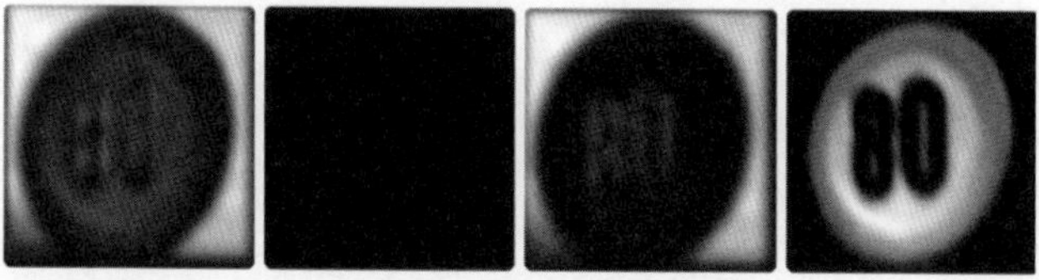

Abbildung 7-12: 4 von 128 Feature-Channels der vierten Convolution-Schicht

Es ist typisch für eine derartige Architektur, dass in tieferen Schichten immer weniger Feature-Channels aktiviert werden, wie du in Abbildung 7-13 sehen kannst. Hier sind nur noch zwei Channels aktiviert. Wir sehen zudem, dass zumindest bei einem Channel die 80 aktiviert ist. Das ist vielversprechend, da wir nicht auf ein zufälliges Feature der Bilder trainiert haben. Hätten wir hier ausschließlich nicht relevante Bildteile wie in dem Channel links daneben, der den Rand des Schilds aktiviert, wäre unser Training fehlgeschlagen.

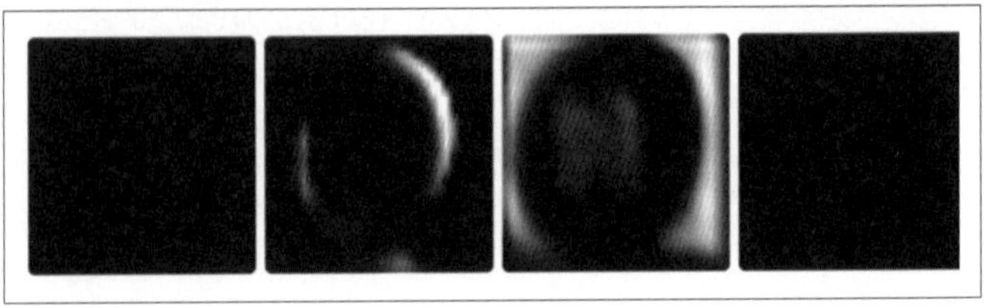

Abbildung 7-13: 4 von 256 Feature-Channels der letzten Convolution-Schicht

Training

Eigene Experimente sind auch bei Standardarchitekturen unerlässlich. Diese gestalten sich aber aufwendig, weil die Modelle komplexer sind und wir es typischerweise mit sehr vielen Trainingsdaten zu tun haben. Um festzustellen, ob es überhaupt sinnvoll ist, mit einer bestimmten Architektur zu trainieren, und eventuell erst nach Tagen zu bemerken, dass die Architektur zu einfach oder fehlerhaft war, nimmt man stattdessen einen kleinen Satz von Testdaten und versucht damit, das Modell zu overfitten. Das geht schnell, und sollte es nicht gelingen, zu overfitten, können wir davon ausgehen, dass das Modell zu simpel war. Falls Overfitting gelingt, schmeißen wir das trainierte Modell weg, behalten aber die Architektur bei und versuchen uns nun am kompletten Datensatz.

Das Training gestaltet sich dabei wieder wie beim Irisbeispiel, nur dass wir nur 10 % der Daten für das Training nehmen:

```
X_train, X_test, y_train, y_test = train_test_split(X, y, test_
size=0.9, random_state=42, stratify=y)
X_train.shape, y_train.shape
> ((37, 64, 64, 3), (37, 6))
```

Wir haben also 37 Bilder mit einer Auflösung von 64 × 64 Bildpunkten und drei Farbkanälen. Dazu haben wir 37 passende Labels in sechs Kategorien in *One-Hot-Codierung* wie im Irisbeispiel.

Optimierungsalgorithmen

Schauen wir uns dazu noch einmal die Konfiguration des Modells mit der dazu passenden Loss-Funktion (`categorical_crossentropy`) und Adam als Optimierungsalgorithmus an:

```
model.compile(optimizer='adam',
              loss='categorical_crossentropy',
              metrics=['accuracy'])
```

Optimierungsalgorithmen sind eine Wissenschaft für sich und die Einstellungen häufig wenig intuitiv. Wir empfehlen daher, mit Adam (*https://arxiv.org/pdf/1412.6980.pdf*) einen effizienten und gut erprobten Algorithmus zu nutzen. Dieser Optimierungsalgorithmus hat Moment und eine adaptive Learning Rate. Ein Optimierungsalgorithmus ohne diese beiden Eigenschaften wäre wie eine Person, die mit konstanter Geschwindigkeit (Learning Rate) versucht, von einem Berg in das Tal zu kommen, indem sie immer den Weg der größten Neigung nach unten geht. Mit Moment wäre dies eher mit einer Kugel zu vergleichen, die den Berg herunterrollt und mit ihrem Schwung einfach durch kleinere Senken hindurchrollt. Die Adaptive Learning Rate würde zusätzlich die Geschwindigkeit der Kugel regeln. Diese beiden Eigenschaften vereint Adam und nimmt uns meist die Last, die Learning Rate vernünftig zu setzen.

Categorical Crossentropy

Die gewählte Loss-Funktion *Categorical Crossentropy* ist die für unser Problem passende. Sie wird im Zusammenhang mit der gewählten Softmax-Aktivierung benutzt, wenn jede der One-Hot-Ausgaben als eine alternative Hypothese angesehen wird. Obwohl auch Mean Squared Error denkbar wäre und hier ebenfalls zu einem erfolgreichen Training führen würde, konvergiert die Categorical Crossentropy viel schneller.

Ein minimales Modell

Unser Modell hat nun inzwischen schon fast fünf Millionen trainierbare Parameter und ist somit auch kein Spielkram mehr. Wir gehen davon aus, dass das Modell sehr schnell overfittet oder eben gar nicht, daher können wir die Iterationen auf 100 beschränken. Auch auf gewöhnlicher Hardware sollte das in wenigen Minuten abgeschlossen sein. Wir sehen uns wieder die letzte Ausgabe des Trainingsprotokolls an:

```
model.fit(X_train, y_train, epochs=100, validation_split=0.3)
> loss: 2.5988e-07 - acc: 1.0000 - val_loss: 10.7476 - val_acc: 0.3333
```

Wir sehen: Overfitting ist perfekt möglich. Für unseren Trainingsdatensatz erreichen wir 100% Accuracy, während sie für den Validierungssatz auf 33% hängen geblieben ist. In den Abbildungen 7-14 und 7-15 kannst du das noch besser sehen. Während die Accuracy der Trainingsdaten mehr oder weniger kontinuierlich nach oben gegangen ist, wackelte die der Validierungsdaten im unteren Bereich eher zufällig herum. Wenn du so etwas in dem endgültigen Training siehst, ist das natürlich ein Zeichen für ein nicht gelungenes Training, für uns hier ist es aber genau das, was wir erreichen wollten und auch erwartet hatten.

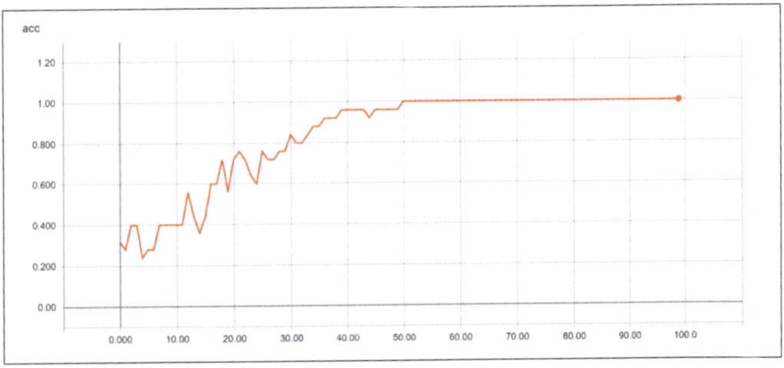

Abbildung 7-14: Verlauf der Accuracy der Testdaten

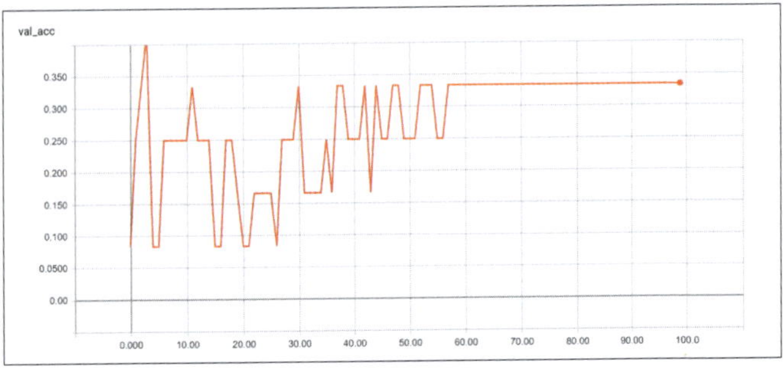

Abbildung 7-15: Verlauf der Accuracy für die Validierung

Dropout

Manchmal wird argumentiert, dass man in einem solchen Fall eher eine einfachere Architektur wählen sollte, um auch mit mehr Daten ein Overfittung zu verhindern. Das ist legitim, wir haben aber eine andere Philosophie: Wir nehmen eine Architektur, die gerade noch auf der verfügbaren Hardware trainierbar ist, und vermeiden Overfitting durch Normalisierung und Dropout. Die Normalisierung ist bereits bei der Vorbereitung der Daten geschehen. Dort haben wir alle Bilder auf die gleiche Größe gebracht und auch den Wertebereich aller Farbkanäle auf 0 bis 1 komprimiert.

Dropout ist ein seit 2012 gebräuchlicher Ansatz (AlexNet, *https://papers.nips.cc/paper/4824-imagenet-classification-with-deep-convolutional-neural-networks.pdf*), um bei jeder Trainingsiteration nur jeweils einen gewissen Anteil der Neuronen zum Training zu verwenden. Man erhofft sich davon, besser generalisieren zu können, da unterschiedliche Neuronen unterschiedliche Aspekte des Trainingsdatensatzes lernen. Bei der Vorhersage und Nutzung das Modells werden dann alle Neuronen verwendet.

Da wir ohne Dropouts sehr gut trainieren konnten, gehen wir davon aus, dass unsere Architektur dem Problem mehr als angemessen ist und wir viel Spielraum für Dropouts habe. Wir führen daher nach jeder Pooling-Schicht und auch nach der Fully-Connected-Schicht Dropouts ein. Technisch gesehen, wird dabei zufällig ein gewisser Anteil von Inputs auf 0 gesetzt. Die mit diesen Inputs verbundenen Neuronen nehmen auf diese Weise effektiv nicht mehr am Training teil. Dropout wirkt sich damit auf alle nachfolgenden Schichten aus.

Ein Training auch mit den wenigen Daten kann auf normaler Hardware einige Stunden dauern. GPU-basierte Systeme können so ein Training, auch mit 500 Iterationen, typischerweise innerhalb weniger Minuten bewältigen. Dadurch entsteht eher noch ein interaktiver Eindruck.[1]

1 Für dieses Buch haben wir mit einer K80-GPU auf einem AWS-Server und einer GTX 1060 auf einem Surface Book 2 trainiert. Beide haben das Training in 4,5 bis 5 Minuten abgeschlossen.

Die endgültige Modellarchitektur sieht nun so aus:

```
drop_out = 0.6

# input tensor for a 3-channel 64x64 image
inputs = Input(shape=(64, 64, 3))

# one block of convolutional layers
x = Convolution2D(64, 3, activation='relu', padding='same')(inputs)
x = Convolution2D(64, 3, activation='relu', padding='same')(x)
x = Convolution2D(64, 3, activation='relu', padding='same')(x)
x = MaxPooling2D(pool_size=(2, 2))(x)
x = Dropout(drop_out)(x)

# one more block
x = Convolution2D(128, 3, activation='relu', padding='same')(x)
x = Convolution2D(128, 3, activation='relu', padding='same')(x)
x = MaxPooling2D(pool_size=(2, 2))(x)
x = Dropout(drop_out)(x)

# one more block
x = Convolution2D(256, 3, activation='relu', padding='same')(x)
x = MaxPooling2D(pool_size=(2, 2))(x)
x = Dropout(drop_out)(x)

x = Flatten()(x)
x = Dense(256, activation='relu')(x)
x = Dropout(drop_out)(x)

# softmax activation, 6 categories
predictions = Dense(6, activation='softmax')(x)
```

Neu sind, wie erwähnt, die Dropouts hinter jeder Pooling- und FC-Schicht. Der Anteil der Neuronen, die beim Dropout nicht trainiert werden, wird als Zahl zwischen 0 und 1 angegeben. 0,5 (50%) ist ein typischer Wert, wie er auch in den angegebenen Papers zu finden ist. Wir haben hier jedoch experimentell einen Wert von 0,6 als ideal ermittelt. Hier noch die dazu passende Zusammenfassung:

```
_________________________________________________________________
Layer (type)                 Output Shape              Param #
=================================================================
input_2 (InputLayer)         (None, 64, 64, 3)         0
_________________________________________________________________
conv2d_7 (Conv2D)            (None, 64, 64, 64)        1792
_________________________________________________________________
```

```
conv2d_8 (Conv2D)            (None, 64, 64, 64)        36928
_________________________________________________________________
conv2d_9 (Conv2D)            (None, 64, 64, 64)        36928
_________________________________________________________________
max_pooling2d_4 (MaxPooling2 (None, 32, 32, 64)        0
_________________________________________________________________
dropout_1 (Dropout)          (None, 32, 32, 64)        0
_________________________________________________________________
conv2d_10 (Conv2D)           (None, 32, 32, 128)       73856
_________________________________________________________________
conv2d_11 (Conv2D)           (None, 32, 32, 128)       147584
_________________________________________________________________
max_pooling2d_5 (MaxPooling2 (None, 16, 16, 128)       0
_________________________________________________________________
dropout_2 (Dropout)          (None, 16, 16, 128)       0
_________________________________________________________________
conv2d_12 (Conv2D)           (None, 16, 16, 256)       295168
_________________________________________________________________
max_pooling2d_6 (MaxPooling2 (None, 8, 8, 256)         0
_________________________________________________________________
dropout_3 (Dropout)          (None, 8, 8, 256)         0
_________________________________________________________________
flatten_2 (Flatten)          (None, 16384)             0
_________________________________________________________________
dense_3 (Dense)              (None, 256)               4194560
_________________________________________________________________
dropout_4 (Dropout)          (None, 256)               0
_________________________________________________________________
dense_4 (Dense)              (None, 6)                 1542
=================================================================
Total params: 4,788,358
Trainable params: 4,788,358
Non-trainable params: 0
```

Wir haben also fast fünf Millionen Parameter zu trainieren, und die Dropouts sind jeweils hinter den Max-Pooling-Schichten und der finalen Fully-Connected-Schicht. Dropout-Schichten haben ebenso wie Max-Pooling-Layer keine trainierbaren Parameter, sie nehmen einfach einen von vornherein vorgegebenen Anteil von Neuronen vom Training in jeder Iteration aus.

Wir trainieren das Modell wieder wie gehabt, diesmal allerdings mit 500 Iterationen, da wir mit einem höheren Trainingsaufwand rechnen müssen. Wir machen den Aufruf wieder zusammen mit der letzten Ausgabe des Logs:

```
model.fit(X_train, y_train, epochs=500, validation_split=0.2)
> loss: 0.0035 - acc: 1.0000 - val_loss: 0.2463 - val_
acc: 0.9672
```

Bewertung

Genau wie bei unserem Irisbeispiel kommen wir zu der Bewertung der Ergebnisse. Zuerst schauen wir uns die Kurve für die Accuracy der Testdaten in Abbildung 7-16 an.

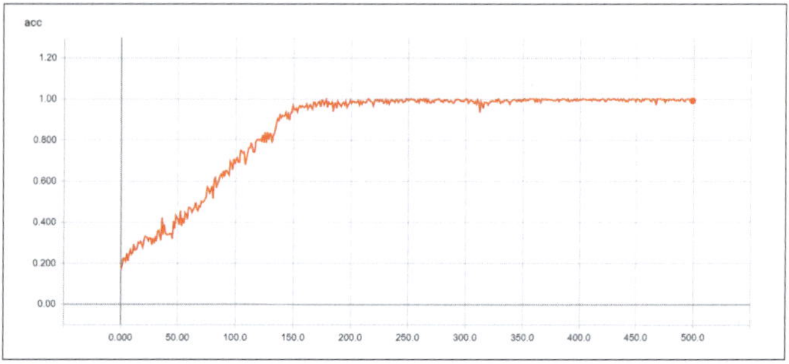

Abbildung 7-16: Verlauf der Accuracy der Testdaten bei dem kompletten Datensatz

Wir sehen bis zur Iteration 150 einen klaren Anstieg ohne große Schwankungen. Spätestens ab der 250. Iteration tut sich hier nicht mehr viel, wir bleiben konstant nahe der 1. Die nachträgliche Überprüfung des Trainingsdatensatzes stützt das gute Bild, hier haben wir einen fast perfekten Match.

```
train_loss, train_accuracy = model.evaluate(X_train, y_train)
train_loss, train_accuracy
> (0.047735791653394699, 0.99339938163757324)
```

Ohne die Kurve für die Validierung (siehe Abbildung 7-17) hätten wir hier denken können, dass ein weiteres Training keinen Sinn mehr ergäbe. Sie hat zwar stärkere Schwankungen, hat aber bis zum Ende bei Iteration 500 eine Tendenz nach oben. Es wäre sogar denkbar, dass unser Modell bisher nicht ganz austrainiert ist und 1.000 Iterationen ein noch besseres Ergebnis erzielt hätten. Wichtig ist in jedem Fall, dass nicht die Accuracy der Trainingsdaten, sondern die Accuracy der Validierungsdaten relevant sind. Denn diese geben an, wie gut das trainierte Modell generalisiert hat. Das ist schließlich unser Ziel. Dazu schauen wir uns nun die Testdaten an:

```
test_loss, test_accuracy = model.evaluate(X_test, y_test)
test_loss, test_accuracy
> (0.064851462841033936, 0.97368419170379639)
```

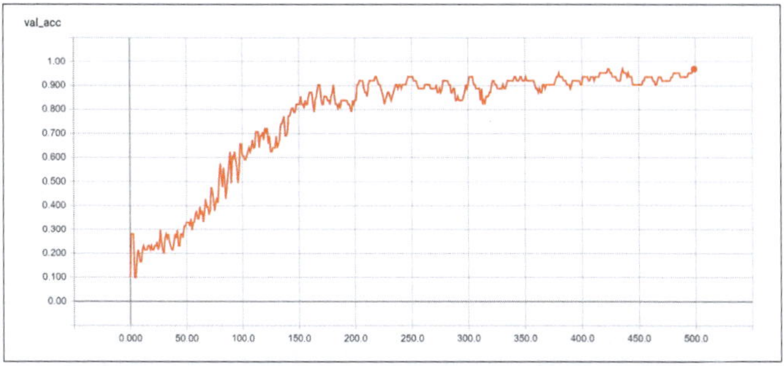

Abbildung 7-17: Verlauf der Accuracy der Validierungsdaten beim kompletten Datensatz

Wir erreichen auf dem Testdatensatz eine ähnliche Accuracy von ca. 97 % wie bei dem Validierungsdaten. Dass dies in etwa der gleiche Wert ist, war zu erwarten und spricht für die gute Mischung der Daten und ein erfolgreiches Training. 97 % ist zudem ein sehr gutes Ergebnis, das allerdings nicht bei allen Trainingsläufen erreicht wird. Manche Läufe erreichten kaum 90 % mit exakt denselben Parametern. Viel hängt von der zufälligen Initialisierung ab. Ob das Modell überhaupt trainiert und ob es dann overfittet, hängt stark vom Anteil der Dropouts ab. Wir haben mit Werten zwischen 30 % und 80 % experimentiert. Bei 80 % konvergierte das Modell gar nicht mehr, und bei 30 % overfittet es stark. 60 % hat sich rein experimentell als ideal erwiesen.

Data Augmentation

Wir müssen auch die geringe Trainingsdatenmenge und noch viel mehr die besonderen Eigenschaften der Trainingsdaten berücksichtigen. Wir können daher nicht behaupten, hier ein System trainiert zu haben, das echte Geschwindigkeitsbeschränkungen in realistischen Szenarien erkennen könnte.

Dafür hätten wir zum einen einen Trainingsdatensatz mit mehr Variationen gebraucht und zum anderen deutlich größeren Trainingsaufwand betreiben müssen. In einem weiteren Notebook haben wir aus unseren Daten durch eine Kombination aus Transformationen wie Heran-/Herauszoomen, Drehen und Kippen die zehnfache Menge an Datensatz erzeugt. Keras erlaubt das Generieren solcher Bilder, wie in Abbildung 7-18 dargestellt. Dieses Vorgehen wird auch in dem bereits im Abschnitt über Dropouts erwähnten Alex-Net-Paper (*https://papers.nips.cc/paper/4824-imagenet-classification-with-deep-convolutional-neural-networks.pdf*) unter dem Namen *Data Augmentation* als zweiter Mechanismus zur Vermeidung von Overfitting beschrieben.

Abbildung 7-18: Ein 30-Schild verschoben, herausgezoomt und gekippt

Mit nun 3.000 Bildern ist ein realistischeres Training möglich. Unter Beibehaltung der Modellarchitektur dauert das Training auf einem GPU-(K80-)basierten System nun nicht mehr ca. sieben bis acht, sondern eher 100 Minuten. Ohne GPU-Unterstützung müssten wir hier wohl in Tagen und nicht in Minuten rechnen.

Neuere Ansätze im Bereich CNN

Obwohl unser hier beschriebener Ansatz erst 2015 vorgestellt wurde, ist er schon nicht mehr ganz Stand der Technik. Google hat mit dem sogenannten Inception-Modell (*https://arxiv.org/pdf/1409.4842.pdf*) mit insgesamt mehr als 100 Schichten in mehreren nicht mehr sequenziell hintereinanderlaufenden Strängen (Towers) neue Maßstäbe im Bereich Deep Learning gesetzt. Durch Einsparung des letzten Fully-Connected-Layers haben wir dadurch trotzdem ein deutlich kleineres Modell, also weniger trainierbare Parameter. Zur Erinnerung: In unserem Modell hatten wir nur für den letzten FC-Layer über vier Millionen Parameter von unseren knapp fünf Millionen, wie du in der Summary unseres Modells weiter oben noch einmal sehen kannst. Statt des letzten FC-Layers nutzt das Inception-Modell eine spezielle Pooling-Schicht, die auf ein einziges Pixel, aber sehr viele Feature-Channels codiert. In unseren Experimenten haben wir mit diesem Ansatz tatsächlich ein deutlich kleineres Modell mit einer besseren Generalisierung erreicht.

Am besten hat allerdings der ResNet-Ansatz von Microsoft (*https://arxiv.org/pdf/1512.03385v1.pdf*) funktioniert. Hier gibt es zwar wieder einen Fully-Connected-Layer am Ende, aber davor wird wieder über Pooling die Größe des Inputs in den Layer drastisch verkleinert. Dazu werden immer wieder Blöcke von Convolution-Schichten durch »Shortcut Connections« übersprungen, und die Eingabe wird sowohl durch den Convolution-Block als auch direkt in die nächsten Schichten geleitet. Dadurch sind nun mit aktueller Hardware mindestens 152, aber auch bis zu 1.000 Schichten möglich. Hier ist das Modell ebenfalls deutlich kleiner als bei dem hier gezeigten VGG-basierten Modell.

Weiterführende Links

- Der TensorFlow-Playground zum Experimentieren mit Deep Neural Networks: *https://playground.tensorflow.org/*
- Visuelle Erklärung von Convolutional Neural Networks: *https://poloclub.github.io/cnn-explainer/*

- Tiefere und mathematische Erklärungen zu Convolutional Neural Networks: *http://cs231n.stanford.edu/*
- Experimente mit Image-Kernels:
https://setosa.io/ev/image-kernels/
- Akademischer Artikel zu unterschiedlichen CNN-Architekturen:
https://arxiv.org/pdf/1605.07678.pdf
- In Keras vordefinierte CNN-Architekturen:
https://keras.io/api/applications/
- Stochastic Gradient Descent (SGD), die Optimierungsmethode für unsere neuronalen Netze:
https://en.wikipedia.org/wiki/Stochastic_gradient_descent

KAPITEL 8

Unsupervised Learning mit Autoencodern

In diesem Kapitel schließen wir an die Verarbeitung von Bilddaten aus dem vorherigen Kapitel an. Während wir dort passende Paare von Ein- und Ausgaben hatten und so der Lernprozess eine Imitation der menschlichen Eingabe darstellte, arbeiten wir in diesem Kapitel mit Bilddaten ohne passende Labels.

Einen solchen Trainingsansatz, der lediglich einen Satz von ungelabelten Daten benötigt, nennt man *Unsupervised Learning* bzw. *unüberwachtes Lernen*. Im Vergleich zum Supervised Learning ist genau das der Vorteil: Es sind keine Labels notwendig, und der aufwendige Prozess des manuellen Labellings kann entfallen. Auch wenn Labels vorhanden sind, kann dieser Ansatz interessant sein, weil sich ganz neue Möglichkeiten ergeben. In diesem Kapitel geht es um Autoencoder und damit um einen Ansatz mit neuronalen Netzen, bei denen Eingabe und Ausgabe im Training identisch sind. Warum das eine gute Idee sein kann, erklärt dieses Kapitel.

Der komplette und ausführbare Code für dieses Kapitel ist unter der URL *https://github.com/DJCordhose/buch-machine-learning-notebooks* (*https://bit.ly/ml-kug*) als Notebook *kap8.ipynb* zu finden.

Das Szenario: Visuelle Regressionstests mit Autoencodern – eingeschlichene Fehler erkennen

Unser Beispiel basiert auf einer einfachen Anwendung, mit der ein Umsatz anhand der Anzahl der Benutzer vorhergesagt werden soll. Sie wird in Abbildung 8-1 dargestellt. Darauf möchten wir Regressionstests ausführen. Wikipedia definiert diese folgendermaßen:

»Unter einem Regressionstest (von lateinisch regredior, regressus sum ›zurückschreiten‹) versteht man in der Softwaretechnik die Wiederholung von Testfällen, um sicherzustellen, dass Modifikationen in bereits getesteten Teilen der Software keine neuen Fehler (›Regressionen‹) verursachen. Solche Modifikationen entstehen regelmäßig z.B. aufgrund der Pflege, Änderung und Korrektur von Software. Der Regressionstest gehört zu den dynamischen Testtechniken.«

Unsere Regressionstests haben somit nichts mit den in Kapitel 4 besprochenen Regressionen als Form des Machine Learning zu tun. Es ist wichtig, das nicht durcheinanderzubringen.

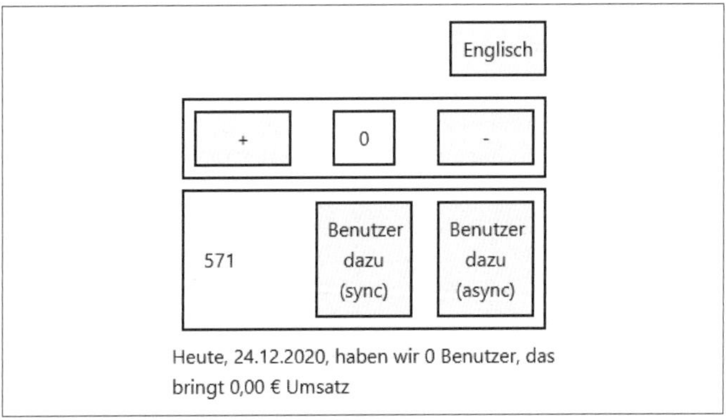

Abbildung 8-1: Unser einfacher Umsatzkalkulator

Ziel ist es, visuelle Regressionen, also Fehler in der Darstellung, die sich eingeschlichen haben, zu erkennen. Dabei ist es im Vorfeld nicht möglich, vorherzusagen, was für Fehler das sein könnten. Das macht es schwierig für das Supervised Learning. Denn dort müssten wir Kategorien für fehlerhafte und fehlerfreie Seiten haben, die allgemein genug wären, um auf ganz neue Arten von Fehlern reagieren zu können. Dies ist typischerweise nicht mit Supervised Learning zu erreichen.

Vielmehr ist unsere Frage: Wenn die im Wesentlichen fehlerfreie Anwendung so aussieht, sieht denn die neue Version an manchen Stellen gänzlich anders aus? Falls ja, muss das nicht zwingend bedeuten, dass sich ein Fehler eingeschlichen hat. Die Änderung kann ja auch ein Feature und damit so gewollt sein. Allerdings kann uns das Machine-Learning-Modell darauf hinweisen, und wir als Menschen müssen nicht mehr die komplette Anwendung durchtesten, sondern nur noch die Teile, die unserem Modell sonderbar vorkommen. Dies setzt voraus, dass wir diesem Modell vertrauen – dass es also gute Ergebnisse liefern muss.

Wir werden es mit zwei Arten von Fehlern zu tun haben:

1. Eine Regression durch eine neue Übersetzung ins Deutsche, wie in Abbildung 8-2 zu sehen: Die Übersetzung ist viel besser als vorher, aber sie sprengt durch ihre Länge Kästen in der Darstellung. Kein funktionaler Test kann so etwas aufspüren, dennoch ist eine solche Regression ein sehr üblicher Fehler und kann nur durch manuelles Testing entdeckt werden, wird aber auch genauso häufig übersehen.

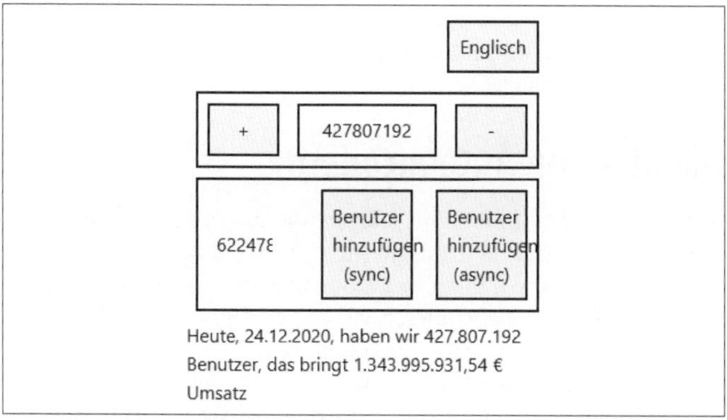

Abbildung 8-2: Die neue Übersetzung sprengt Kästen.

2. Die zweite Art Fehler schlummerte schon ewig in der Anwendung und kommt nur unter bestimmten Umständen zum Tragen. Dieses Mal ist nicht der Fehler neu, sondern ein neuer Test deckt ihn auf. Er ist aber wie der vorherige nur bei Betrachtung des Bildschirms zu sehen, und der funktionale Test läuft ohne Probleme durch. Wie in Abbildung 8-3 dargestellt, wird die An-

wendung für einen Menschen unbedienbar, da sich ein Knopf durch einen Überlauf der Darstellung in einen unsichtbaren Bereich verschiebt.

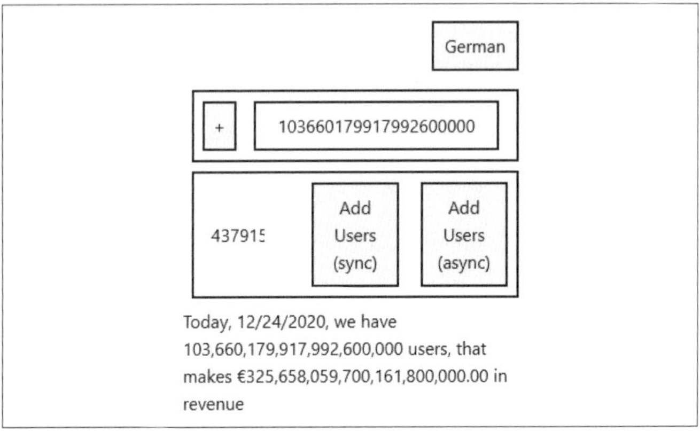

Abbildung 8-3: Die Ausgabe wächst und schiebt nach und nach den rechten Knopf ins Unsichtbare.

Die Idee von Autoencodern

Autoencoder sind im Prinzip genauso wie die neuronalen Netze aus Kapitel 7 aufgebaut. Wie das zweite Netz zur Bildverarbeitung aus Kapitel 7 nehmen wir auch hier Convolutional Layer zur Verarbeitung der Bilder. Dabei codieren wir das Bild erst durch eine Reihe von Convolutional Layern (Encoder) und decodieren es danach wieder in umgekehrter Reihenfolge von denselben Layern (Decoder). In der Mitte gibt es eine niedrigdimensionale Repräsentation in Form eines Dense-Layers, des sogenannten h- oder z-Layers. Dieser Layer wird in der Literatur auch »Latent Representation«, »Compressed Representation«, »Hidden Representation« oder »Bottleneck« (Flaschenhals) genannt. Wir werden im Folgenden die Bezeichnung *Flaschenhals* verwenden.

Diese Repräsentation hat zwei Funktionen. Als Erstes sorgt sie für eine Abstraktion, da in diesem Flaschenhals die entscheidenden Informationen abgelegt werden müssen. Das führt zu einer Kompression, die nur für Bilder sehr ähnlicher Natur einigermaßen gut funktioniert. Ein Autoencoder, dessen Dimension des Flaschenhalses kleiner ist als die Dimension der Eingabe, heißt »undercomplete«. Wenn die Dimension größer ist, heißt er »overcomplete«. In beiden Fällen ist eine Abstraktion möglich. Als Zweites kann die Repräsentation extrahiert und in nachfolgenden Schritten zur Visualisierung und zum Clustering bzw. zur Outlier Detection genutzt werden.

Das Training erfolgt ebenso über das bekannte Verfahren der Minimierung des Loss zwischen erwarteter und tatsächlicher Ausgabe. Dabei ist als Besonderheit die Ausgabe dieselbe wie die Eingabe. Das heißt, der Autoencoder lernt, Eingaben so gut wie möglich wiederherzustellen. Wie bereits erklärt, erschweren wir dies künstlich durch die schmale Repräsentation in der Mitte.

Ein Autoencoder mit linearem Encoder und Decoder sowie *Mean Squared Error* als Loss hat als optimale Lösung etwas der PCA Äquivalentes. Die Ausgaben des Flaschenhalses entsprechen dabei den *Principal Components* der PCA. Tatsächlich gibt es Implementierungen der PCA, die statt einer geschlossenen Form genau so funktionieren. Wenn man jedoch die Encoder und Decoder – wie bei uns – komplex aufbaut, erhalten wir beliebige Nichtlinearitäten. Das heißt, wir können viel effizientere Abstraktionen erzielen.

Aufbau unseres Autoencoders

Unser Autoencoder ist in zwei Netze aufgeteilt, das Encoder- und das Decoder-Netz. Der Encoder nimmt die Bilder entgegen und wandelt sie schrittweise in die interne Repräsentation um. Diese dient im nächsten Schritt dem Decoder als Eingabe. Den Encoder zeigt Abbildung 8-4.

❶ Die Bilder haben eine Auflösung von 256×256 und einen einzigen Farbkanal. Dieser drückt eine Graustufe als Wert zwischen 0 und 1 aus. Damit Convolutional Layer damit klarkommen, muss dieser Farbkanal durch ein Reshape in eine weitere Dimension verpackt werden. Theoretisch hätten wir damit 65.536 mögliche Werte. Da aber die überwiegende Mehrheit der Pixel schlicht weiß ist, sollten wir uns beim Informationsgehalt eher an der Größe der passenden PNGs orientieren, die zwischen 5k und 7k liegt. Das bedeutet, dass ein Flaschenhals über dieser Größe liegen müsste, um alle möglichen Bilder unserer Anwendung perfekt zu reproduzieren. Ist er kleiner, dann ist der Autoencoder »undercomplete«.

❷ Erster von n Blöcken, die die Anzahl der Filter immer weiter reduzieren. Alle Convolutional Layer haben die Schrittweite des Filters auf 2 gesetzt. Damit wird die Auflösung des Bilds mit jeder Convolution halbiert. Ein Max-Pooling-Layer reduziert nach jeder Convolution nochmals die Auflösung, sodass wir uns schrittweise der Dimension des Flaschenhalses annähern.

❸ Der letzte Convolutional Layer hat eine besondere Funktion. Er fasst die 16 Filtereingaben des vorherigen Layers in einer einzigen Ausgabe zusammen. Dies ist nicht zwingend notwendig, erlaubt aber einen weiteren Messpunkt für eine menschlich verständliche Ausgabe, die wir später nutzen werden. Ein Bild ist leichter verständlich als 16. Der vorherige Convolutional Layer hat kein Max Pooling mehr, um die Information nicht noch weiter zu reduzieren. Experimentell wurde herausgefunden, dass ein weiterer Pooling-Layer kein erfolgreiches Training mehr zulässt. Ebenfalls experimentell hat sich bestätigt, dass dieser Layer einen stabilisierenden Einfluss auf das Trainingsergebnis hat.

❹ Die Eingabe kann man sich vorstellen wie 8 × 8 Bilder in Graustufen. Diese werden flach geklopft in 64 einzelne Werte, damit diese als Eingabe für den Flaschenhals dienen können. Die Bilder dazu werden wir später zur Veranschaulichung visualisieren.

❺ Die Dimensionierung des Flaschenhalses unterliegt unserer Willkür. Experimentell hat sich herausgestellt, dass ein Wert unter 8 nicht mehr zum Training genügt. An dieser Stelle können auch L1- und L2-Regularisierung auf die Ausgabe des Layers angewandt werden. L1-Regularisierung führt zu vielen 0-Werten, und L2 schränkt die Größe der Werte ein. Bei einem »overcomplete« Autoencoder ist dies eine gängige Methode der Regularisierung, die auch zu einer besseren Visualisierung und Clusterbarkeit des Flaschenhalses führt. In unserem »undercomplete«

Fall ist das nicht zwingend notwendig. Im Gegenteil, zusätzliche unbrauchbare 0-Ausgaben würden die niedrige Dimension unserer Repräsentation zusätzlich schwächen.

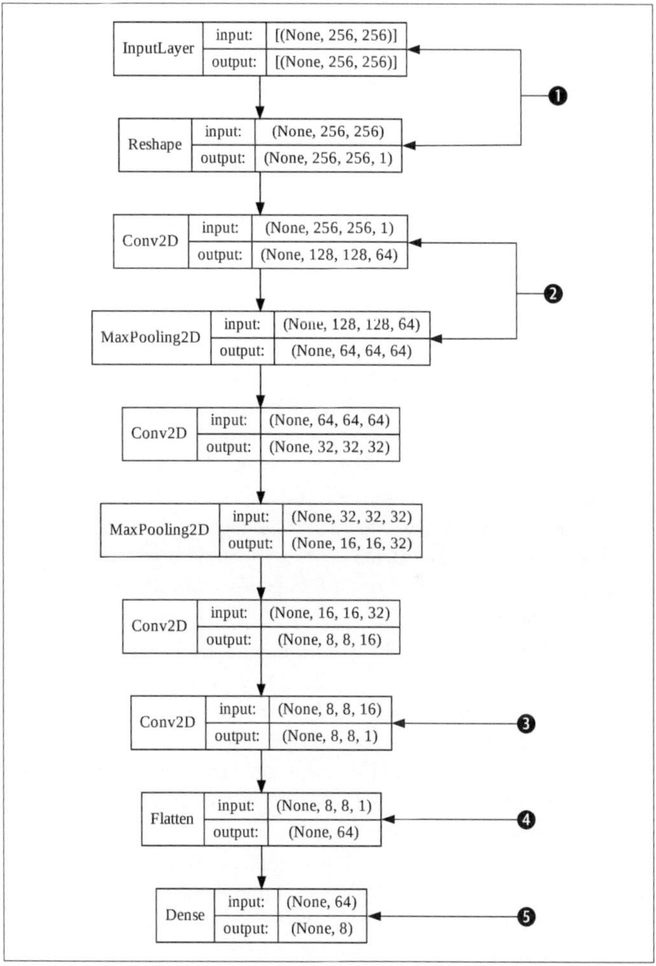

Abbildung 8-4: Der verwendete Encoder

Durch die explizite Zweiteilung des Autoencoders halten wir diesen übersichtlicher, und gleichzeitig ist es trivial, die Bilder nur durch den Encoder zu schicken und dann die Ausgabe abzugreifen. Diese ist pro Bild ein Array mit acht Werten, die der Ausgabe des Flaschenhalses entsprechen. Durch eine Dimensionsreduktion mit klassischen Mitteln könnten diese einfach auf zwei Dimensionen gebracht und zur direkten Ausgabe und auch zum weiteren Clustering genutzt werden.

Hier sind wir aber nur an der kompletten Transformation interessiert und schicken die Ausgabe direkt in den Decoder, der wieder ein Bild derselben Struktur aus dieser Repräsentation erzeugt.

Der Decoder ist in Abbildung 8-5 dargestellt.

Dazu wieder die Erläuterungen im Detail:

❶ Die Ausgabe des Encoders ist ein flacher Vektor mit acht Werten. Das müssen wir auch so als Input deklarieren. Zur Weiterverarbeitung mit Convolutional Layern könnten wir daraus ein Bild mit 2 × 4 oder 4 × 2 machen oder acht Bilder mit einem Pixel als Auflösung. Wir entscheiden uns für die zweite Option, da die acht Werte nicht sinnvoll räumlich zueinander angeordnet werden können und wir so auch unabhängig von der Dimension des Flaschenhalses arbeiten können. Letztlich gibt uns das Experiment recht, da die Trainingsergebnisse mit dieser Codierung weit besser sind.

❷ Conv2DTranspose und UpSampling2D sind zwei neue Arten von Layern, die aber nur alte Bekannte in neuer Kleidung sind. *Transposed Convolution* oder *Deconvolution* ist die Umkehrung der Convolution. Ohne auf die Details eingehen zu wollen: Wo die Convolution das Bild kleiner macht, macht die Deconvolution das Bild größer, und das brauchen wir. Das Upsampling ist der Gegenspieler des Downsamplings und macht das Bild durch einfache Duplizierung von Pixeln größer. Von dieser Kombination schalten wir so viele Blöcke hintereinander, wie wir brauchen, um die ursprüngliche Auflösung des Bilds wiederzuerlangen. Gegenläufig zum Encoder steigt dabei die Anzahl der Filter.

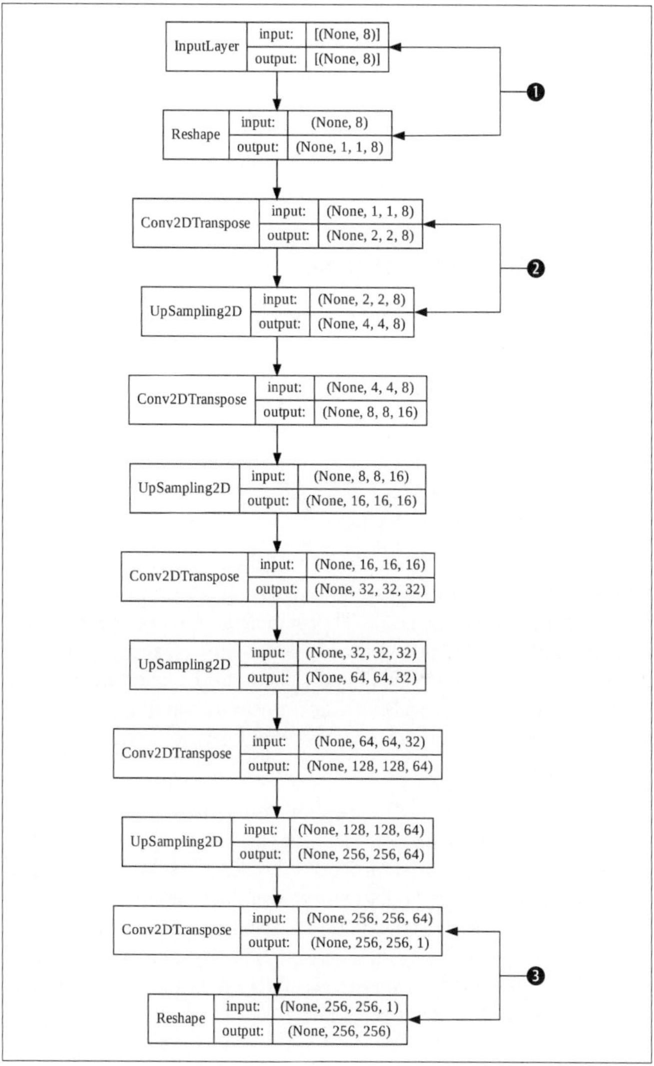

Abbildung 8-5: Der passende Decoder

❸ Die letzte Deconvolution fasst als Vorbereitung auf die Ausgabe alle 64 vorherigen Kanäle zu einem einzigen Kanal zusammen und komprimiert den Wertraum mit einem Sigmoid auf den Bereich zwischen 0 und 1. Dies wird dann mit einem zum Encoder gegenläufigen Reshape wieder als Grauwert ausgegeben, damit die Ausgabe des Netzes zu den Trainingsdaten passt. Es soll ja wieder dasselbe herauskommen, was wir hineingesteckt haben.

Training und Ergebnisse

Bei jedem Training müssen wir uns als Erstes überlegen: Was wollen wir eigentlich erreichen, und wie messen wir den Grad des Erreichens? Zunächst wollen wir erreichen, dass der Autoencoder die Bilder des Trainingssatzes so gut wie möglich reproduziert. Da die gleiche Auflösung der Bilder von vornherein durch die bereits beschriebene Architektur des Netzes erzwungen wird, ist ein perfektes Ergebnis gleichbedeutend mit: Jedes Pixel hätte in der Eingabe denselben Wert wie in der Ausgabe.

Dies würde auf *Mean Squared Error* als Loss hindeuten. Ein Training mit diesem Loss führt jedoch zu einer rein weißen Ausgabe für jede Eingabe. Eine triviale, aber naheliegende Lösung, da ja die meisten Pixel tatsächlich perfekt weiß sind. Dadurch sind im Durchschnitt etwa 94 % der Pixel richtig reproduzierbar. Ein solcher Versuch einer perfekten Reproduktion scheint also unsere auf Abstraktion ausgelegte »undercomplete« Architektur zu überfordern.

Wir wählen daher einen Ansatz, den Aurélien Géron in Kapitel 17 seines Buchs *Praxiseinstieg Machine Learning mit Scikit-Learn, Keras und TensorFlow*, 2. Auflage (O'Reilly), beschreibt. Wir vereinfachen das Problem, indem wir es von Graustufen auf Schwarz-Weiß reduzieren. 0 sei Schwarz und 1 Weiß, alle Werte dazwischen entsprechen einer Unsicherheit zwischen den beiden Werten. Dazu übernehmen wir als Metrik eine gerundete Accuracy von Aurélien, die alle Werte auf 0 oder 1 reduziert:

```
def rounded_accuracy(y_true, y_pred):
    return keras.metrics.binary_accuracy(
        tf.round(y_true),
        tf.round(y_pred))
```

Dazu passt ein Loss, der für jedes Pixel eine binäre Vorhersage annimmt und diese für das gesamte Bild kombiniert. Ein solcher Loss ist die *Binary Crossentropy*. Tatsächlich funktioniert das Training mit diesem Loss, und das trainierte Modell liefert erstaunlich akkurate Ergebnisse. In Abbildung 8-7 wird der Fehler bei der Reproduktion in Pink dargestellt.

Allerdings war das gar nicht unser Ziel, sondern nur Mittel zum Zweck. Eigentlich wollten wir ja unterscheiden, ob ein Bild so aussieht wie in der als heil angenommenen Anwendung oder »irgendwie« anders. Dafür wählen wir die Screenshots der heilen Anwendung als Trainingsdaten und die der zu überprüfenden Version als Testdaten, die wir auch während des Trainings als Validierung mitlaufen lassen.

Damit die Unterscheidung möglich ist, sollte sich die Qualität der Reproduktion von Trainings- und Testdaten also deutlich unterscheiden. Ein erster Hinweis auf einen solchen Erfolg ist der Unterschied der Accuracy-Metrik für die beiden Sätze, wie in Abbildung 8-6 dargestellt (Training blau, Validation orange).

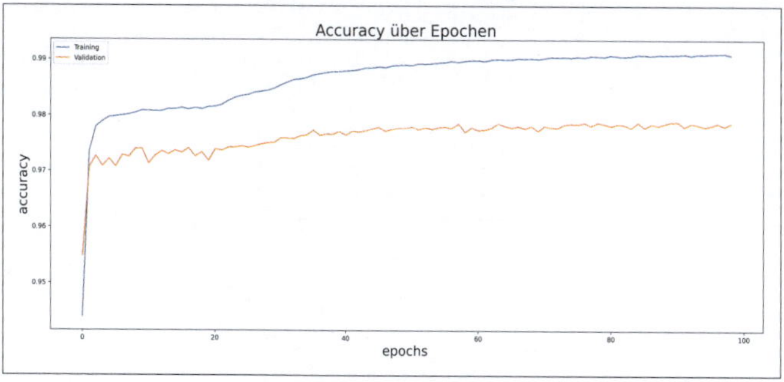

Abbildung 8-6: Die gerundete Accuracy im gelungenen Trainingsverlauf

Der nächste Test ist von anekdotischer Natur. Wir vergleichen anhand von Beispielen, wie gut das trainierte Modell ein Bild aus dem Trainingsdatensatz und eines aus dem Testdatensatz reproduzieren kann. Dies tun wir visuell in Abbildung 8-7 und Abbildung 8-8 mit *http://rsmbl.github.io/Resemble.js/* und lassen uns gleichzeitig den Anteil fehlerhafter Pixel ausgeben. Das Bild aus dem Trainingssatz wird sehr gut wiedergegeben, lediglich die hoch variablen Teile sind verschwommen und verallgemeinert. Im offensichtlich fehlerhaften Bild aus dem Testdatensatz in Abbildung 8-8 sehen wir eine weit größere Abweichung, und der Fehler wird uns gleich in Pink angezeigt.

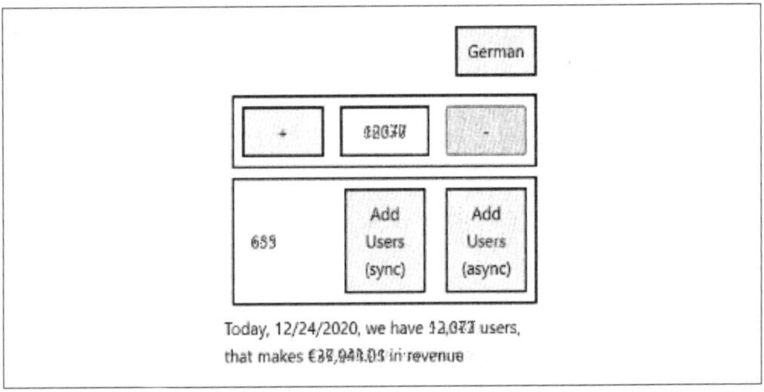

Abbildung 8-7: 0,44 % der Pixel falsch beim Beispiel aus dem Trainingssatz

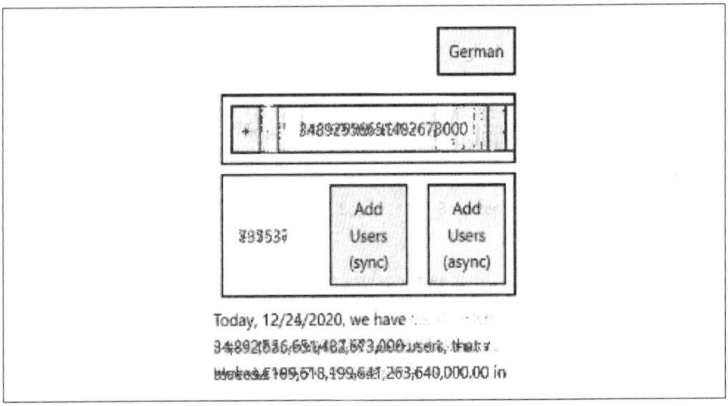

Abbildung 8-8: 2,94 % der Pixel falsch beim Beispiel aus dem Testsatz

Zuletzt bestimmen wir für alle Bilder die Accuracy und geben sie wie in Abbildung 8-9 und Abbildung 8-10 als Histogramm aus. Hier erwarten wir für den Trainingssatz eine starke Häufung im obersten Prozentbereich und für den Testsatz etwas geringere Werte und eine deutliche Streuung, da manche Testbilder ja durchaus korrekt sind.

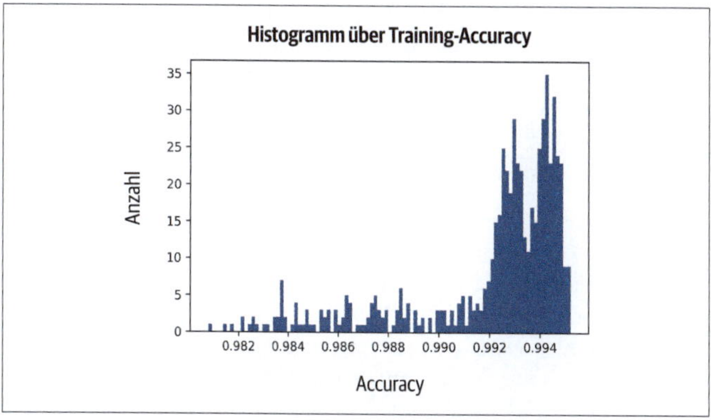

Abbildung 8-9: Histogramm der Accuracy der Trainingsdaten

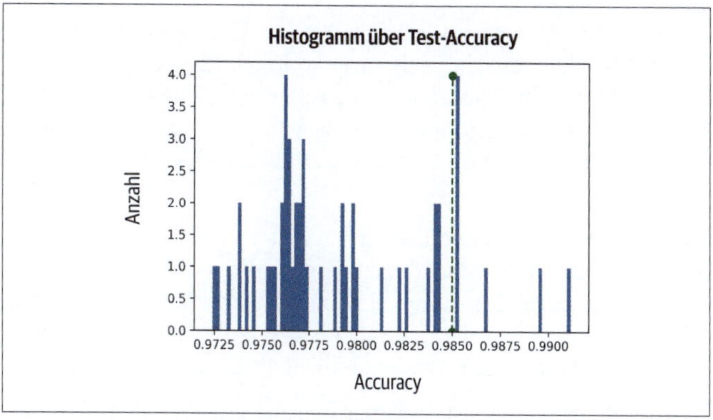

Abbildung 8-10: Histogramm der Accuracy der Testdaten mit Schwellenwert

Die beiden Peaks in Abbildung 8-9 könnten wir noch genauer untersuchen. Sie können entweder durch die Zweisprachigkeit unserer Anwendung oder durch zwei unterschiedliche Arten von Bildern entstanden sein. Dies ist aber gut genug für uns und entspricht im Wesentlichen unseren Erwartungen.

Anhand der Darstellung in Abbildung 8-10 wählen wir einen Schwellenwert, unter dem wir ein Bild als verdächtig einstufen. Dieser unterliegt unserer Willkür und entspricht unserer Präferenz für »möglichst keinen kaputten Screen verpassen« oder »nur wirklich kaputte Screens zu sehen bekommen«. Diese Abwägung ist systematisch in Kapitel 6 im Abschnitt »Precision-Recall« auf Seite 124 abgehandelt.

Wir entscheiden uns für einen konservativen Schwellenwert, der eher einige korrekte Screenshots als verdächtig ausweist, und haben ihn in Abbildung 8-10 als zusätzliche Linie eingezeichnet. Mit diesem identifizieren wir nur ca. 10% aus dem Testsatz als korrekt. Das entspricht in etwa dem erwarteten Wert, da der Testsatz hauptsächlich fehlerhafte Darstellungen enthält.

Was passiert im Autoencoder?

Neuronale Netze und im Spezialfall unser Autoencoder sind größtenteils Blackboxes, die sich unserer Erkenntnis entziehen. Das wirkt sich emotional aus, aber auch auf unsere Fähigkeit, diese Netze sinnvoll aufzubauen und zu debuggen. Außer dem Zusammenhang zwischen Ein- und Ausgabe, Losses und Metriken steht uns kaum Introspektion zur Verfügung.

Unser Trick, um tiefere Einsichten zu erlangen, besteht darin, weitere Messpunkte im Modell anzuzapfen. Wie erwähnt, haben wir einen Layer eingefügt, der eine einfache grafische Repräsentation der Bilder direkt vor dem Flaschenhals erlaubt. Daneben können wir uns auch das Ergebnis des Flaschenhalses einfach ansehen.

In Abbildung 8-11 siehst du einige Beispiele für diese Repräsentation als Bild zusammen mit der Eingabe aus dem Testsatz. Die Bilder sind entsprechend der Konfiguration des Encoders als 8 × 8 in Graustufen codiert. Sie enthalten also 256 Mal weniger Daten als das Ursprungsbild.

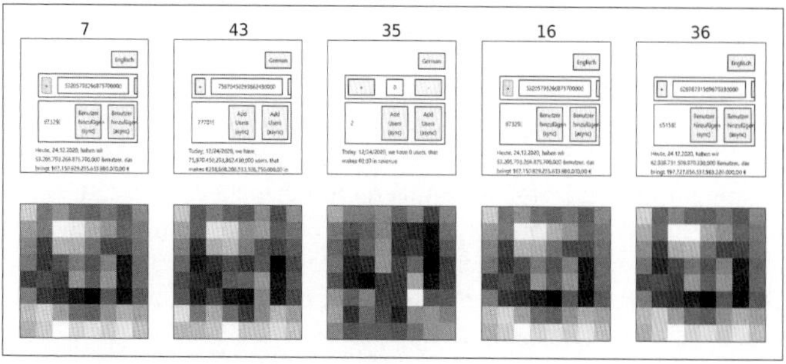

Abbildung 8-11: Die interne Repräsentation

Wahrscheinlich ergeben diese Bilder für dich ebenso wenig Sinn wie für uns, aber man bekommt einen Eindruck von der Leistung, aus so einer Repräsentation wieder ein ähnliches Bild zu erzeugen. Dies ist offensichtlich nur möglich, wenn der Decoder während des Trainings passende Ausgabefragmente mit vielen Details erlernt. Diese passen dann natürlich nur für Eingaben, wie sie im Training gezeigt wurden. Sehen sie wie bei den Testdaten anders aus, funktioniert die Reproduktion nicht mehr gut, der Fehler steigt, und wir können diese Auffälligkeit als möglicherweise kaputte Darstellung erkennen.

Passend zu den Beispielen in der bildlichen Darstellung hier zwei Beispiele für die Ausgabe des Flaschenhalses mit jeweils nur noch acht Werten. Hätten wir eine L1-Regularisierung benutzt, wären einige Nullen dabei. Bei L2 wären die Werte alle deutlich kleiner. Hier haben wir eine lineare Aktivierung, bei einer »ReLU«-Aktivierung hätten wir zudem nur positive Werte.

```
test_embedded_imgs = conv_encoder.predict(test)
test_embedded_imgs[7]
> array([ 38.59799 , -83.93206 , -25.386044,  56.212074,
                     -58.50011 ,
         7.449939,  58.106182, -59.77407 ], dtype=float32)
test_embedded_imgs[43]
> array([ 53.575943 , -63.211693 , -13.942791 ,  82.49099  ,
                      -48.120876 ,
        -2.8139043,  43.14559  , -68.06632  ], dtype=float32)
```

Fazit

Autoencoder sind neuronale Netze, die als Ein- und Ausgabe dieselben Daten nutzen. Die Natur der Daten ist dabei unerheblich, strukturierte Daten, Bilder und Zeitreihen sind möglich und sinnvoll. Damit ein solches Vorgehen Sinn ergibt, nutzt ein Autoencoder eine interne Repräsentation der Daten, die eine Abstraktion erzwingt. Diese Wirkung als Flaschenhals wird entweder durch eine kleine Dimensionierung oder eine erzwungene dünne Belegung durch L1-Regularisierung (Sparseness) erzwungen.

Ein solcher Autoencoder kann zur Reduktion von Fehlern oder zu deren Erkennen genutzt werden. Wenn man die interne Repräsentation abgreift, die eine Abstraktion der Eingabe darstellt, kann man diese zur Visualisierung nutzen oder auf dieser Basis klassische Verfahren des Unsupervised Learning nutzen, um Cluster oder Ausreißer zu erkennen.

Für unser Beispiel haben wir für eine bestehende und im Wesentlichen als korrekt angesehene Anwendung eine Reihe von Beispiel-Screenshots erzeugt. Mit diesen haben wir einen Autoencoder trainiert, sodass dieser die Screenshots in guter Qualität reproduzieren konnte. Die Dimension der internen Repräsentation haben wir mit nur acht Werten im Vergleich zu 65.536 als Eingabedimension sehr klein gewählt und so für eine extreme Abstraktion gesorgt.

Das Ziel unseres Beispiels ist, ein grundsätzlich anderes Aussehen der Anwendung nach einer Änderung zu erkennen. So sollen tückische visuelle Fehler, die nicht durch automatische Tests erkannt werden können, aufgespürt werden. Dazu lassen wir einen weiteren Satz von Screenshots, die auf der neuen Version der Anwendung erstellt wurden, durch den fertig trainierten Autoencoder laufen. Die Annahme ist, dass der Autoencoder nur Bilder gut reproduzieren kann, die so aussehen wie die Daten, mit denen er trainiert wurde. Wenn die Accuracy für ein reproduziertes Bild also unter einen festgelegten Schwellenwert fällt, gehen wir von einer fehlerhaften Darstellung aus. Dies erleichtert den manuellen Test, weil Bilder gezielter überprüft werden können.

Dieser Ansatz ist grundsätzlich mächtiger als ein klassisch eingesetzter visueller Regressionstest, bei dem Screenshots bestimmter Anwendungszustände paarweise miteinander verglichen werden. Unser Modell hat vielmehr allgemein gelernt, wie eine »heile« Anwendung aussieht, und kann nun auch auf bisher nicht gesehene Situationen generalisieren. Wir haben damit also einen weit allgemeineren und flexibleren Ansatz geschaffen.

Weiterführende Links

- Regressionstests: *https://de.wikipedia.org/wiki/Regressionstest*
- Die hier getestete Anwendung: *https://github.com/DJCordhose/react-showcase*
- Ein ähnlicher Ansatz für Zeitreihen am Beispiel von EKG-Daten, die Inspiration für dieses Beispiel: *https://anomagram.fastforwardlabs.com/*
- Sourcecode mit TensorFlow.js für das genannte Anomagram: *https://github.com/victordibia/anomagram/*
- Theoretische, aber verständliche Grundlagen: *https://www.deeplearningbook.org/contents/autoencoders.html*
- Vergleich zwischen PCA und Autoencoder: *https://towardsdatascience.com/pca-vs-autoencoders-1ba08362f450*
- Anomalieerkennung auf Zeitreihen mit Keras: *https://keras.io/examples/timeseries/timeseries_anomaly_detection/*
- Breite Auswahl an Beispielen aus dem Bereich Autoencoder, unsere Architektur ist davon abgeleitet: *https://colab.research.google.com/github/ageron/handson-ml2/blob/master/17_autoencoders_and_gans.ipynb*
- Aurélien Géron, *Praxiseinstieg Machine Learning mit Scikit-Learn, Keras und TensorFlow*, 3. Auflage (O'Reilly): *https://dpunkt.de/produkt/praxiseinstieg-machine-learning-mit-scikit-learn-keras-und-tensorflow-2/*
- Deconvolution-Erklärung: *https://arxiv.org/pdf/1603.07285v1.pdf*, S. 18 ff.

- Visueller Vergleich zweier Bilder:
  http://rsmbl.github.io/Resemble.js/
- Überblick über traditionelles Unsupervised Learning:
  https://scikit-learn.org/stable/unsupervised_learning.html

KAPITEL 9

Deep Reinforcement Learning

In diesem letzten Kapitel begeben wir uns mit dem Deep Reinforcement Learning an die Grenzen des derzeit praktisch Machbaren und bringen die Erfahrungen der vorherigen Kapitel zusammen.

Reinforcement Learning nimmt eine Sonderstellung im Bereich des Machine Learning ein – insbesondere weil wir uns hier nicht auf bestehende Daten verlassen, sondern sie in Experimenten selbst erzeugen. Diese Experimente werden entweder innerhalb einer Simulation oder in der realen Welt durchgeführt, sofern das sicher, ohne großes Risiko und in hoher Anzahl möglich ist. Welche Experimente durchgeführt werden, hängt von dem angestrebten Ergebnis ab, das formal durch Belohnung bzw. Strafen für bestimmte Ausgänge oder Zwischenergebnisse von Experimenten definiert wird.

Reinforcement Learning ist immer noch eine eher akademische Disziplin und sucht sich als Anwendungsbeispiele häufig Computer- oder Brettspiele wie Atari-Klassiker oder Schach und Go. Praktischere Anwendungen existieren aber im Bereich der Optimierung, der mehrarmigen Banditen als allgemeinere Form des A/B-Tests und der Robotik. Auf der anderen Seite ist Reinforcement Learning auch besonders attraktiv, weil es ohne vorhandene Daten auskommt und am ehesten dem entspricht, was sich viele Menschen intuitiv als intelligentes Verhalten vorstellen: anhand von Erfahrungen mehr oder weniger selbstständig zu lernen.

Auch wenn du dich erst einmal nicht für Reinforcement Learning interessierst, kann die Auseinandersetzung damit ein tieferes Verständnis für neuronale Netze und die Funktionsweise von Supervised Learning fördern.

Wie üblich ist der komplette und ausführbare Code für dieses Kapitel unter der URL *https://github.com/DJCordhose/buch-machine-learning-notebooks* (*https://bit.ly/ml-kug*) als Notebook *kap9.ipynb* erreichbar.

Grundkonzepte und Terminologie

Das Grundkonzept von Reinforcement Learning stellt Abbildung 9-1 dar. Ein sogenannter *Agent* erhält aus seiner Umgebung (*Environment*) Beobachtungen (*Observation*) des aktuellen Zustands (*State*) der Umgebung und reagiert darauf mit einer Aktion (*Action*), die sich aus seiner Strategie (*Policy*) ergibt. Diese Aktion verändert den Zustand der Umgebung, die daraufhin eine neue Beobachtung liefert. Der Zustand besteht aus allen Parametern der Umgebung und ist nicht direkt einsehbar, nur die Beobachtung dringt nach außen.

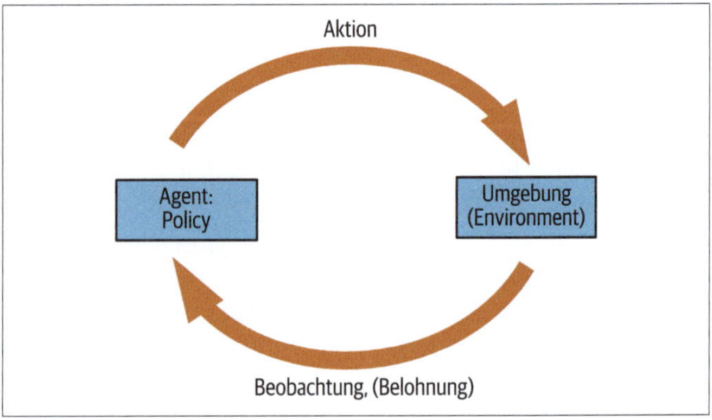

Abbildung 9-1: Ablauf beim Reinforcement Learning

Diese Beobachtung kann entweder vollständig sein und dann alle Parameter des Zustands nach außen bringen (*fully observed*) oder nur Teile liefern (*partially observed*). Häufig werden Computerspiele als Umgebung genutzt, und in diesem Bereich wäre eine vollständige Beobachtung die Anzeige eines kompletten Levels in der Aufsicht. Beispiele dafür sind Jump-and-run-Spiele wie »Super Mario«

oder typische Atari-Spiele wie »Space Invaders« (*https://gym.openai.com/envs/SpaceInvaders-v0/*). Nur Teile eines Levels zeigen hingegen Ego-Shooter, nämlich lediglich das, was auch die Spielfigur sehen könnte.

Eine kleine Warnung: In der akademischen Literatur findet man keine Unterscheidung zwischen Zustand und Beobachtung, es wird immer von Zustand gesprochen, obwohl Beobachtung gemeint ist.

Verhalten in Training und Spiel

Wir haben die Darstellung der Konzepte gewählt, die Abbildung 9-1 zeigt, da sie eine sehr übliche ist. Sie ist dennoch problematisch, weil sie nicht zwischen Training und eigentlichem Spiel unterscheidet. In praktischen Anwendungen wird Reinforcement Learning in zwei unterschiedlichen Schritten durchgeführt. Im ersten Schritt, dem Training, macht der Agent Experimente innerhalb der Umgebung und optimiert sein Verhalten (*Policy*) anhand der Beobachtungen und Belohnungen (*Reward*). Diese Belohnungen müssen dabei nicht zwingend aus der Umgebung kommen. Sie können beispielsweise auch, wie das Vermeiden von Langeweile, intrinsisch sein, also zum Beispiel in einem Videospiel das Finden möglichst bisher unbekannter Spielsituationen. Im zweiten Schritt, dem eigentlichen Spiel – möglicherweise in Produktion – kommt diese Belohnung nicht mehr zum Einsatz. Das reine Verhalten reagiert auf Beobachtungen mit Aktionen. Technisch wird dabei das Verhalten aus dem Agenten herausgezogen. Mehr dazu weiter unten in diesem Kapitel.

Ein Beispiel: der hungrige Bär

Die größte Herausforderung beim Reinforcement Learning besteht darin, abzuschätzen, ob sich ein Problem überhaupt für diese Lernstrategie eignet, und dieses dann entsprechend zu modellieren.

In Abbildung 9-2 zeigen wir als Beispiel einen Bären, der durch sein Revier streift und sämtlichen Honig einsammeln möchte. Das Tier startet in seiner Höhle, muss jeden vollen Honigtopf abklappern und am Ende wieder in der Höhle landen. Unterschiedliche Streckenabschnitte sind unterschiedlich beschwerlich für das Tier. Die Beschwerlichkeit in absteigender Reihenfolge stellt sich so dar: Wasser (blau), Berge (braun), Wald (dunkelgrün), Wiese (hellgrün). Damit dies nicht zu einem totalen Blindflug wird, klettert der Bär morgens auf einen Baum und späht die Positionen der Honigtöpfe aus, diese sind ihm also bekannt, bevor er seinen Weg antritt.

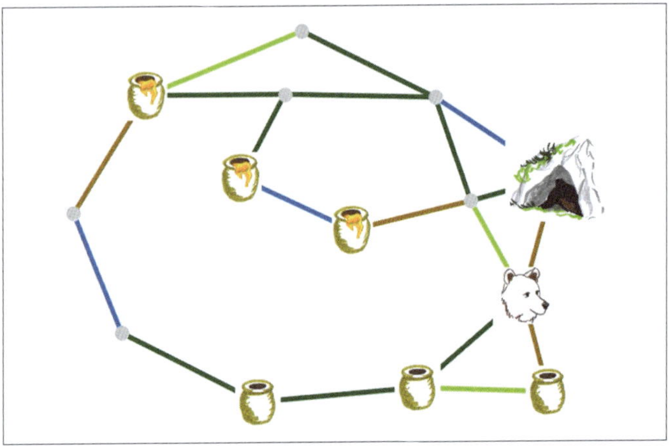

Abbildung 9-2: Unser hungriger Bär in seinem Revier

Um dieses Problem lösbar zu machen, müssen wir es in der oben eingeführten Terminologie beschreiben und später technisch in Python-Code umsetzen. Die folgenden Begriffe müssen dazu sinnvoll gefüllt werden – ist das nicht möglich, taugt Reinforcement Learning vermutlich nicht:

- *Ziel (Objective)*: Was soll erreicht werden? Wann ist eine Episode des Spiels zu Ende?
- *Umgebung (Environment)*: Wer oder was liefert Beobachtungen und Belohnungen? Typischerweise eine Simulation oder die echte Welt.
- *Aktionen (Actions)*: Was sind die möglichen Aktionen des Agenten?

- *Agent*: Wer oder was wählt Aktionen aus?
- *Beobachtungen (Observations)*: Was zeigt die Umgebung dem Agenten an?
- *Belohnungen (Rewards)*: Wofür gibt man Belohnungen, und wie hoch sind diese?

Wenn du Lust hast, kannst du an dieser Stelle überlegen, ob und wie diese Zuordnung für unser Bärenbeispiel aussehen könnte.

Natürlich gibt es sinnvolle Zuordnungen, sonst hätten wir dieses Beispiel nicht gewählt. Wir haben das Problem so modelliert:

- *Ziel (Objective)*: Einen möglichst wenig anstrengenden Weg durch das Revier finden, sämtlichen Honig essen und wieder zurück in die Höhle kommen. Nach einer gewissen Zahl von Schritten brechen wir die Episode ohne Erfolg ab.
- *Umgebung (Environment)*: Simulation des Bärenreviers.
- *Aktionen (Actions)*: Vier diskrete Aktionen im Stil eines Atari-Spiels: links, rechts, oben, unten. Nichts zu tun, ist keine Möglichkeit. So kann der Bär nie lernen, dass es vielleicht auch eine interessante Lösung des Problems wäre, in der Höhle zu bleiben und einfach weiterzuschlafen.
- *Agent*: Der Bär – wie das technisch ausschaut, müssen wir später diskutieren.
- *Beobachtungen (Observations)*: Wir zeigen dem Bären nur den Ausschnitt seines Reviers, den er von seiner aktuellen Position aus gerade sehen kann (*partially observed*). Eine solche Beobachtung macht das Problem anspruchsvoller. So wie auch wir in einem solchen Spiel erst einmal erkunden müssten, wie die Spielsituation aussieht, müsste das auch der Bär in vielen Spieldurchläufen tun. Dennoch entscheiden wir uns für diese Variante, um die Mächtigkeit von Reinforcement Learning zu demonstrieren. Im Detail:
    1. Die Position des Bären.
    2. Kombinierte Belohnung für die vier Richtungen, in die der Bär gehen kann.

3. Die Positionen des Honigs (die der Bär durch morgendliche Erkundung vom Bau aus gefunden hat).
4. *Belohnungen (Rewards)*: Pro Schritt kombinieren wir unterschiedliche Belohnungen und normieren sie durch die theoretisch zu erreichende Punktzahl, nämlich die Summe der Belohnung aller Honigtöpfe. So erhalten wir immer eine Belohnung kleiner als 1. Ist sie negativ, gab es nur Kosten, keine Belohnung. Die tatsächlichen Werte und auch deren Verhältnis zueinander sind ziemlich willkürlich gewählt, wichtig ist nur, dass die unterschiedlichen Kosten pro Weg modelliert sind und es attraktiv ist, auch bei einem teuren Weg Honig einzusammeln. Sonst ist der Anreiz für den Bären nicht da.
5. Honig gibt 1000 Punkte.
6. Gültige Wege geben Minuspunkte: Wasser 300, Berge 200, Wald 100, Wiese 50.
7. Ein ungültiger Weg (man geht nach rechts, aber rechts kommt keine Position) kostet 1000 Punkte.
8. Es gibt keine zusätzliche Belohnung für die Rückkehr in die Höhle. Ohne die Rückkehr ist die Episode einfach nicht zu Ende und wird letztlich durch einen Abbruch bestraft.

Dies ist nicht die einzige mögliche Modellierung. Insbesondere im Bereich der Beobachtung, der Belohnungen und der Aktionen gibt es viel Spielraum. Bei den Belohnungen muss besonders aufgepasst werden. Wenn diese nicht mit Bedacht gewählt werden, lernt der Agent häufig Schlupflöcher, die nicht in unserem Sinne sind. In der Literatur findet man viele Beispiele von »schummelnden« Agenten – wie etwa dem Fußball spielenden Roboter, der für Ballberührungen belohnt wird und gelernt hat, zitternd sehr schnell gegen den Ball zu treten, ohne ihn wirklich zu bewegen.

In manchen Fällen funktioniert eine Modellierung auch nur, wenn Umgebung und Agent vertauscht werden. Wenn die Umgebung nicht simuliert wird, sind häufig die Benutzer eines Systems die Umgebung, und der Agent ist ein technisches System, das ein günstiges Verhalten von diesen Benutzern wünscht und versucht, sie dementsprechend durch seine Aktionen zu beeinflussen. Ein Beispiel ist ein technisches System (Agent), das versucht, uns (Umgebung) möglichst Inhalte zu liefern (Action), die wir dann anklicken (Beobachtung) oder eben nicht. Klicken wir die Inhalte an, ist dies eine Belohnung für den Agenten und verstärkt damit derartiges Verhalten.

Optimierung als Herausforderung

Wir haben nun unser Problem modelliert, gehen also davon aus, dass es eine gute Chance gibt, dieses mit Reinforcement Learning zu lösen. Es bleibt aber noch die Frage, warum wir das eigentlich tun sollten. Tatsächlich ist unsere Problemstellung eine niedliche und etwas einfachere Variante des »Problems des Handlungsreisenden« (TSP, *https://de.wikipedia.org/wiki/Problem_des_Handlungsreisenden*). Dieses Problem ist NP-schwer, d. h., bekannte Lösungen haben eine exponentielle Komplexität, was wiederum heißt, dass es für größere Probleme keine exakten Lösungen gibt. Für den allgemeinen Fall gibt es also nur Heuristiken, die eine bessere Laufzeit auf der Habenseite durch ein nicht zwingend optimales Ergebnis auf der Sollseite eintauschen.

Unser Problem ist auf der einen Seite einfacher als TSP, da der Bär Wege doppelt gehen kann, auf der anderen Seite aber auch komplexer, da unsere Wege mit Kosten verbunden sind – wir kommen damit näher an das *Prize Collecting TSP* (PCTSP, *https://de.wikipedia.org/wiki/Problem_des_Handlungsreisenden#%C3%84nderungen_des_Optimierungskriteriums*).

Auch wir wollen mithilfe des Reinforcement Learning eine Heuristik finden. Wir streben eine lineare Laufzeit an, können aber nicht darauf vertrauen, das optimale Ergebnis zu bekommen. Wir trainieren dazu ein neuronales Netz so, dass es anhand der wahrgenommenen Umgebung einen günstigen nächsten Schritt für den Bären vorhersagt. Die Architektur des Netzwerks selbst stellt dabei keine Herausforderung dar. In unserem Fall funktioniert ein einfaches Fully-Connected-Netzwerk mit drei Hidden-Layern sehr gut. Höchstwahrscheinlich könnten wir das Netzwerk sogar noch deutlich einfacher gestalten, aber auch ein Netzwerk dieser Komplexität stellt sogar für das Training auf CPU keine Herausforderung dar. Ein solches Deep Neural Network gibt unserem Ansatz dann den Namen *Deep Reinforcement Learning*. Mehr dazu später.

Technische Modellierung als OpenAI Environment

Unser erster Schritt zur technischen Umsetzung ist, unsere Umgebung (*Environment*) als Simulation in Python zu realisieren. Als Standard dazu hat sich die Definition von OpenAI etabliert (*https://gym.openai.com/docs/#environments*). Ein Environment ist eine Python-Klasse mit der wichtigsten Methode `step`:

```
observation, reward, done, info = env.step(action)
```

Man gibt also die Aktion hinein und bekommt die neue Sicht der Welt, die Belohnung, ob das Spiel zu Ende ist und weitere Informationen zurück. Dies kann so lange durchlaufen werden, bis das Spiel zu Ende ist.

Es gibt bereits vordefinierte Environments für klassische Probleme des Reinforcement Learning (*https://gym.openai.com/envs/#classic_control*). Dazu gehören das Balancieren eines Stabs oder das Aufrichten eines Pendels. Neuere Beispiele wie Atari-Spiele fehlen hier auch nicht (*https://gym.openai.com/envs/#atari*).

Für unsere eigene Umgebung sparen wir uns die technischen Details, der komplette Code ist wie immer im zugehörigen Notebook zu finden. Wir setzen darin die oben gemachten Entscheidungen um und sehen uns diese nun in der Anwendung an. Durch den Start des Spiels per *reset* bekommen wir die erste Beobachtung. Sie setzt sich technisch so zusammen, wie oben beschrieben:

1. Die Position des Bären in seinem Revier, codiert als die Nummer des Knotens, auf dem er sich befindet.
2. Die zusammengerechneten Belohnungen für jede der vier Richtungen, in die er gehen könnte, nicht normalisiert.

3. Für jede Position entweder 0 oder 1000 als die dort zu erwartende Belohnung, abhängig davon, ob dort noch Honig ist oder nicht. Diese ändert sich über die Zeit, sobald Honig eingesammelt wurde. Am Ende eines erfolgreichen Spiels sind diese Werte alle 0. Wir haben 14 Positionen und damit 14 Werte.

```
env = OrsoEnv()
env.reset()
> [ 0., # 1 Position des Bären
   700., 900., -200., -1000., # pro Richtung kombinierte
                              # Belohnung
   0., 1000., 1000., 0., 0., 0., 1000.,  # pro Position die dort
   0., 0., 1000., 1000., 0.,  1000., 0.] # zu erwartende
                                         # Belohnung
```

Die step-Methode lässt die Simulation weiterlaufen und gibt ein passendes Paar von Belohnung und Beobachtung aus:

```
observation, reward, done, info = env.step(1)
reward, done, info
> (0.13333333333333333, False, {'from': 'B', 'to': 'K'})
```

Wir geben die Beobachtung der Übersicht halber nicht mit aus, da wir ihre Struktur bereits vorher angesehen haben. Die Belohnung mit 0.13333333333333333 deutet auf gesammelten Honig hin, d. h., die Aktion war zumindest kurzfristig erfolgreich. Mit False wird ausgedrückt, dass das Spiel noch nicht beendet ist, also der Bär weiter durch sein Revier laufen muss. Zusätzliche Informationen sagen uns, wie der Bär gelaufen ist. Diese Informationen sind nur für unser besseres Verständnis gedacht und werden auch später nicht automatisch verarbeitet.

Training mit PPO

Bisher haben wir von Abbildung 9-1 nur die Umgebung behandelt und umgesetzt. Es fehlt noch der Agent, der die Umgebung nutzt, um ein gutes Verhalten (Policy) zu trainieren. Mit *Proximal Policy Optimization*, kurz PPO (*https://spinningup.openai.com/en/latest/algorithms/ppo.html*), wählen wir dafür einen Algorithmus, der das Verhalten des Agenten durch ein neuronales Netz modelliert. Wir beschränken uns bei der Betrachtung von PPO auf die Dinge, die man als Praktiker wissen muss. Wie beim Supervised Learning geben auch hier der Loss und weitere Metriken Aufschluss über den Lernerfolg. Um zu verstehen, wie sich der Loss zusammensetzt, muss auch die interne Struktur von PPO grundsätzlich verstanden werden. Dies ist das Thema des weiteren Verlaufs des Kapitels.

Wie in Abbildung 9-3 dargestellt, erfolgt das Training wie beim Supervised Learning in einer Reihe von Iterationen, in denen ein Loss bestimmt wird, mit dem man versucht, die Parameter der neuronalen Netze zu optimieren. Diese Phase des Trainings wechselt sich ab mit der Phase der Samplings, in denen Episoden mit der trainierten Policy gespielt und aufgezeichnet werden. Die dienen dann als Daten für die Trainingsphase. Beide Phasen spielen zusammen, da ein Training ohne Daten und ein vernünftiges Spiel ohne gute Policy nicht möglich sind. Ein solches Vorgehen nennt man *On-Policy* – im Gegensatz zu *Off-Policy*, bei dem die Daten auch durch einen anderen Prozess und nicht zwingend in der Lernphase erzeugt werden müssen. Eine gute Anzahl von Episoden und Epochen hängt dabei von Erfahrungen und schlichtem Ausprobieren ab. Dies sind also Parameter, mit denen sinnvoll experimentiert werden kann.

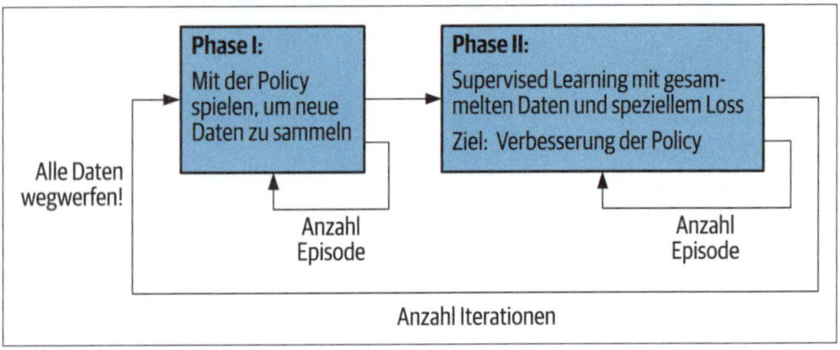

Abbildung 9-3: PPO aus der Vogelperspektive

Wir nutzen die Bibliothek TF-Agents (*https://www.tensorflow.org/agents*), die den PPO-Algorithmus bereits umsetzt und auch die Sammlung der Daten über eine OpenAI-Umgebung ermöglicht. Die gesammelten Daten sind Aufzeichnungen der gespielten Episoden und werden als sogenannte *Trajectories* in einem in Abbildung 9-4 dargestellten Format abgelegt.

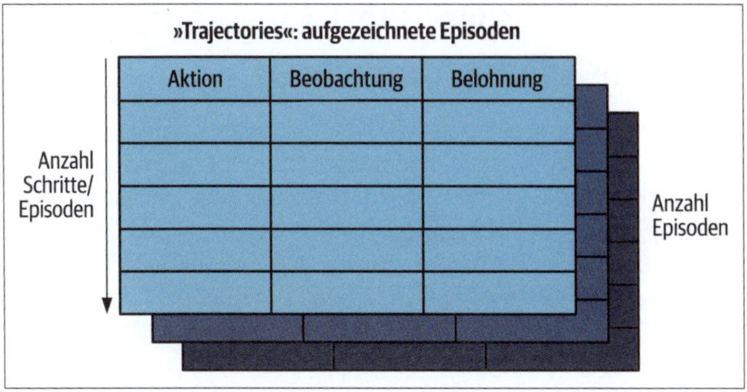

Abbildung 9-4: Aufgezeichnete Spielverläufe als Trainingsdaten

Im Code sieht das Zusammenspiel so aus:

```
for iteration in range(num_iterations):

    # Phase I: Daten mit der aktuellen Policy sammeln.
    # Hier haben wir 10 Episoden konfiguriert.
    collect_driver.run()
    trajectories = replay_buffer.gather_all()

    # Phase II: Die Policy mit genau diesen Trajectories
    # für eine bestimmte Anzahl von Epochen trainieren.
    loss_info = tf_ppo_agent.train(trajectories)

    # Alle gesammelten Daten werden weggeworfen,
    # um im nächsten Durchgang (hoffentlich) bessere zu
    # erzeugen.
    replay_buffer.clear()
```

Wir haben dabei 10 als die Anzahl der Episoden definiert. Der Default ist 1, aber je mehr Episoden in einem Rutsch im Training durchlaufen werden können, desto performanter ist es, und desto geringer ist das Risiko des Overfittings. Auch hier sind Experimente ratsam.

Training als Supervised-Deep-Learning-Problemstellung formulieren

In dem in Phase II genutzten Supervised Deep Learning reduziert man das Lernproblem auf eine numerische Optimierung. Anhand eines Trainingsdatensatzes macht man eine Vorhersage und bestimmt einen Fehler (Loss), der dann minimiert wird. Dabei tauchen zwei Fragen auf: Was sagen wir hier eigentlich voraus, und wie wird der Fehler bestimmt? Während das in Kapitel 7 noch relativ einfach zu beantworten war, haben wir es hier mit einem fortgeschrittenen Problem zu tun.

Im ersten Schritt müssen wir dazu unseren PPO-Agenten haben und ihn unserem Problem entsprechend konfigurieren. TF-Agents implementiert eine ganze Reihe von Reinforcement-Learning-Algorithmen, unter anderem PPO. Das heißt, diesen könnten wir einfach von der Stange nehmen. Das Verhalten (Policy) des Agenten wird durch diesen Algorithmus trainiert und braucht von uns lediglich die Architektur des zugrunde liegenden neuronalen Netzes. Dieses Netz wird *Actor Network* oder auch *Policy Network* genannt.

In der Übersicht in Abbildung 9-5 ist es zusammen mit dem zweiten notwendigen Netz abgebildet, auf das wir später zu sprechen kommen. Als Eingabe bekommt es die Beobachtung, diese geht durch eine von uns zu definierende Anzahl von Fully-Connected Hidden-Layern und kommt dann an die Ausgabeschicht. Diese hat pro möglicher Aktion (bei uns vier) ein Ausgabeneuron, das die Wahrscheinlichkeit ausdrückt, dass es sich bei der Aktion um die erfolgversprechendste handelt.

Im Code nehmen wir dafür die Struktur von Beobachtung und Aktion aus der Umgebung, definieren drei Hidden-Layer mit jeweils 500 Neuronen und ein kleines bisschen Dropout pro Layer. Die Anzahl der Layer und Neuronen ist wieder willkürlich und wahrscheinlich zu hoch bemessen, aber ein Netzwerk dieser Komplexität stellt für moderne Hardware keine Herausforderung dar. Dropout ist im Reinforcement-Learning-Setting auch nicht so wichtig wie bei reinem Supervised Learning, da sich die Datenbasis permanent ändert und ein Overfitting so schon deutlich weniger stark ausfallen kann. Es gibt jedoch Hinweise darauf, dass es nützlich sein kann (*https://arxiv.org/abs/1812.02341*), und kostet uns in diesem Fall nicht viel. Wir definieren daher 20% Dropout pro Layer:

```
from tf_agents.networks import actor_distribution_network

actor_net = actor_distribution_
network.ActorDistributionNetwork(
    train_env.observation_spec(),
    train_env.action_spec(),
    fc_layer_params=(500, 500, 500),
    dropout_layer_params=(0.2, 0.2, 0.2))
```

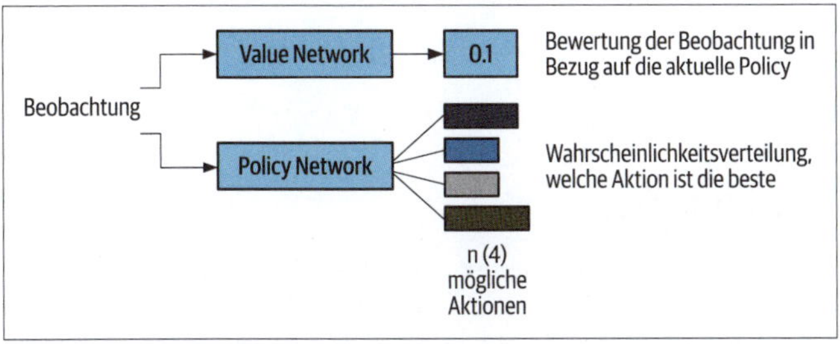

Abbildung 9-5: Neuronale Netze bei PPO

PPO erfordert noch ein zweites neuronales Netz, das sogenannte *Value Network*, das anhand einer Beobachtung eine Abschätzung der zu erwartenden Belohnung liefert. Auch dies ist in Abbildung 9-5 zu sehen. Diese Abschätzung dient als Kritiker des Actor/Policy Network und sorgt – empirisch herausgefunden und bestätigt – für eine bessere Generalisierung der Policy. Auch hier versorgen wir das Netz mit der Struktur der Beobachtung und konfigurieren die Hidden-Layer. Die Dimensionierung ist dabei ebenso willkürlich wie vorher:

```
from tf_agents.networks import value_network

value_net = value_network.ValueNetwork(
    train_env.observation_spec(),
    fc_layer_params=(500, 500, 500),
    dropout_layer_params=(0.2, 0.2, 0.2))
```

Nun fehlt uns nur noch der Code für den PPO-Agenten, der diese Netze zusammenbringt, und wir haben die Konfiguration komplett. Hier geben wir auch an, dass wir mit jedem generierten Satz von Trainingsdaten die Policy über zehn Epochen im Training verbessern wollen, bevor wir mit ihr neue Daten erzeugen. Typischerweise liegt diese Anzahl zwischen 3 und 25 – die Anzahl 10 hat in unserem Fall am besten funktioniert:

```
from tf_agents.agents.ppo import ppo_agent

tf_ppo_agent = ppo_agent.PPOAgent(
    train_env.time_step_spec(),
    train_env.action_spec(),
    actor_net=actor_net,
    value_net=value_net,
    num_epochs=10)
```

Der Policy-Loss

Bei PPO setzt sich der Gesamt-Loss (`loss_info`) nicht nur aus dem Loss des Policy Network, sondern auch noch aus drei weiteren Losses zusammen. Aber bleiben wir erst einmal beim Policy Network und wie sich hier der Loss berechnet. Im einfachsten Fall vergleicht man beim Supervised Learning bei der Berechnung des Loss den richtigen Wert mit dem vorhergesagten. Das ist hier aber nicht so einfach möglich, wir brauchen ein paar mehr Berechnungen. Aus der *Trajectory* nehmen wir die Sätze von gespielter Aktion und zugehöriger Beobachtung und Belohnung. Wenn diese Belohnung positiv ist, wird die Wahrscheinlichkeit für die Aktion verstärkt, wenn sie negativ ist, wird die Aktion seltener gespielt. Dies drückt sich umgekehrt im Loss aus.

So ein Ansatz generalisiert noch besser, wenn man anhand der aktuellen Beobachtung eine Abschätzung der zu erwartenden Belohnung von der tatsächlich gegebenen Belohnung abzieht. Wie man zu einer solchen Abschätzung kommt, sehen wir später bei der Besprechung des Value Network.

In anderen Fällen kann eine Belohnung später gegeben werden, oft auch erst am Ende einer Episode. Dann wird für jede vorherige Aktion innerhalb dieser Episode diese späte Belohnung angenommen.

Oft gilt: Je später die Belohnung für eine Aktion gegeben wird, desto weniger hat die Aktion mit der Belohnung zu tun. Dies drückt man bei der Modellierung des Problems durch einen sogenannten Discount-Factor aus, der mit jedem Schritt weg von der Belohnung diese mit eben jenem Faktor vermindert. Er liegt typischerweise zwischen 0.9 und 0.99. Eine allgemeinere Form dieser Berechnung ist in der Literatur als *Generalized Advantage Estimation* oder kurz GAE zu finden, diese ist für unser Beispiel aber nicht notwendig.

In Abbildung 9-6 kannst du den Verlauf des Policy-Loss während des Verlaufs des Trainings sehen. Tatsächlich wird dieser Loss noch ein bisschen komplexer berechnet, als oben beschrieben. Anstatt nur die Wahrscheinlichkeit einer Aktion zu nehmen, wird die Wahrscheinlichkeit der neuen Policy durch die der alten Policy geteilt. Dies ist kein großer Unterschied, erlaubt aber die Ermittlung eines Verhältnisses um den Wert eins herum. Dadurch wird der Wert ein bisschen sprechender und kann auch als Grundlage für Clipping dienen. Auf die Alternative des Clippings gehen wir später noch ein.

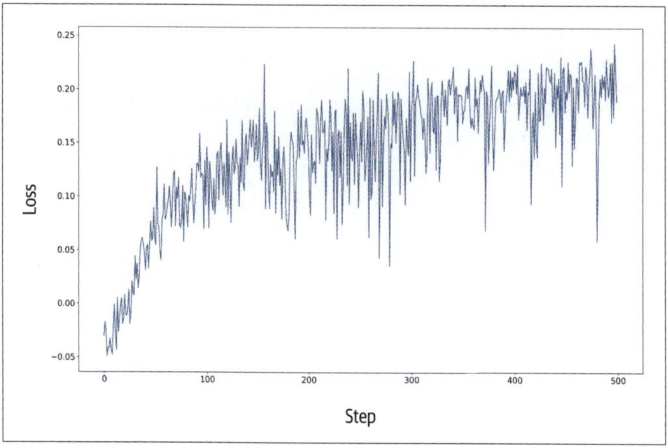

Abbildung 9-6: ML_0906_actor-loss Policy-Loss über Trainingsschritte

Beim Supervised Learning erhalten wir durch einen konvergierenden Loss einen Hinweis auf ein erfolgreiches Training. Hier sehen wir allerdings eine im besten Fall stagnierende und zumindest am Anfang sogar steigende Kurve. Das muss uns aber nicht beunruhigen, weil wir hier ganz andere Voraussetzungen haben: Wir trainieren nicht auf einem konstanten Satz von Trainingsdaten und werden immer besser darin, diesen möglichst gut und verallgemeinernd nachzuahmen, wie es beim Supervised Learning der Fall ist. Wir haben hier sich permanent ändernde Trainingsdaten, deren Natur auch noch von dem Ergebnis des Trainings selbst abhängt. Die Policy des vorherigen Trainingsschritts ist ja für die Spielstrategie und damit für die Trainingsdaten verantwortlich.

Zurück zu der Frage, ob unser Agent überhaupt sinnvolle Dinge lernt. Die Kurve spricht nun ein bisschen besser zu uns, aber eine Loss-Kurve, die nach oben geht, ist immer noch kein wirklich gutes Maß für Erfolg. Ginge sie nach unten und bliebe da, wäre es kein gutes Ergebnis, die Policy hätte schnell ausgelernt – fast so, als würde man als Mensch einfach keine neuen Erfahrungen sammeln, damit keine Herausforderungen meistern können und in seinem Stand des Könnens stecken bleiben.

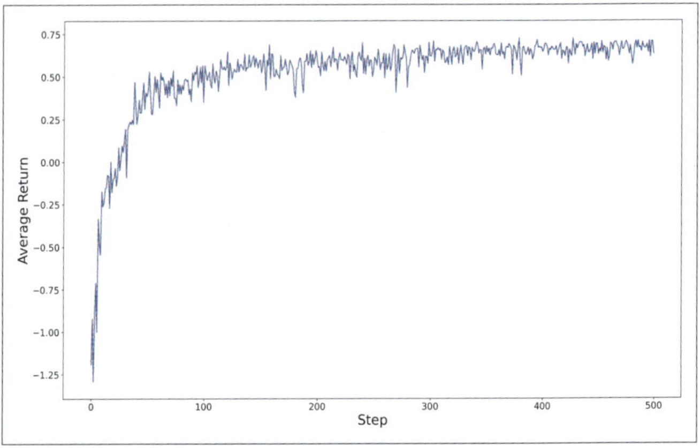

Abbildung 9-7: Durchschnittliche Gesamtbelohnung über Trainingsschritte

Einen tatsächlichen Erfolg können wir daher nicht über den Loss, sondern nur über weitere Metriken wie den Verlauf der Gesamtbelohnung in Abbildung 9-7 und die durchschnittliche Länge von Episoden in Abbildung 9-8 ablesen. Beide sollten konvergieren, die Belohnung nach oben und die Länge der Episoden nach unten. Wie beim Supervised Learning wissen wir hier nicht, ob wir ein absolut gesehen gutes Ergebnis erzielt haben, sondern nur, dass unser Training selbst funktioniert hat.

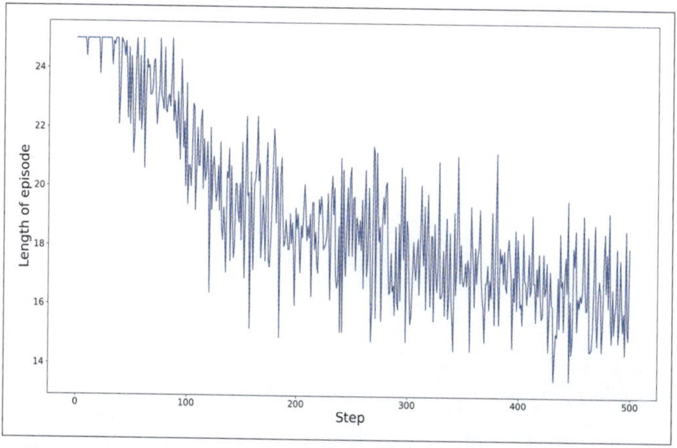

Abbildung 9-8: Durchschnittliche Episodenlänge über Trainingsschritte

Actor-Critic über das Value Network

Das eigentliche Ziel des Trainings ist ein gutes Policy-Netzwerk, denn nur das brauchen wir für Vorhersagen einer guten Aktion. Es ist aber üblich, die Generalisierung der Policy durch einen Kritiker zu verbessern. Dieser schätzt permanent ab, wie gut die Policy eigentlich spielt.

Das dafür zuständige Value Network bekommt als Eingabe wiederum eine Beobachtung und sagt anhand dieser die erwartete Belohnung voraus. Der Loss wird sehr klassisch als *Mean Squared Error* (MSE) aus dieser Vorhersage und der tatsächlich gegebenen Belohnung aus der Trajectory errechnet und fließt so in den Gesamt-Loss ein. Das Value-Netzwerk sollte also über die Zeit immer bessere Vorhersagen treffen und so dem Policy-Netzwerk ein besserer Kritiker werden. Trotz starken Rauschens und einer extremen Anfangsphase, die die Skala etwas ungünstig verschiebt, sehen wir in Abbildung 9-9 genau das Erhoffte. Dieses Training scheint gelungen.

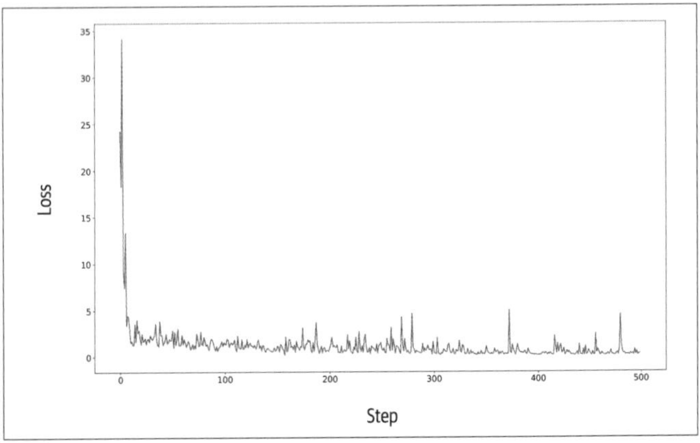

Abbildung 9-9: Value-Loss über Trainingsschritte

Sample-Effizienz und katastrophale Updates

Neuronale Netze werden am Anfang des Trainings mit zufälligen Parametern belegt. Das heißt, auch die Vorhersagen des Policy-Netzwerks sind anfänglich rein zufällig und mit Sicherheit nicht gut. Die Hoffnung ist aber, dass sie mit dem Training langsam besser werden. Um eine gute Sample-Effizienz zu erzielen, werden die in der Phase der Datenerzeugung generierten Daten, wie im Supervised Learning üblich, in mehreren Epochen in der Trainingsphase zum Training genutzt. Dabei werden nur die in der jeweils letzten Generierungsphase erzeugten Samples verwendet. Der Gedanke ist dabei, dass die neueren Samples höchstwahrscheinlich von höherer Qualität sind als die älteren, da sie ja mit einer (hoffentlich) besseren Policy erzeugt wurden. Aber was, wenn nicht? Was, wenn die Policy gerade schlecht mit einem Spiel zurechtkam? Würde das die neue Policy nicht komplett ruinieren? Wenn die Policy einmal komplett auf dem falschen Weg ist, wird sie wahrscheinlich auch in Zukunft schlechte Entscheidungen treffen und damit auch schlechte Daten für das Training erzeugen. Aus so einem Zustand wieder herauszukommen, ist schwierig bis unmöglich. Dasselbe Problem sehen wir im Prinzip auch am Anfang des Trainings, diesem kommen wir später aber noch besser bei.

Die Lösungsidee von PPO besteht darin, die Policy bei jeder Iteration nur in begrenztem Maße zu verändern und so diese katastrophalen Zustände von vornherein zu vermeiden. Auf diese Weise kann auch ein schlechter Durchgang nur begrenzt viel Schaden anrichten und nicht zu einem traumatischen Erlebnis führen. Eine Möglichkeit, das umzusetzen, ist, die Unterschiede in der Verteilung der Wahrscheinlichkeiten der Aktionen zu vergleichen und diese dem Loss hinzuzufügen. Bei einer großen, vermeintlich vorteilhaften Änderung wirkt dieser Loss also ausgleichend. In Abbildung 9-10 sehen wir genau so ein sehr punktuell ausgleichendes Verhalten durch die sogenannte KL-Divergenz (*https://de.wikipedia.org/wiki/Kullback-Leibler-Divergenz*), die ein Maß für die Unterschiedlichkeit zweier Wahrscheinlichkeitsverteilungen ist. Hier wird also die alte mit der neuen Policy verglichen.

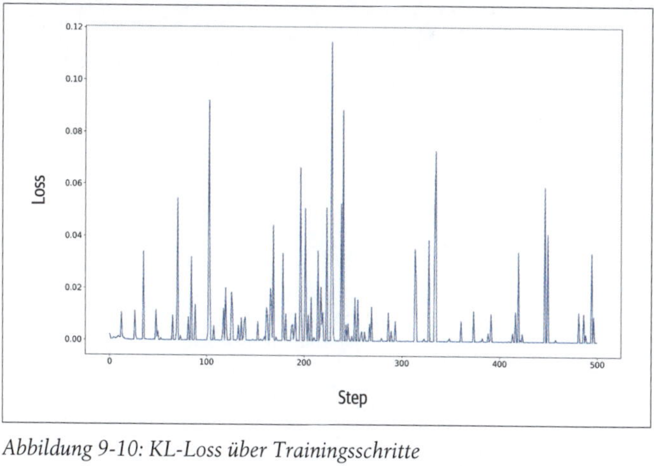

Abbildung 9-10: KL-Loss über Trainingsschritte

In einer anderen Variante von PPO wird durch ein einfaches Clipping der Änderungsbereich der Policy beschnitten. Dieses Verfahren braucht eine leicht andere Beschreibung des Policy-Loss, ist aber ansonsten im Wesentlichen äquivalent mit unserem Ansatz. TF-Agents erlaubt Experimente mit beiden Varianten, und es wird von unterschiedlichen Ergebnissen berichtet.

Exploration vs. Exploitation

PPO macht noch mehr, um nicht in einer schlechten Policy hängen zu bleiben. Wie im letzten Abschnitt bereits erläutert, sollte man sich insbesondere am Anfang des Trainings nicht zu schnell auf eine Policy einschießen und diese nur noch im Detail verbessern. Ein solches ausbeutendes Verhalten, bei dem man sich für eine Policy entscheidet und diese dann nur noch wenig verändert, bezeichnet man auch als *Exploitation*. *Exploration* ist die gegenteilige Strategie, sich möglichst noch nicht festzulegen und viele Möglichkeiten auszuloten.

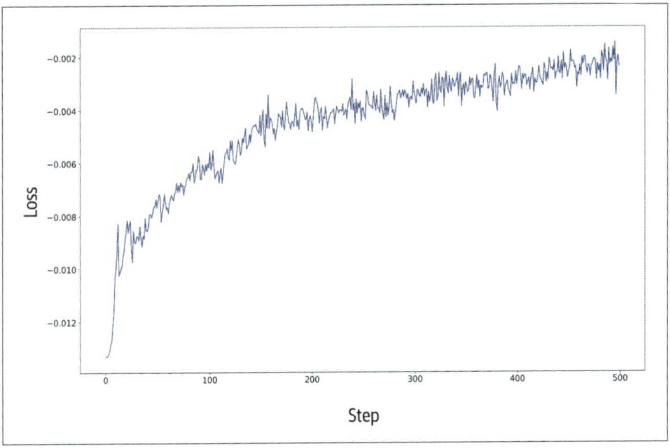

Abbildung 9-11: Entropie-Loss über Trainingsschritte

Je besser die Policy trainiert ist, desto geringer sind ihre Unordnung und damit ihre Entropie. Die Idee ist, diese vom Loss abzuziehen. Da die Entropie über die Zeit bei erfolgreichem Training abnimmt, wird der Discount immer geringer, und die anfängliche Exploration vieler Möglichkeiten weicht der Endphase der Exploitation, siehe Abbildung 9-11.

Fazit

Reinforcement Learning funktioniert, wie in Abbildung 9-1 gezeigt, über das Zusammenspiel eines Agenten mit einer Umgebung. Die grundsätzliche Idee von PPO ist, das Sammeln von Daten und das Training mit diesen Daten in Iterationen wie in Abbildung 9-3 auszuführen. Das Training wird dabei wie im Supervised Learning auf die Optimierung eines zusammengesetzten Fehlers (Loss) reduziert. Dieser Fehler hängt von den Parametern zweier neuronaler Netze ab (Abbildung 9-5). Abbildung 9-12 fasst diese Bestandteile und ihre Zwecke zusammen.

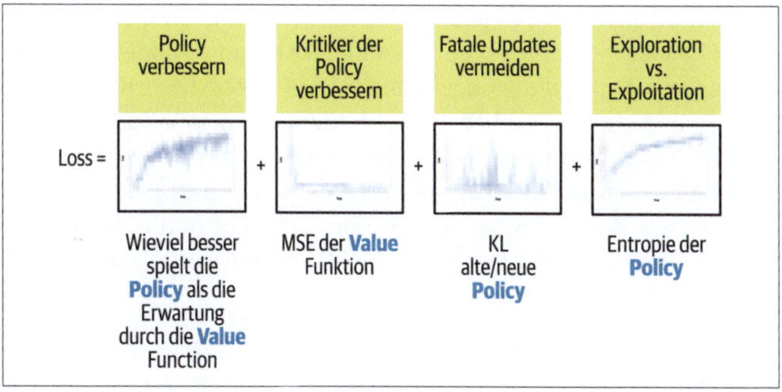

Abbildung 9-12: Zusammensetzung des PPO-Loss

Das erfolgreiche Endergebnis des Trainingsprozesses ist nur über viele Experimente, Erfolge und Fehlschläge möglich. Das eigentliche Training dauert am Ende dann wenige Minuten. Die hier zur Illustration gezeigten Loss-Kurven entspringen genau diesem Training. Am Ende des Notebooks gibt es einen Film darüber, wie der Bär in den meisten Fällen tatsächlich in der Lage ist, die geforderte Aufgabe zu lösen. Uns beeindruckt das nach wie vor, da am Ende ein relativ simples neuronales TensorFlow-Netz das Wissen darüber enthält, wie man ein derartiges Problem löst, ohne dass wir das explizit vorgegeben hätten oder verstehen, wie es das tut. Wie in der Einleitung erwähnt, bewegen wir uns hier in einem sehr fortgeschrittenen Bereich des Machine Learning, den aber jeder, der sich bis hier vorgewagt hat, direkt im zugehörigen Notebook erkunden kann.

PPO als fortgeschrittenster Vertreter der sogenannten Policy-Gradient-Algorithmen ist der Algorithmus der Wahl, wenn das Erzeugen von Samples einfach und schnell möglich ist. Im Gegensatz dazu kommen Off-Policy-Algorithmen zumindest theoretisch mit beliebigen Trainingsdaten aus und sind daher vorteilhaft, wenn diese teuer oder mit hohem Zeitaufwand zu erzeugen sind. Der Soft Actor-Critic (SAC, *https://spinningup.openai.com/en/latest/algorithms/sac.html*) hält im Off-Policy-Bereich einen ähnlichen Status wie PPO bei den On-Policy-Algorithmen: leistungsfähig und auf Praktikabilität hin entwickelt.

Sowohl die Familie von PPO als auch SAC lernen aus Beobachtungen kein Modell der Umgebung. Sie können lediglich mit Aktionen auf Beobachtungen reagieren. Man nennt sie daher *Model-Free*. Auf der anderen Seite gibt es sogenannte *Model-Based*-Algorithmen, die nicht nur Aktionen vorhersagen, sondern auch mögliche nächste Zustände und Belohnungen. Dies ist immer dann notwendig, wenn man für eine gute Vorhersage der Aktion die Zukunft kennen muss. Das ist zum Beispiel beim Schach der Fall, da durch den Zug des Gegners ein im Vorfeld unbekanntes Verhalten einen Einfluss bekommt.

In diesem Model-Based-Bereich kann AlphaZero (*https://de.wikipedia.org/wiki/AlphaZero*) durch Reinforcement Learning die Spiele Schach, Go und Shogi auf übermenschlichem Niveau erlernen, die alle nur durch eine tiefe Vorausschau der nächsten Züge zu meistern sind. Das notwendige Modell des Spiels wird hier aber durch die Spielregeln hartcodiert, das Modell wird also nicht erlernt, sondern vorgegeben. MuZero (*https://arxiv.org/abs/1911.08265*) folgt einem ähnlichen Ansatz, bekommt aber keine Regeln und kann daher eine größere Menge von Spielen erlernen, unter anderem auch die Atari-Klassiker. MuZero erlernt also ebenfalls das Modell des Spiels und ist auch dann erfolgreich, wenn die Regeln nicht ohne Weiteres aufgeschrieben werden können.

Weiterführende Links

- Die beste Beschreibung des PPO-Algorithmus. Beschreibt das Training von Value- und Policy-Netzwerk aber als zwei separate Trainingsschritte ohne geteilte Parameter: *https://spinningup.openai.com/en/latest/algorithms/ppo.html*
- Das wissenschaftliche Paper für PPO: *https://arxiv.org/abs/1707.06347*
- A3C Paper, erklärt verschiedene grundlegende Techniken wie den Nutzen des Critics und den zusätzlichen Entropie-Term des Loss: *https://arxiv.org/abs/1602.01783*
- Es gibt andere Reinforcement-Learning-Algorithmen, und PPO ist insbesondere bei einer geringen Menge von Samples nicht immer die beste: *https://spinningup.openai.com/en/latest/spinningup/rl_intro2.html*
- Das für unsere Implementierung verwendete TF-Agents: *https://www.tensorflow.org/agents*
- High-Level-Bibliothek auf Basis von TF-Agents, abstrahiert von den technischen Details, ermöglicht ein Training in einer Zeile Code. Auf der Seite ist ebenfalls eine beeindruckende Industrieanwendung beschrieben, die mit Reinforcement Learning Rohrdurchmesser für die Dachentwässerung großer Flachdachbauten optimiert: *https://github.com/christianhidber/easyagents*
- Einfluss von Spielelementen auf die Value Function: *https://distill.pub/2020/understanding-rl-vision/*
- Regularisierung beim Reinforcement Learning: *https://arxiv.org/abs/1812.02341*
- Mathematisch anspruchsvolle Erklärung für den Policy-Loss bei PPO: *https://youtu.be/xvRrgxcpaHY?t=406*
- Sehr übersichtliche Implementierung von PPO from scratch mit PyTorch. Nutzt Clipping anstatt KL-Divergenz, hat daher nur drei Losses, allerdings wie bei uns beschrieben als ein gemeinsames Training. Beschreibt auch die allgemeinere Form mit *Generalized Advantage Estimation* (GAE), um den Reward für Value Function und Policy zu bestimmen (während wir nur die einfa-

che Belohnung des Schritts nehmen): *https://github.com/higgsfield/RL-Adventure-2/blob/master/3.ppo.ipynb*

- Einführungs-Blogpost von PPO im OpenAI-Blog mit guten Anwendungsbeispielen:
https://openai.com/blog/openai-baselines-ppo/
- MuZero:
http://www.furidamu.org/blog/2020/12/22/muzero-intuition/

KAPITEL 10

LLMs – moderne Sprachmodelle

Moderne Sprachmodelle (*Large Language Models*, LLMs) wie ChatGPT revolutionieren den Bereich des Machine Learning. Bestehende Paradigmen werden aufgebrochen, und bisher undenkbare Anwendungen werden ohne größeres Wissen im Bereich des Machine Learning durch den Aufruf einer API möglich. In diesem Kapitel führen wir die Konzepte und Ideen von großen Sprachmodellen anhand des Beispiels von ChatGPT und OpenAI-APIs ein. Dabei sehen wir uns Prompt Engineering, Embeddings und die Verwendung und das Training grundlegender Encoder-Modelle an.

Dieses Kapitel enthält fünf Notebooks, die unter der URL *https://github.com/DJCordhose/buch-machine-learning-notebooks* (*https://bit.ly/ml-kug*) zu finden sind:

1. *kap10-openai-api.ipynb*: Nutzung von großen Sprachmodellen aus der GPT-Reihe über eine API
2. *kap10-embeddings.ipynb*: Embeddings und ihre Visualisierung in 2-D
3. *kap10-function-calling.ipynb*: ein ReAct-Workflow am Beispiel von OpenAI Function Calling
4. *kap10-bert-tasks.ipynb*: Beispiele für Aufgaben, die auch einfachere Transformer auf einer CPU ausführen können
5. *kap10-bert-fine-tuning.ipynb*: Finetuning einfacherer Transformer auf einer einzelnen handelsüblichen GPU

Kosten für OpenAI-Zugang

Um die Beispiele für große Sprachmodelle mit der OpenAI-API auszuprobieren, brauchst du einen bezahlten OpenAI-Zugang. Die Kosten sind unter *https://openai.com/pricing* aufgeführt, werden sich bei normaler Nutzung wie in diesem Kapitel aber im Cent-Bereich befinden. Es ist dennoch wichtig, die Kosten im Auge zu behalten und sich ein Kostenlimit zu setzen: *https://platform.openai.com/usage*. Für deine Nutzung können wir keine Verantwortung übernehmen.

Große Sprachmodelle

Große Sprachmodelle, auch bekannt als LLMs (*Large Language Models*), wie die GPT-Reihe bringen frischen Wind in die Welt der Vorhersagen von Texten. Diese Modelle berechnen die Wahrscheinlichkeit dafür, welches Wort als nächstes Wort kommen könnte – und das auf Basis der Wörter, die davorstehen. Das Ganze funktioniert wie bei einer Unterhaltung. Du stellst eine Frage, und das Modell bastelt Schritt für Schritt eine Antwort zusammen, wobei es immer auch die bisherigen Teile der Antwort als Kontext berücksichtigt. Genau das erleben wir ja, wenn wir mit ChatGPT (*https://chat.openai.com/*) eine Unterhaltung führen. Diesen Ablauf stellt Abbildung 10-1 dar.

Anhand eines sogenannten System-Prompts wird das generelle Verhalten eines großen Sprachmodells festgelegt. Ein solcher System-Prompt ist optional und wird häufig von den Entwicklern und nicht vom Nutzer des Systems bestimmt. Zusammen mit der tatsächlichen Nutzeranfrage wird dieser System-Prompt nun als Kontext zur Beantwortung der Anfrage an das Sprachmodell gegeben. Einen solchen Kontext kann man als das Kurzzeitgedächtnis eines Sprachmodells betrachten: Der System-Prompt und auch der Ablauf des Gesprächs mit Anfrage und Antwort werden darin gespeichert. Für die Dauer einer Unterhaltung kann das Modell darauf zugreifen, aber in der nächsten Unterhaltung ist dieser Kontext nicht mehr bekannt. Außerdem ist er bei jedem Sprachmodell in der Größe beschränkt. In den ersten Versionen von ChatGPT konnte man nur ca. 3.000 Wörter im Kontext halten, Stand Juni 2024 sind dies eher 100.000 Wörter.

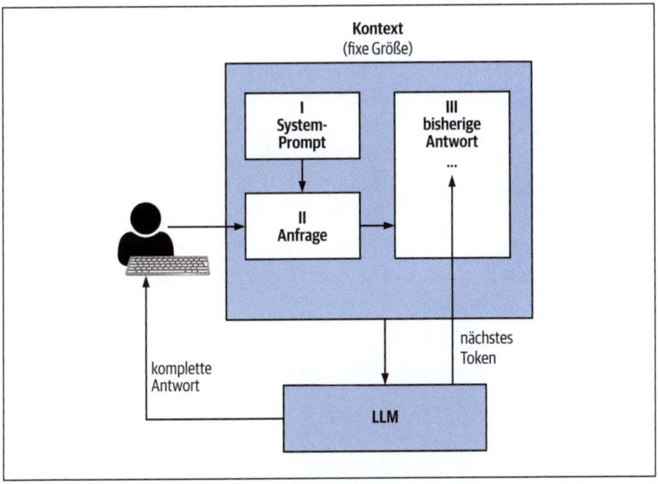

Abbildung 10-1: Ablauf eines Gesprächs mit einem System wie ChatGPT

ChatGPT erzeugt bei jeder Anfrage Wort für Wort die Antwort und hängt jedes neue Wort unmittelbar an den Kontext an. Das bedeutet, mit jedem neu erzeugten Wort wächst auch der Kontext, und für jedes neue Wort muss das Sprachmodell komplett durchlaufen werden. Das sieht man häufig auch in der Chat-Nutzeroberfläche, wenn die Antwort Wort für Wort eintröpfelt. Erst wenn die Antwort komplett ist, geht die Unterhaltung weiter, und der Nutzer kann weitere Nachfragen stellen. Wann eine Antwort komplett ist, hängt von einer Reihe von Parametern ab, die in der Chat-Nutzeroberfläche angegeben werden können, die wir uns aber erst später genauer ansehen werden.

Die Auswahl des nächsten Worts beruht dabei auf einer durch das Modell vorhergesagten Wahrscheinlichkeit. Basierend auf dem Kontext erhält jedes Wort im Wortschatz des Modells eine Wahrscheinlichkeit, die angibt, wie wahrscheinlich es ist, dass dieses

Wort als nächstes folgt. Ein Beispiel für die wahrscheinlichsten Wörter ist in Abbildung 10-2 zu sehen.

Hier beschränken wir die Darstellung auf die sechs wahrscheinlichsten Wörter, da die anderen eine Wahrscheinlichkeit sehr nahe an 0 haben. Diese Wahrscheinlichkeitsverteilung kann nun noch anhand gewisser Kriterien, die wir später genauer diskutieren, angepasst werden (siehe den Abschnitt »*Wahrscheinlichkeitsverteilungen, Temperatur und Top P*« weiter unten). Nach dieser Anpassung wird als nächstes Wort nicht einfach das wahrscheinlichste Wort genommen. Stattdessen wird aus allen Wörtern gemäß ihrer Wahrscheinlichkeit ausgewählt, also Wort 1 mit 40 % Wahrscheinlichkeit, Wort 2 noch mit 20 %, Wort 3 mit 15 % usw.

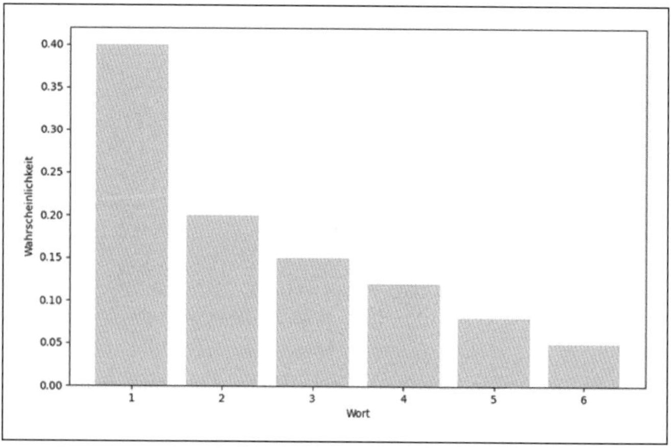

Abbildung 10-2: Beispielhafte Wahrscheinlichkeitsverteilung des nächsten Worts

In Abbildung 10-3 kannst du einen solchen Einsatz maximal realistisch sehen. Dort habe ich eine schnell geschriebene Einführung in diesen Abschnitt von ChatGPT umschreiben lassen. Diese durch einen System-Prompt instruierte Version behält weitestgehend meinen Schreibstil bei und wirkt durchaus brauchbar.

You

kannst du mir den folgen Text bitte ein wenig lesbarer gestalten:

Große Sprachmodelle (LLMs - Large Language Modells) wie die GPT-Familie (Basis-Modelle für ChatGPT - https://chat.openai.com/) erweitern den Bereich der Vorhersage von kategorischen Daten. Einfach dargestellt, geben diese Modelle die Wahrscheinlichkeit für das nächste Wort in Abhängigkeit zu den vorherigen Wörtern. Dabei können die vorherigen Wörter eine Frage darstellen und die nächsten Wörter iterativ die Antwort, die auch die bereits gegebenen Teile als Kontext enthalten. So wie wir dies von der Verwendung von ChatGPT kennen.

Co-Autor

Klar, ich mach den Text etwas lockerer und leichter verständlich:

Große Sprachmodelle, auch bekannt als LLMs (Large Language Models), wie die GPT-Reihe (übrigens, die sind die Basis für unseren Kumpel ChatGPT - schau mal hier: [https://chat.openai.com/]), bringen frischen Wind in die Welt der Vorhersagen von Worten und Texten. Stell dir das so vor: Diese Modelle sind wie Wahrsager, die die Chance berechnen, welches Wort als Nächstes kommen könnte, basierend auf den Worten, die davor stehen. Das Ganze funktioniert wie bei einer Unterhaltung. Du stellst eine Frage, und das Modell bastelt Schritt für Schritt eine Antwort zusammen, wobei es immer auch die bisherigen Teile der Antwort als Kontext berücksichtigt. Genau das erleben wir ja, wenn wir mit ChatGPT plaudern.

Abbildung 10-3: Eine angepasste Version von ChatGPT schreibt den obigen Absatz neu (trotz des offensichtlichen Tippfehlers im Prompt).

Damit unterscheiden sich solche Modelle von den in den vorherigen Kapiteln beschriebenen klassischen Ansätzen. Im Beispiel unserer Schildererkennung hatten wir ein Klassifikationsproblem mit vergleichsweise wenigen Kategorien. Dort gab es eine Kategorie pro Schild. Im Bereich der Sprachmodelle haben wir hingegen eine Kategorie pro Token, also pro Bestandteil eines Worts, eines Satzzeichens, einer Zahl etc. Das geht schnell in die Zehntausende.

Wie im Beispiel der Verkehrsschilderkennung können wir mit »normalem« Machine Learning nur relativ klar abgesteckte Problemstellungen angehen und brauchen für das Training relativ wenige gelabelte Daten. Große Sprachmodelle werden hingegen mit großen Mengen von Texten trainiert, ohne dass Labels notwendig wären. Stattdessen wird ein solches Modell so trainiert, wie es genutzt wird: Was ist das nächste Wort, um den gegebenen Text fortzusetzen? Auch für dieses Training wird der Stochastic Gradient Descent auf einem neuronalen Netz verwendet, so wie wir es aus Kapitel 7, Kapitel 8 und Kapitel 9 kennen. Lediglich die Architektur ist anders und das Netz sehr viel größer, dazu aber später mehr.

Wer bereits ChatGPT oder ähnliche Chatsysteme benutzt hat, wird sich vielleicht fragen, warum dies eigentlich so gut funktioniert. Die Antwort liegt in der Menge an Informationen, die in so ein Modell einfließen. Dies ist dabei nur durch die Menge der verfügbaren Texte beschränkt. Man kann sogar so weit gehen und alle im Internet verfügbaren Texte verwenden. Dies kann Rechenaufgaben, Gedichte, Pläne, Musiknoten und auch Programmiercode beinhalten. Das heißt, so ein Modell ist nun allumfassend und nicht mehr auf die Domänen beschränkt, zu denen wir genug gelabelte Daten sammeln können.

Einsatz von großen Sprachmodellen

Da wir uns also nicht mit dem Training beschäftigen müssen, können wir uns direkt in die Anwendung solcher Modelle stürzen. Für unsere Beispiele nutzen wir die GPT-Modelle von OpenAI. Alle Beispiele sind im Notebook *kap10-openai-api.ipynb* nachvollziehbar.

Tokenizer – Texte vorbereiten

Ein Tokenizer hat die Aufgabe, Texte in kleinere Einheiten zu zerlegen, die wir »Token« nennen. Diese Token können verschiedene Formen annehmen: ganze Wörter, Teile von Wörtern, Zahlen, Sonderzeichen oder sogar Satzzeichen. Der Prozess des Tokenizing ist von grundlegender Bedeutung für die Vorbereitung von Texten für die Computerverarbeitung.

Hier ein Beispiel aus dem Notebook *kap10-openai-api.ipynb*, das einen Text in Token übersetzt. Der hier verwendete Tokenizer ist *TikToken*, der auch für die ChatGPT-Modelle von OpenAI benutzt wird:

```
enc = tiktoken.encoding_for_model("gpt-4")
enc.encode("Hallo, Welt!0")
> [79178, 11, 46066, 0, 15]
```

Wir erzeugen also einen Tokenizer für GPT-4 und bringen den Text in eine Folge von Zahlen, die Token repräsentieren.

Warum ist das wichtig? Computer verstehen keine Wörter oder Sätze auf die Weise, wie wir Menschen das tun. Indem ein Tokenizer wie TikToken Texte in kleinere Stücke zerlegt, kann ein Computer diese Informationen verarbeiten. Jedes Token wird dabei in eine Zahl umgewandelt, eine Art Code, den der Computer verstehen kann.

Mehr über TikToken, seine Funktionsweise und seine Besonderheiten findest du unter *https://github.com/openai/tiktoken*.

Anfragen als Unterhaltung

Das bekannte User Interface von ChatGPT ist lediglich eine dünne Abstraktion über einer wirklich simplen API. In dieser API kann man sich das Modell – in unserem Fall das schnelle GPT 4o – für eine Unterhaltung aussuchen und diese dann direkt starten:

```
completion = client.chat.completions.create(
  model="gpt-4o",
  messages=[
    {"role": "system", "content": "Du bist ein Experte im
            Bereich Machine Learning. Deine Antworten sind
            kurz und gut."},
    {"role": "user", "content": "Warum sind große Sprachmodelle
            so mächtig?"},
  ]
)
completion.choices[0].message.content
>'Große Sprachmodelle sind so mächtig, weil sie auf riesigen
Mengen an Textdaten trainiert werden können und dadurch ein
umfassendes Verständnis von Sprache entwickeln. Sie können
komplexe Aufgaben wie Textgenerierung, Übersetzung und
Fragebeantwortung bewältigen.'
```

Dafür ist ein lediglich ein OpenAI-Clientobjekt notwendig, das im einfachsten Fall nur den API-Key enthält:

```
from openai import OpenAI

client = OpenAI(
  api_key=OPENAI_API_KEY
)
```

Unter der Haube wird unsere Anfrage über den obigen Tokenizer in eine Sequenz von Token verwandelt und dem GPT-Modell als Kontext gegeben. Technisch wird nicht zwischen der Anfrage und der Antwort unterschieden, alles wird Teil einer größeren Unterhaltung, auch die Antwort des Modells. Nur die Rolle gibt einen Hinweis darauf, wer hier was gesagt hat. Die Rolle system deutet auf den System-Prompt, also eine generelle Beschreibung des gewünschten Verhaltens hin, user steht für die konkrete Anfrage an das Modell.

Nun können auf Basis der Antwort weitere Anfragen gestellt werden. Dies kann als Unterhaltung mit einem Menschen oder mit einem anderen technischen System geschehen. In einer Unterhaltung zwischen Sprachmodell und einem anderen technischen System ist es üblich, im System-Prompt eine formelle Antwort als JSON anzufragen. Diese Antwort kann dann geparst und weiterverarbeitet werden.

Was die API angeht, sind wir damit auch schon fertig. Die eigentlichen Fähigkeiten des Modells werden durch die menschliche Sprache angesprochen und aufgerufen. Das bringt eine ganz neue Form der Problematik auf: Wie stellt man eine Anfrage in menschlicher Sprache, sodass die Antwort möglichst dem Gewünschten entspricht?

Prompt Engineering

Die Problematik, eine Anfrage (*Prompt*) so zu stellen, dass sie eine möglichst gute Antwort erzeugt, ist unter dem Namen *Prompt Engineering* bekannt.

Prompt Engineering ist (im Moment noch?) eher eine Kunst als ein Handwerk. Häufig machen kleine Änderungen an der Anfrage oder der Formulierung den Unterschied. Es gibt aber bereits eine Reihe von Best Practices, die unter *https://platform.openai.com/docs/guides/prompt-engineering* gut zusammengefasst sind. Die Seite *https://lilianweng.github.io/posts/2023-03-15-prompt-engineering/* geht mehr in die Tiefe und enthält Formeln (die man aber auch überlesen kann).

Am Ende hilft nur ausprobieren. Dazu gibt es den OpenAI Playground (*https://platform.openai.com/playground?mode=chat*), der dir ein schnelles Experimentieren erlaubt. Bist du mit dem Ergebnis zufrieden, kannst du dir über *View code* den Python-Code mit der bereits bekannten Completion-API (*https://platform.openai.com/docs/guides/text-generation/completions-api*) erstellen lassen. Wenn du ihn leer aufrufst, sieht der Playground Stand Mitte 2024 so aus wie in Abbildung 10-4.

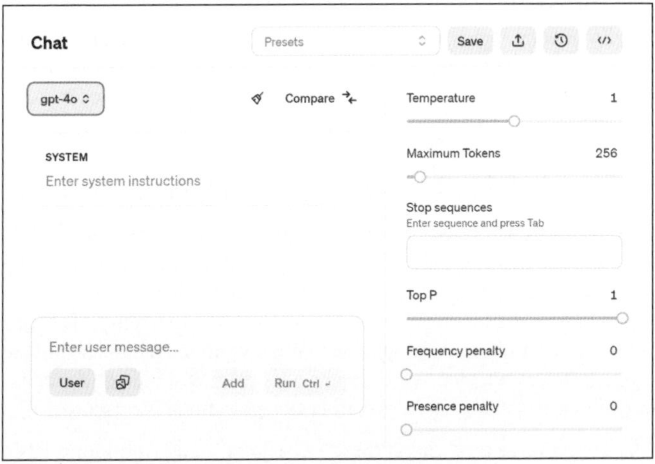

Abbildung 10-4: OpenAI Playground, Stand Mitte 2024 (https://platform.openai.com/playground?mode=chat)

Auf der linken Seite gibst du den System-Prompt für die ganze Unterhaltung ein. In der Mitte findet die eigentliche Unterhaltung statt, die du über *Add message* bereits sowohl mit *USER*- als auch mit *ASSISTENT*-Nachrichten befüllen kannst. Wie gesagt, für die Eingabe in ein Modell wird dies zu einem einzigen Kontext zusammengesetzt.

Auf der rechten Seite kannst du das Modell und dessen Parameter auswählen. Mit Ausnahme der Temperatur und des Parameters *Top P* sind diese größtenteils schnell erklärt:

- *Maximum length*: die maximale Länge der Antwort des Modells in Token.
- *Stop sequences*: Wenn das Modell eine dieser Sequenzen generiert, wird die Antwort als komplett angesehen, und es werden keine weiteren Token mehr erzeugt. Eine solche Sequenz könnte zum Beispiel ein Punkt sein, der hier angegeben wird, damit nur ein einziger Satz erzeugt wird. Die Stop-Sequenz wird nicht mit ausgegeben, also würde in diesem Beispiel der Punkt am Ende des Satzes fehlen.
- *Frequency penalty/Presence penalty*: Vermindert die Wahrscheinlichkeit eines Tokens, wenn es bereits vorher im Text auftaucht, bzw. in Abhängigkeit davon, wie oft es auftaucht – bei einem guten Modell kann man beides auf 0 lassen.

Wahrscheinlichkeitsverteilungen, Temperatur und Top P

Der wichtigste Parameter ist die Temperatur. Zum Verständnis müssen wir uns an die Erklärung aus der Einleitung erinnern, die erläutert, wie eine Vorhersage eigentlich funktioniert. GPT-Modelle sagen anhand des Kontexts die Wahrscheinlichkeiten für das nächste Wort über alle möglichen Token voraus. Genau so sind sie auch trainiert worden. Es entsteht also eine Wahrscheinlichkeitsverteilung des nächsten Worts über den gesamten Wortschatz.

Die Temperatur modifiziert diese Verteilung, siehe Abbildung 10-5. Bei einer Temperatur von 1 (der Standardtemperatur, mittleres Diagramm) wird die ursprüngliche Verteilung beibehalten. Bei einer Temperatur unter 1 (links) werden die Wahrscheinlichkeiten der wahrscheinlicheren Wörter verstärkt und die der unwahrscheinlicheren Wörter abgeschwächt. Dies führt dazu, dass das Modell häufiger »sicherere« Wörter wählt. Bei einer Temperatur über 1 (rechts) werden die Unterschiede in den Wahrscheinlichkeiten abgeschwächt, wodurch auch weniger wahrscheinliche Wörter eine größere Chance haben, gewählt zu werden.

Eine niedrige Temperatur führt zu vorhersehbareren und konsistenteren Texten, da das Modell dazu neigt, sich an häufigere Wortmuster und -strukturen zu halten. Eine höhere Temperatur erhöht die Vielfalt und Kreativität der Antworten, kann aber auch zu weniger kohärenten oder relevanten Texten führen. Zusammengefasst ist die Temperatur ein Werkzeug, um das Gleichgewicht zwischen Kreativität (Diversität) und Kohärenz (Vorhersehbarkeit) in der Sprachgenerierung zu steuern. Sie beeinflusst, wie stark das Modell von den Daten, mit denen es trainiert wurde, abweicht, um neue Texte zu erzeugen.

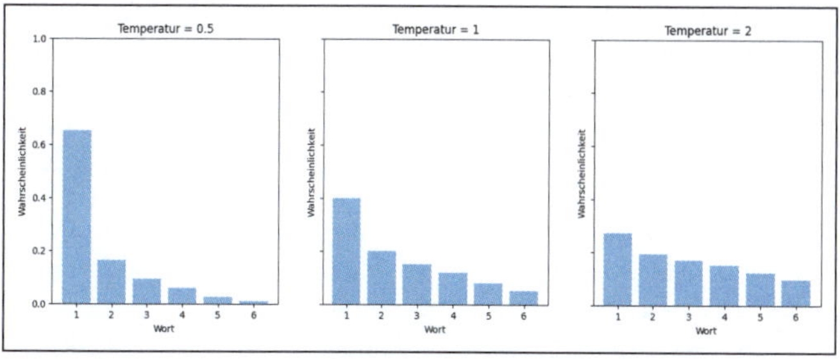

Abbildung 10-5: Auswirkung der Temperatur auf die Wahrscheinlichkeitsverteilung

Die Wahl der Temperatur hängt also vom gewünschten Ergebnis ab. Für Aufgaben, bei denen Genauigkeit und Zuverlässigkeit wichtig sind, wird oft eine niedrigere Temperatur bevorzugt. Für kreative Aufgaben oder solche, bei denen einzigartige oder vielfältige Antworten erwünscht sind, kann eine höhere Temperatur besser sein.

Als weiterer Parameter des Modells begrenzt *Top P Sampling* (auch *Nucleus Sampling* genannt), welcher Anteil der wahrscheinlichsten Wörter überhaupt infrage kommt. Dabei werden nicht die *k* wahrscheinlichsten ausgewählt (das wäre *Top k*), sondern so viele Wörter, bis die kumulierte Wahrscheinlichkeit einen bestimmten Prozentsatz *p* erreicht. Dieser Parameter bestimmt nun, welcher Anteil der Wörter in Betracht gezogen wird. Bei 1 sind es alle, bei 0,5 ist es eben nur die Hälfte. Diese Methode passt sich somit flexibler an den Kontext an als die Temperatur. In einigen Fällen könnten nur wenige Wörter verbleiben (wenn ein bestimmtes Wort sehr wahrscheinlich ist), in anderen Fällen könnte die Auswahl eine größere Anzahl umfassen (wenn die Wahrscheinlichkeiten gleichmäßiger verteilt sind). Nucleus Sampling ermöglicht damit eine Balance zwischen der Generierung kreativer und überraschender Texte und der Vermeidung von zufälligen oder irrelevanten Wörtern. Es bietet ein gutes Gleichgewicht zwischen Vielfalt und Relevanz.

Abbildung 10-6 illustriert das. Nehmen wir an, *Top P* wäre bei *0.8*, dann werden nur die höchsten Wahrscheinlichkeiten betrachtet, die kumuliert unter dieser Grenze sind. Danach werden sie wieder auf 1 normalisiert und die nicht betrachteten Wahrscheinlichkeiten auf 0 gesetzt. In diesem Fall bleiben also nur die Wörter 1 bis 3 übrig. Das nächste Wort ist somit eines dieser drei. Welches Wort ausgewählt wird, unterliegt dem Zufall, aber *Wort1* ist mit über 50 % am wahrscheinlichsten, *Wort2* mit ca. 25 % am zweitwahrscheinlichsten, und *Wort3* wird letztlich nur noch mit knapp 20 % Wahrscheinlichkeit ausgewählt. Hier werden die ohnehin wahrscheinlichen Wörter noch wahrscheinlicher. Eine Situation, in der das Modell ohnehin ziemlich sicher war, wird also noch verstärkt.

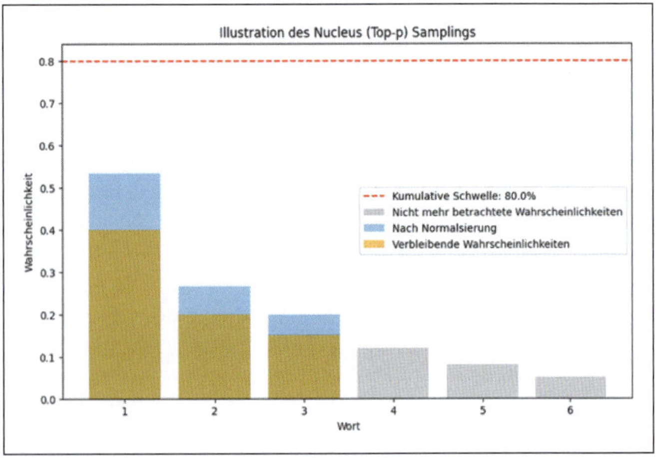

Abbildung 10-6: Illustration des Top P Sampling, auch Nucleus Sampling genannt

Ein Beispiel mit Few Shot Learning

Beispielhaft werden wir jetzt versuchen, eine gute Stimmungsanalyse für einen gegebenen Text zu erzeugen. Wie oben erwähnt, wollen wir für die weitere Verarbeitung eine Antwort als JSON bekommen. Wie in Abbildung 10-7 zu sehen, kann so etwas mit einem extrem einfachen Prompt erreicht werden. Links steht der System-Prompt, der erklärt, was passieren soll, und rechts ist die eigentliche Eingabe, die verarbeitet und beantwortet werden soll.

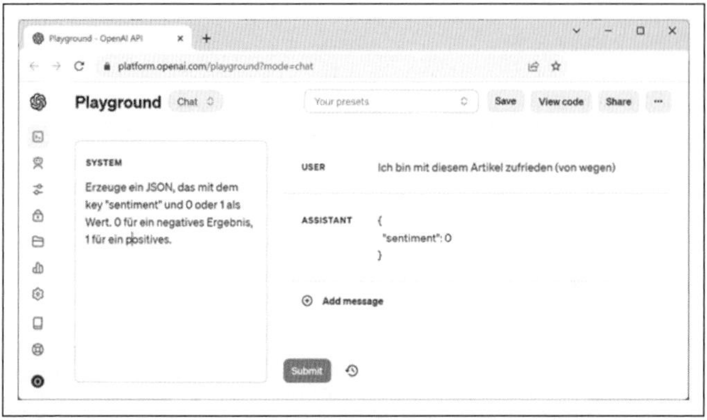

Abbildung 10-7: Ein einfacher Prompt im OpenAI Playground

Wir entwickeln das Beispiel ein wenig weiter und wollen jetzt noch Abstufungen zwischen 0 und 1 bekommen, um das Ergebnis ein bisschen besser aufzulösen. Wie in Abbildung 10-8 zu sehen ist, enthält der System-Prompt nun ein paar Beispiele für Frage-Antwort-Paare. Diese Strategie wird auch *Few Shot Learning* genannt, da hier ein Ansatz nahe dem Supervised Learning zum Einsatz kommt.

Wir geben einer Maschine eine Reihe von Beispielen und hoffen, dass sie das zugrunde liegende Konzept erkennt. Beim Few Shot Learning verwenden wir allerdings nur sehr wenige Beispiele, oft nur so viele Beispiele, wie auch wir Menschen bräuchten. Zudem beschreiben wir diese informell als Teil unseres System-Prompts. Das ist offensichtlich eine ganz andere Ebene des Machine Learning – wir definieren ein Machine-Learning-Problem innerhalb eines Machine-Learning-Modells, und es erscheint erstaunlich, dass so etwas überhaupt funktionieren kann.

Für eigene Experimente auf Basis dieses Prompts haben wir im Repository für dieses Buch neben den Notebooks auch einen Link auf diesen Playground erstellt. Zudem enthält das Notebook den exportierten Code des Beispiels.

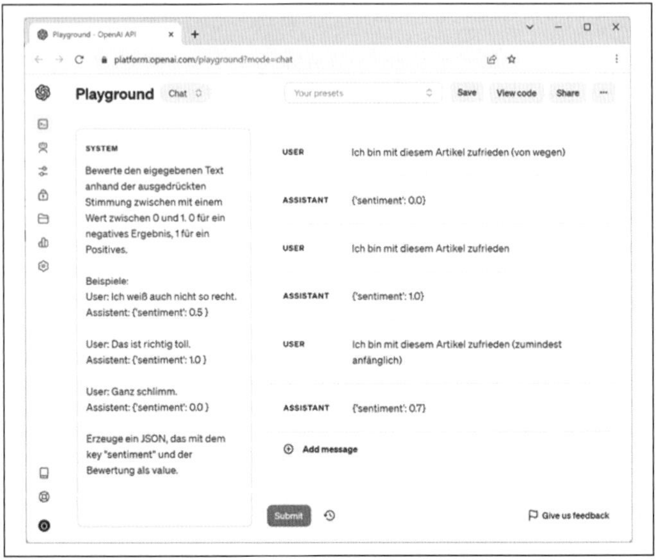

Abbildung 10-8: Few Shot Learning im OpenAI Playground

LLMs auf einer großen Wissensbasis

LLMs haben ihre Stärken, wenn man ihre Fähigkeiten für das Verständnis von Sprache nutzt, aber weniger, wenn man sich auf ihr Wissen verlässt. LLMs können nicht einschätzen, ob eine generierte Antwort auf einer guten Grundlage beruht oder ob sie einfach nur bodenlos erfunden ist. Und selbst wenn jede Antwort richtig wäre, könnte ein LLM nach wie vor nur auf das Wissen zugreifen, mit dem es trainiert wurde. Möchte man hingegen mit einer eigenen Wissensbasis arbeiten, wie einem Intranet oder einer nicht öffentlichen Bibliothek, braucht man einen anderen Ansatz.

Die Idee ist, dem Modell das notwendige Wissen im Kontext zur Verfügung zu stellen. Anfragen werden dann anhand dieses Wissens beantwortet, und im System-Prompt weisen wir das Modell an, bitte nur dieses Wissen zu nutzen und nicht zu antworten, wenn die gegebene Wissensbasis keine Informationen zu der Anfrage enthält.

Dabei ergibt sich ein weiteres Problem. Der Kontext eines LLM ist in der Länge beschränkt. Typische Kontextgrößen sind Stand Mitte 2024 4k-, 32k- und 128k-Token. Diese reichen nicht aus, um eine realistische Wissensbasis komplett zu beinhalten. Es ist zu erwarten, dass die Kontextgröße weiter wächst, allerdings kann es nach wie vor sinnvoll sein, mit kleineren Kontextgrößen zu arbeiten, da das schlicht weniger aufwendig in der Ausführung und damit auch günstiger ist.

Workflows: RAG und ReAct

Ein RAG-Workflow (*Retrieval Augmented Generation*) ist die Lösung für die beschriebene Problematik. In einem ersten Schritt werden die zu einer Anfrage passenden Texte herausgesucht und dem LLM in einem zweiten Schritt zur Verfügung gestellt.

Man kann sogar noch weiter gehen und ein LLM selbst entscheiden lassen, ob es für eine Anfrage weiteres Wissen braucht. Dieser Workflow wird auch ReAct (*Reason and Act*) genannt. Der erste Schritt besteht darin, eine Anfrage an das LLM zu richten und eine Reihe nutzbarer Werkzeuge zu beschreiben, wie z. B. eine Suche oder eine Möglichkeit zur Berechnung mit einer Art Taschenrechner. Dazu gibt man an, wie diese Werkzeuge zu benutzen sind, inklusive einer mehr oder weniger formalen Beschreibung der technischen Schnittstelle.

Bei dem bereits von uns eingesetzten OpenAI-Modell gibt man die zu nutzenden Werkzeuge einfach beim Aufruf mit an, auch diese werden dem Modell dann im Kontext zur Verfügung gestellt. In diesem Beispiel teilen wir dem Modell mit, dass es eine Funktion zur Suche von Inhalten nutzen kann:

```
completion = client.chat.completions.create(
 messages=[...],
 tools=[
   {
       "type": "function",
```

```
            "function": {
                "name": "search_content",
                "description": "Finds a number of documents given a
                                search term",
                ...,
                },
            },
        },
        { … })
```

Das Modell antwortet in dieser ersten Reason-Phase dann entweder direkt oder mit der Bitte, eines der beschriebenen Werkzeuge aufzurufen, also eine Aktion durchzuführen. Diese Anfrage wird anschließend in klassischer Programmierung ausgeführt, und das Ergebnis wird in einer weiteren Anfrage an das Modell zurückgegeben. Nun kann das Modell wieder entscheiden, ob es genug Informationen für die Beantwortung der ursprünglichen Anfrage hat oder ob es weitere Werkzeuge nutzen möchte. So können erstaunlich komplexe Stränge von Überlegungen (*Reason*) und Interaktionen (*Act*) mit der äußeren Welt realisiert werden.

Ein komplettes Beispiel ist im Notebook *kap10-function-calling.ipynb* zu finden. Hier wird über Business-Schnittstellen das durchschnittliche Gehalt aller Mitarbeiterinnen und Mitarbeiter berechnet, ohne Hinweise darauf zu geben, wie das eigentlich funktionieren soll.

Embeddings und Vektordatenbanken

Die beschriebenen RAG- und ReAct-Workflows werden meist genau für den oben beschriebenen Anwendungsfall genutzt, und man hat oft nur ein einziges Werkzeug, das die interne Wissensbasis durchsucht. Dabei stellt sich ein neues Problem: Wie soll diese Suche denn eigentlich ausgeführt werden? Klassisch kann nach Schlüsselwörtern aus der Anfrage gesucht werden. Dies liefert häufig aber nicht die Qualität, die man von LLMs gewohnt ist. Das zusammengetragene Wissen entscheidet nämlich darüber, ob das LLM überhaupt eine gute Antwort geben kann. Fehlerhafte Antworten beruhen dabei meist auf schlecht oder falsch herausgesuchten Inhalten.

Eigentlich möchten wir nicht nach einzelnen Wörtern, sondern nach semantisch passenden Texten suchen. Auch hier können Sprachmodelle helfen. Diese sind in der Lage, aus einem Text ein semantisches Embedding zu erstellen. Das ist ein mehr oder weniger langer Vektor von Zahlen, die in einem hochdimensionalen Raum den semantischen Inhalt des Texts widerspiegeln. Wenn das gut gelingt, bekommen Texte mit einem ähnlichen Inhalt auch eine ähnliche Position in diesem hochdimensionalen Raum.

Wie in Abbildung 10-9 gezeigt, werden hierfür Vektordatenbanken genutzt. In einem ersten Schritt wird die Wissensbasis in handhabbare Teile zerlegt, z. B. in Blöcke von 1k-Token. Diese Blöcke werden dann in ihre Embeddings übersetzt und anhand deren abgelegt. Nun können mithilfe einer ebenfalls in einem Embedding codierten Anfrage die in der Nähe liegenden Embeddings und damit die ursprünglichen Texte herausgesucht werden. Ob dies gut funktioniert, steht und fällt mit der Qualität der Anfrage und wie gut ein Embedding den tatsächlichen Inhalt räumlich abbildet.

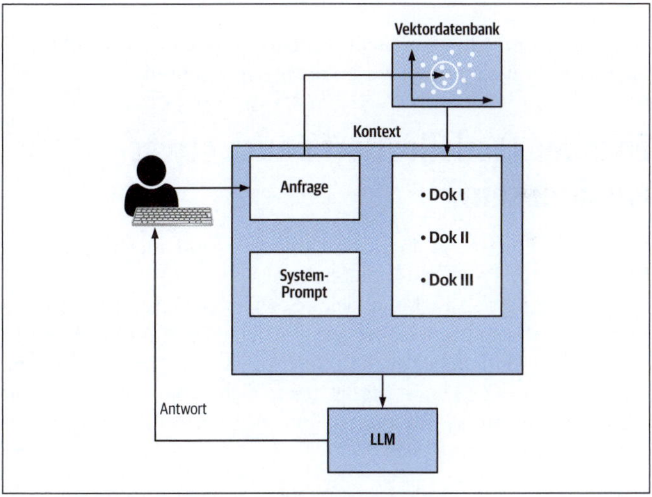

Abbildung 10-9: Ablauf eines RAG-Workflows

In Abbildung 10-10 ist das Ergebnis eines guten Embedding-Modells zu sehen. Dort sind die Themen »Restaurant-Besuche« und »Tiere« mit den dazu passenden Anfragen klar thematisch getrennt. Die Texte werden mit einem OpenAI-Embedding-Modell in ein Embedding mit 1.536 Dimensionen gebracht und mit den bekannten Methoden der Dimensionsreduktion auf zwei Dimensionen reduziert.

Abbildung 10-10: Darstellung von Embeddings projiziert auf zwei Dimensionen

Wie solche Embeddings erstellt werden und welche Art von Modell man dafür braucht, sehen wir im nächsten Abschnitt.

Encoder-Modelle: Darf's auch etwas weniger sein?

Die beschriebenen, großen Sprachmodelle sind mächtig und im Prinzip für alle Probleme im Bereich der Sprache anwendbar. Allerdings ist ihr Betrieb auch mit vielen Schwierigkeiten verbunden. So sind die stärksten Modelle der großen Hersteller nur über eine API ansprechbar und daher nicht oder nur bedingt für vertrauliche Daten geeignet. Zudem ist ihr Betrieb schlicht teuer. Ein Betrieb auf eigener Hardware stellt extreme Anforderungen an GPUs und an das Management der Server.

Häufig ist das zu lösende Problem aber gar nicht so schwierig und kann auch mit einem einfacheren System gelöst werden. Zu den einfacheren Problemen gehören:

- Sentiment eines Texts
- Klassifikation auf einer kleinen Menge von Kategorien, im Spezialfall binär nur zwischen zwei Kategorien
- semantische Ähnlichkeit
- Beantwortung von Fragen anhand eines Texts durch wörtliches Zitieren von Textfragmenten

Die bereits verfügbaren Modelle für diese Fragstellungen werden dabei als De-facto-Standard von Hugging Face (*https://huggingface.co/*) gesammelt und sind von dort einfach nutzbar. Obwohl Englisch das Feld dominiert, sind inzwischen brauchbare deutsche oder mehrsprachige Modelle für all diese Aufgaben verfügbar.

Modellarchitekturen

Einfachere Sprachmodelle, die die oben genannten Probleme lösen können, haben meist einen grundsätzlich anderen Aufbau als die bisher betrachteten GPT-Modell von OpenAI. Bei den GPT-Modellen spricht man von sogenannten Decoder-Modellen und bei den einfacheren Modellen von Encoder-Modellen. Für Decoder-Modelle wird GPT als typische Modellart genannt, für Encoder-Modelle ist es BERT. Um den Unterschied zu verstehen, müssen wir ein wenig in der Zeit zurück und auf das klassische Paper über Transformers von 2017 blicken.

Abbildung 10-11 stellt diese klassische Architektur direkt aus dem Paper »Attention Is All You Need« dar. Die ursprüngliche Architektur der Transformer-Sprachmodelle besteht somit aus zwei Teilen, dem Encoder, der auf der linken Seite zu sehen ist, und dem Decoder auf der rechten Seite.

Der Encoder codiert einen Text in ein Embedding, also einen langen Vektor von Zahlen, wie im vorherigen Abschnitt bereits erläutert. Dieses Embedding wird in den Decoder geschickt, und in iterativer Art erzeugt der Decoder anhand dieses Embeddings und des bereits erzeugten Texts so lange das nächste Wort, wie man möchte.

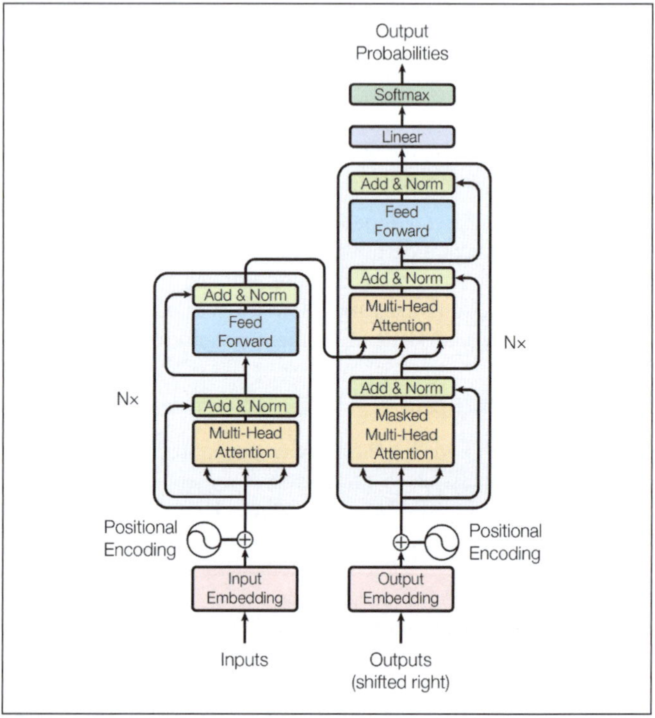

Abbildung 10-11: Die Transformer-Architektur aus »Attention Is All You Need«

Diese Architektur war ursprünglich für die Übersetzung von Texten gedacht, bei der nicht Wort für Wort übersetzt werden sollte. Stattdessen sollte die Bedeutung eines ganzen Texts erfasst und in einem Embedding codiert (Encoder) werden, um dann aus dieser Bedeutung die Übersetzung in der Zielsprache zu generieren (Decoder).

Moderne Modelle folgen dieser Architektur aber kaum mehr. Entweder beschränkt man sich auf den Encoder-Teil und nutzt das erzeugte Embedding für weitere Schritte – wie bei der weiter unten beschrieben BERT-Architektur –, und die unterschiedlichen Anwendungen setzen unterschiedliche Regressionen oder Klassifikatoren auf das Embedding auf. Eine Sentiment-Analyse wäre damit eine Klassifikation auf Basis dieses Embeddings. Das sehen wir uns weiter unten in diesem Kapitel an.

Oder man nutzt nur den Decoder ohne das Embedding aus dem Encoder und sieht auch die Eingabe nur als eine spezielle Form des Kontexts für die weitere Ausgabe an. In diesem Fall sind wir bei der GPT-Architektur, die wir bereits anhand von ChatGPT besprochen haben.

BERT – Encoder only

Wie erwähnt, ist vom ursprünglichen Transformer-Ansatz mit der Encoder-Decoder-Kombination nicht mehr viel übrig. Nur wenige Modelle nutzen wirklich beide. Somit gibt es neben den Decoder-Modellen wie GPT mit den Encoder-Modellen die zweite große Gruppe der Transformer-Modelle. Diese Encoder-Modelle funktionieren nicht inkrementell, sondern nehmen den kompletten Input, wie er aus dem Tokenizer kommt, auf einmal an und geben auch nur eine einzige Antwort aus. Neben der typischerweise deutlich kleineren Architektur sorgt dies für eine unverkennbar größere Effizient dieser Modelle. Das macht sich nicht nur bei der Nutzung bemerkbar, die in der Regel problemlos auf CPUs möglich ist, sondern auch beim Re-Training, das meist schon mit einer einzigen GPU machbar ist.

So wie die GPT-Familie der Hauptvertreter der Decoder-Modelle ist, ist BERT das führende Modell bei Encodern.

BERT steht für *Bidirectional Encoder Representations from Transformers*. Encoder haben wir uns bereits angesehen, und dass es sich bei BERT um eine Transformer-Architektur handelt, auch. »Representations« heißt nicht sonderlich viel und dient hauptsächlich als Lieferant für das R in BERT. Bleibt noch das »Bidirectional«. Zu der Zeit, als BERT eingeführt wurde, war es nicht selbstverständlich, dass ein Modell zur Entscheidungsfindung die Wörter vor und nach dem vorherzusagenden Wort berücksichtigt. Dies ist bei BERT aber sowohl beim Training als auch bei der Vorhersage der Fall.

Um das zu verstehen, müssen wir uns erst mal das Konzept des *Masked Language Modeling* (MLM) veranschaulichen. Während des Trainings maskiert BERT zufällig einen gewissen Prozentsatz der Eingabetoken und sagt dann diese maskierten Token anhand der umgebenden Token voraus. Dieser MLM-Ansatz hilft dem Modell, den Kontext und die Beziehungen zwischen den Wörtern tiefergehend zu verstehen. BERT lernt auch, Beziehungen zwischen Sätzen zu modellieren, indem es vorhersagt, ob ein Satz logisch auf einen anderen folgt, und verbessert so sein Verständnis von Beziehungen auf Satzebene. Dies nennt man auch *Next Sentence Prediction* (NSP).

Embeddings mit BERT

Wir haben weiter oben bereits über Embeddings gesprochen und dass diese essenziell zum Auffinden von Texten anhand einer semantischen Ähnlichkeit sind. Als Illustration wollen wir die folgenden vier Texte in Embeddings übersetzen und anhand deren vergleichen:

1. »Das Essen war toll und die Bedienung war super!«
2. »Uns hat das Restaurant sehr gefallen, sowohl die Speisen als auch der Service!«
3. »Was für ein übles Erlebnis, meine Nudeln waren viel zu weich und es hat ewig gedauert, bis wir bedient wurden.«
4. »Hunde mögen gern Knochen.«

Die Texte 1 und 2 sind zwar unterschiedlich formuliert, aber inhaltlich nah beieinander. Text 3 handelt ebenfalls vom Essengehen, aber das Erlebnis war ein gänzlich anderes. Text 4 handelt von etwas ganz anderem. Die Hoffnung wäre nun, dass sich genau dies auch in den Embeddings widerspiegelt. Ob es das tut, hängt wesentlich von der Qualität des Encoder-Modells ab, das diese Embeddings erzeugt. Es muss die Semantik der Texte richtig einfangen.

Auch für Embeddings bietet uns OpenAI ein Modell, das im Notebook *kap10-embeddings.ipynb* genutzt wird. Im Gegensatz zu den GPT-Modellen ist dies nun ein Encoder-Modell:

```
response = client.embeddings.create(
  model=" text-embedding-3-small ",
  input=texts
)

embeddings = np.array([embedding.embedding for embedding in
                      response.data])
embeddings.shape
> (4, 1536)
```

Wir bekommen also für jeden der vier Texte einen Vektor mit 1536 Zahlen, die die Semantik des Texts ausdrücken. Wir können uns das vorstellen wie vier Punkte in einem 1536-dimensionalen Raum. In Abbildung 10-10 haben wir diese bereits auf zwei Dimensionen reduziert gesehen. Solch eine starke Reduktion ist mit Vorsicht zu genießen, und so haben wir im Notebook auch drei unterschiedliche Methoden zur Reduktion gesammelt. Dieser Plot kommt direkt aus dem Notebook *kap10-embeddings.ipynb*. Hier kannst du auch eigene Experimente durchführen.

Diese Vektoren können nun mit der sogenannten Kosinus-Ähnlichkeit verglichen werden. Dabei wird der Kosinus des Winkels zwischen zwei Vektoren im hochdimensionalen Raum gemessen. Die Annahme ist, dass die Richtung der Vektoren und nicht ihre Größe von Bedeutung ist. Hohe Werte (nahe 1) zeigen eine hohe Ähnlichkeit an, während niedrige Werte (nahe 0) auf Unähnlichkeit hinweisen:

```
from sklearn.metrics.pairwise import cosine_similarity

cos_sim_matrix = cosine_similarity(embeddings)
cos_sim_matrix
> [[1.  , 0.93, 0.86, 0.77],
>  [0.93, 1.  , 0.84, 0.77],
>  [0.86, 0.84, 1.  , 0.76],
>  [0.77, 0.77, 0.76, 1.  ]]
```

Die Matrix ist nun so zu lesen: In jeder Zeile steht die Ähnlichkeit eines Texts mit den anderen. In Zeile 1 findest du also nacheinander die Ähnlichkeit des ersten Texts mit den anderen vier Texten. Die 1 zeigt trivialerweise an, dass der Text mit sich selbst identisch ist. 0.93 gibt die hohe Ähnlichkeit zum zweiten Text an, 0.86 die deutlich geringere aufgrund der anderen Aussage. 0.77 schließlich zeigt an, dass es sich hier um ein anderes Thema handelt. In der vierten Zeile sehen wir besonders deutlich, dass dieser Text mit keinem der anderen eine hohe Ähnlichkeit hat.

Es fällt auf, dass selbst 0.77 ein gefühlt hoher Wert ist. Hier ist häufig eine Nachkalibrierung notwendig, um diese absoluten Werte mit unseren Kategorien für ähnlich und unähnlich in Einklang zu bringen.

Hugging-Face-Beispielanwendungen

Hugging Face hat sich als Hub für direkt einsetzbare Transformer-Modelle etabliert. Dominant sind hier Anwendungen auf Text, allerdings gibt es ebenso Modelle, die auf Audio, Bildern und sogar auf Video arbeiten.

Die folgenden Beispiele sind im Notebook *kap10-bert-tasks.ipynb* nachvollziehbar, eine GPU ist nicht für die Ausführung notwendig. Dies ist der potenzielle Hauptvorteil eines solchen Modells: Wir können es auch auf eigenen Rechnern, außerhalb der Cloud und auf CPUs ausführen. Dies erlaubt häufig den Einsatz einer klassischen Serverarchitektur.

Ebenso wie bei den GPT-Modellen von OpenAI braucht man ein Modell und einen Tokenizer, der zum Modell passt. Dies wird bei den Hugging-Face-Transformers durch sogenannte Pipelines gekapselt. Besser noch, im einfachsten Fall gibt man nur an, was man machen möchte, und die Pipeline sucht das passende Modell heraus:

```
from transformers import pipeline
classifier = pipeline(task="sentiment-analysis")
classifier.model.name_or_path
> 'distilbert-base-uncased-finetuned-sst-2-english'
```

In diesem Fall möchten wir also die Stimmung eines Texts analysieren. Das herausgesuchte Modell ist allerdings nur auf englischen Texten trainiert. Unter *https://huggingface.co/models?pipeline_tag=text-classification&language=de&sort=trending* sind aber auch deutschsprachige Modelle zu finden. Um ein solches zu erhalten, gibt man das Modell mit an:

```
classifier = pipeline(task="sentiment-analysis",
model="oliverguhr/german-sentiment-bert")
```

Das Modell und der Tokenizer werden beim ersten Einsatz aus dem Internet geladen, dann aber gecacht. Das heißt, beim ersten Aufruf ist etwas Geduld gefordert. Nun können wir dieses Modell direkt auf einem Text ausprobieren. Selbst bei etwas schwierigeren Texten sind gute Ergebnisse möglich:

```
classifier("Ich bin mit diesem Artikel nicht unzufrieden")
> [{'label': 'positive', 'score': 0.9832236766815186}]
```

Im Notebook gibt es noch eine ganze Reihe von Beispielen für weitere Aufgaben und auch weitere Beispiele für deutsche Modelle. Der Code für diese Aufgaben ähnelt dem bereits gezeigten, und daher sparen wir uns hier weitere Codebeispiele. Eine Übersicht über weitere Möglichkeiten ist in Abbildung 10-12 zu sehen.

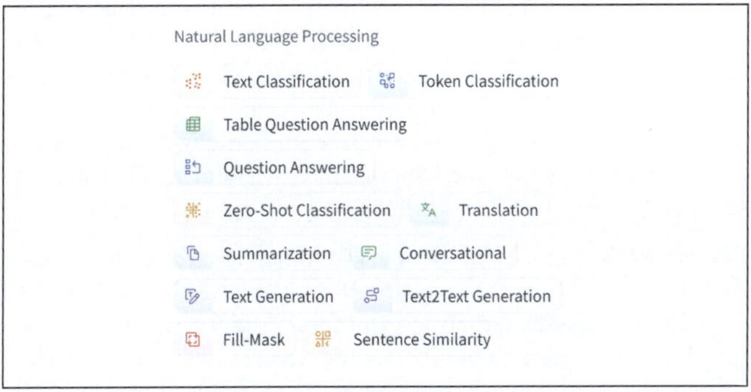

Abbildung 10-12: Übersicht der Aufgaben, die mit Hugging-Face-Modellen auf Texten möglich sind, übernommen aus https://huggingface.co/models

Finetuning

Bei allen Vorteilen der einfacheren Encoder-Modelle kann ihre Leistung gerade bei schwierigen Fällen oft nicht mit der großer Sprachmodelle mithalten. Es folgt ein Beispiel für Ironie, die wir als Mensch verstehen und die auch die großen GPT-Modelle verstehen, aber unser BERT-Modell aus dem letzten Abschnitt leider nicht. Hier denkt das BERT-Modell also, der Satz sei positiv, aufgrund des »(von wegen)« ist er aber offensichtlich ironisch gemeint:

```
classifier("Ich bin mit diesem Artikel zufrieden (von wegen)")
> [{'label': 'positive', 'score': 0.978872537612915}]
```

Sollte man eine nennenswerte Anzahl von Beispielen haben, sind solche »kleinen« Modelle allerdings noch nachtrainierbar. Für eine Aufgabe dieser Komplexität sollten es allerdings ein paar Tausend, am besten jedoch ein paar Zehntausend Beispiele sein, damit man mit einem Erfolg rechnen kann.

Wir trainieren das Modell nicht von null an, sondern passen lediglich ein Basismodell an. Das Basismodell wird, wie bereits erwähnt, aufwendig zweistufig auf einem großen Textkorpus auf Wort- und Satzebene trainiert, aber auf keinen bestimmten Anwendungsfall. Dabei lernt das Modell unsupervised ein allgemeines Textverständnis. In der zweiten Phase wird das Modell für eine spezielle Aufgabe supervised feingetunt. Die Datensätze dafür sind typischerweise kleiner, und das Training ist damit auch weit weniger aufwendig. Es kann sogar von uns selbst auf einer einzigen, marktüblichen GPU durchgeführt werden. Für die Modelle im vorherigen Abschnitt ist dieses Finetuning für einen speziellen Anwendungsfall bereits geschehen.

Ebenso ist das für alle modernen Versionen der großen Sprachmodelle gemacht worden. Die Basisformen von GPT sind nicht darauf spezialisiert, eine Unterhaltung zu führen und für einen Menschen gefällige Antworten zu geben. Sie unterhalten sich nicht, sondern führen den gegebenen Text weiter. Wie daraus die ChatGPT-Modelle werden, beschreibt das OpenAI-Paper »Training language models to follow instructions with human feedback« – (*https://arxiv.org/abs/2203.02155*).

Ein BERT-Modell für Sentiment Analysis

Wir führen nun das Finetuning für unser handhabbares Modell im Notebook kap10-*bert-fine-tuning.ipynb* durch. Hier trainieren wir unser Modell supervised auf eine Klassifikation von Filmtiteln nach. Eine GPU oder extreme Geduld sind notwendig. Es ist ratsam, das Notebook auf Colab auszuführen, dort ist es bereits für die GPU-Ausführung vorkonfiguriert.

Für unser Beispiel nehmen wir den Standarddatensatz *https://huggingface.co/datasets/imdb*. Darin gibt es als Bewertung von Filmen Texte und dazu ein Label, das zeigt, ob der Text positiv oder negativ ist. Wir haben insgesamt 50.000 Datensätze, die bereits aufgeteilt sind in 50 % Training und 50 % Test:

```
from datasets import load_dataset

# https://huggingface.co/datasets/imdb
raw_datasets = load_dataset("imdb")
raw_datasets
> DatasetDict({
>     train: Dataset({
>         features: ['text', 'label'],
>         num_rows: 25000
>     })
>     test: Dataset({
>         features: ['text', 'label'],
>         num_rows: 25000
>     })
>     unsupervised: Dataset({
>         features: ['text', 'label'],
>         num_rows: 50000
>     })
> })
```

Die Features sind wenig überraschend. `text` ist die textuelle Bewertung, und `label` ist 0 für eine negative und 1 für eine positive Bewertung.

Wir nutzen ein Basismodell und dazu den passenden Tokenizer, dessen Funktion und Sinn wir bereits in diesem Kapitel erforscht haben:

```
import tensorflow as tf
from transformers import TFAutoModelForSequenceClassification
from transformers import AutoTokenizer

tokenizer = AutoTokenizer.from_pretrained("bert-base-cased")
model = TFAutoModelForSequenceClassification.from_
        pretrained("bert-base-cased")
```

Hugging-Face-Modelle können mit TensorFlow oder PyTorch ausgeführt werden. Obwohl typischerweise PyTorch zum Einsatz kommt, bleiben wir wie im Rest dieses Buchs bei TensorFlow. Das bedeutet, dass wir für das Training die bereits bekannte Keras-API nutzen können.

Für ein Modell dieser Größe ist selbst bei einer GPU mit 16 GB Speicher nur eine Batch-Größe von 8 möglich. Da das Modell lediglich angepasst werden soll, darf die Lernrate nicht zu hoch sein, zudem sollten wir nur für wenige Epochen trainieren:

```
EPOCHS = 5
BATCH_SIZE = 8
LR = 1e-5
```

In unserem Beispiel trainieren wir nur mit jeweils 2.000 Beispielen für Training und Validierung, da dies auf einer einfachen GPU bereits eine halbe Stunde Trainingszeit bedeuten kann. Wenn du ungeduldig bist, kannst du die Größe auch auf 1.000 Beispiele reduzieren.

Auch für ein komplexeres Problem kann so ein Training auf einem kleinen Datensatz sinnvoll sein. Man könnte in diesem ersten Schritt überprüfen, ob das Trainings-Setup sinnvoll ist. Erst dann würde man mit der kompletten Anzahl der Beispiele trainieren und auch mehr Geduld aufbringen.

Zurück zu unserem Experiment: Die Accuracy liegt vor dem Training für beide Datensätze bei ungefähr 50 %. Das ist erwartungskonform, da die positiven und negativen Fälle in gleichen Anteilen in den Daten vorliegen und unser Modell vor dem Training eine zufällige Entscheidung fällen sollte. Nun starten wir das Training mit der bereits aus den vorherigen Kapiteln bekannten Keras-API. Hugging-Face-Modelle haben den für sie passenden Loss bereits konfiguriert, und so müssen wir ihn hier nicht angeben. Passend zur angegebenen Metrik SparseCategoricalAccuracy ist der Loss aber implizit SparseCategoricalCrossentropy.

Die technische Erzeugung der Datensätze `tf_train_dataset` und `tf_validation_dataset` ist wenig interessant und kann dem Notebook entnommen werden:

```
model.compile(
    optimizer=tf.keras.optimizers.Adam(learning_rate=LR),
    metrics=tf.metrics.SparseCategoricalAccuracy()
)

history = model.fit(tf_train_dataset, validation_data=tf_
            validation_dataset, epochs=EPOCHS)
```

Wahrscheinlich wirst du nach dem Training eine Accuracy von nahe 100 % auf dem Trainingsdatensatz, aber unter 90 % für die Validierung erhalten. Das deutet auf ein klares Overfitting hin. Bei der geringen Menge an Trainingsmaterial ist das leider zu erwarten gewesen. Die offensichtliche Lösung ist, mehr Beispiele zu nehmen, diese stehen ja bereit.

Wir könnten auch über weniger Epochen nachdenken und sehen uns dazu den Verlauf der Accuracy über die Epochen in Abbildung 10-13 an. Für diesen Plot haben wir das Training über zehn statt fünf Epochen laufen lassen, um zu sehen, ob vielleicht sogar ein längeres Training Sinn ergeben könnte. Das Ergebnis zeigt nun eher, dass wir sogar noch ein paar Epochen weniger hätten trainieren können oder sogar sollten. Zwei bis drei Epochen hätten es auch getan.

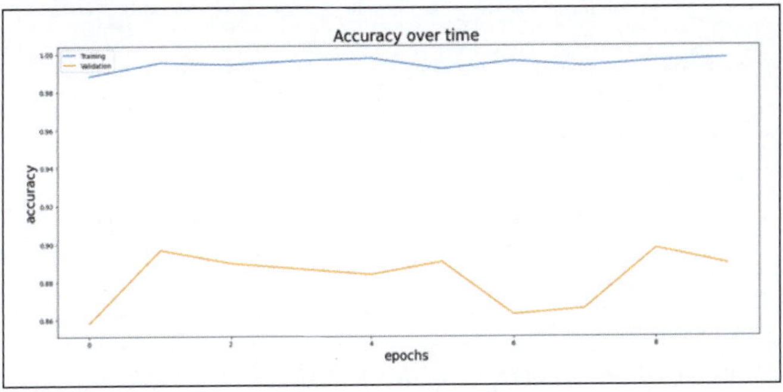

Abbildung 10-13: Trainings- und Validierungs-Accuracy im Verlauf von zehn Epochen mit 2.000 Beispielen

Unser Modell hat ohnehin einen Dropout-Layer zwischen dem BERT-Modell und unserem Klassifikator, der das Embedding auf unsere beiden möglichen Ausgaben abbildet. Damit wird das Overfitting bereits reduziert, und damit ist auch das Trainingsergebnis etwas besser als im Plot, da nur für Validierung, aber nicht für Training mit dem kompletten Modell evaluiert wird.

Das ist eine gute Gelegenheit, uns den Aufbau des zu trainierenden Modells anzusehen. In Abbildung 10-14 ist dieser dargestellt. Das BERT-Modell wird nur als ein einzelner großer Block mit immerhin gut 100 Millionen Parametern dargestellt. Das ist sicherlich sehr viel mehr als alles, was wir bisher in diesem Buch trainiert haben, für ein Sprachmodell ist das jedoch wirklich klein. Die Anzahl der Parameter in Generatormodellen liegt auch in der kleinsten sinnvollen Variante deutlich über einer Milliarde und kann bis zu viele Hundert Milliarden Parameter haben.

Nach dem bereits erwähnten Dropout-Layer kommt der Klassifikator mit zwei Neuronen, der die 768 Werte aus dem Embedding des BERT-Modells auf zwei Werte reduziert: einen Wert pro Kategorie »positiv« bzw. »negativ«. Die beiden dafür notwendigen Neuronen haben dementsprechend 2 × (768 + 1) = 1.538 Parameter.

```
Model: "tf_bert_for_sequence_classification"
_________________________________________________________________________________
 Layer (type)                Output Shape              Param #    Trainable
=================================================================================
 bert (TFBertMainLayer)      multiple                  1083102    Y
                                                       72

 dropout_37 (Dropout)        multiple                  0          Y

 classifier (Dense)          multiple                  1538       Y

=================================================================================
Total params: 108311810 (413.18 MB)
Trainable params: 108311810 (413.18 MB)
Non-trainable params: 0 (0.00 Byte)
_________________________________________________________________________________
```

Abbildung 10-14: Aufbau unseres BERT-Modells

Es ist möglich, einige Teile eines Modells beim Finetuning auszuschließen. Wie in Abbildung 10-14 zu sehen ist, sind aber alle Schichten trainierbar und werden dementsprechend im Training angepasst. Daher ist auch die Auswahl einer sehr geringen Lernrate mit wenigen Epochen sinnvoll, um nicht das mühsam erlernte generelle Sprachverständnis des BERT-Basismodells zunichte zu machen.

Fazit

Ab einer bestimmten Größe beginnen generative Sprachmodelle wie GPT wirklich »klug« zu werden. Die schiere Größe hat zumindest Stand 2024 zur Konsequenz, dass diese großen Sprachmodelle von uns nicht mehr von null an trainiert werden können. Dazu fehlen uns für GPT-, aber auch für BERT-Modelle sowohl die Daten als auch die Rechenpower. Das heißt allerdings nicht, dass diese Modelle nicht auf unsere speziellen Bedürfnisse optimiert werden können. Dazu bieten sich grundsätzlich zwei Möglichkeiten: Wir können diese Modelle mit unseren speziellen Daten nachtrainieren (BERT oder GPT), oder wir geben dem Modell im Kontext für eine Antwort spezielle Informationen über die gewünschte Antwort mit (nur GPT). Das kann so weit gehen, dass wir anhand von Beispielen ein kleines Machine-Learning-Problem innerhalb des Kontexts spezifizieren, das das Modell für seine Antwort nutzen kann.

Daraus ergeben sich allerdings weitere Probleme. An erster Stelle steht, dass das Modell keine Ahnung davon hat, was es weiß und was nicht. Unabhängig davon wird ein solches Modell uns immer eine Antwort geben und zur Not etwas erfinden. Dies nennen wir auch halluzinieren.

Die Grenzen solcher Modelle bilden nach wie vor die verfügbaren Daten, aber auch Größe und Architektur der Modelle. Die Größe der Modelle ist bereits jetzt an der Grenze des technisch Machbaren angelangt und kann ohnehin nur von finanzstarken, meist großen Unternehmen gestemmt werden. Riesige Sprünge sind in diesem Bereich nicht zu erwarten.

Bereits jetzt macht sich das durch eine stark begrenzte Größe des nutzbaren Kontexts bemerkbar. Typische Modelle haben Stand Mitte 2024 eine Kontextgröße zwischen 4k und 128k Token. Ein Wort besteht dabei teilweise aus mehreren Token, und so hat man häufig nur einen Kontext von wenigen Seiten Text. Darüber hinaus steigt der Rechenaufwand mit der Größe des Kontexts bei gegebener Architektur quadratisch, und somit können wir nur auf eine neue Architektur hoffen. Ob eine klügere Architektur neue Durchbrüche erlauben wird, steht in den Sternen.

Letztlich wiegen die Schwächen der Trainingsdaten schwer. Bekanntermaßen stimmt nicht alles, was im Internet steht. Da das Modell alles, was es zum Training bekommt, für bare Münze nimmt, erlernt das Modell auch genau den Bias, der in den Trainingsdaten steckt. Dies kann sich auf die Sprache, das Geschlecht oder die Ethnie beziehen und ist ebenfalls schwer zu bekämpfen. Teilweise werden nachgelagerte Systeme verwendet, um die schwersten Fälle von unangemessenen Antworten herauszufiltern (*https://platform.openai.com/docs/guides/moderation*).

Es bleibt abzuwarten, welchen Einfluss große Modelle auf die im Internet verfügbaren Quellen haben. Texte und Programmcode entstehen zunehmend mithilfe von ChatGPT. Wenn nun neue Versionen mit neuen Daten aus dem Internet trainiert werden, entsteht eine Art Rückkopplung mit den eigenen Ausgaben. Ob wir dann alle denselben Schreibstil annehmen und sich unser Code immer mehr gleicht, können wir in den nächsten Jahren beobachten.

Weiterführende Links

- OpenAIs ChatBot ChatGPT: *https://chat.openai.com*
- Googles Chatbot Bard: *https://bard.google.com*
- OpenAI Tokenizer: *https://platform.openai.com/tokenizer*
- »Attention Is All You Need«, das Paper, das die Transformer-Idee einführt: *https://arxiv.org/abs/1706.03762*
- Prompt Engineering
  - *https://lilianweng.github.io/posts/2023-03-15-prompt-engineering/*
  - *https://platform.openai.com/docs/guides/prompt-engineering*
  - *https://platform.openai.com/docs/guides/text-generation/prompt-engineering*

- Übersicht über Aufgaben, die Transformer übernehmen können: *https://huggingface.co/transformers/task_summary.html*
- Übersicht über Sprachmodelle: *https://huggingface.co/models*
- OpenAI-Modelle können
  - JSON erzeugen: *https://platform.openai.com/docs/guides/text-generation/json-mode*
  - »Function Calling«-Aufrufe für beschriebene Funktionalitäten generieren und ihre Antworten verarbeiten: *https://platform.openai.com/docs/guides/function-calling*
  - Werkzeuge wie Retrieval, Codeausführung und Zugriff auf Dateien nutzen: *https://platform.openai.com/docs/assistants/tools*
- ChatGPT kann direkt Funktionalitäten nutzen, inklusive Aufruf von APIs: *https://platform.openai.com/docs/actions*
- »Training language models to follow instructions with human feedback« – Aktuelle OpenAI Modelle haben gelernt, Antworten zu geben, die uns Menschen gefallen: *https://arxiv.org/abs/2203.02155*
- Idee: Entwickeln sich LLMs in Richtung von Betriebssystemen? *https://x.com/karpathy/status/1723140519554105733*
- Der Code, um ein großes Sprachmodell auszuführen, ist überschaubar: *https://github.com/karpathy/llama2.c*

KAPITEL 11

MLOps – Machine Learning für die Praxis

Wir schließen dieses Buch mit einem richtig praktischen Beispiel ab. Die Herausforderung besteht hier nicht darin, ein besonders gutes Modell zu finden oder eine besonders schlaue Art des Machine Learning zu nutzen. Hier geht es um Wirtschaftlichkeit und den Ablauf.

Zunächst sehen wir uns die einzelnen Phasen eines Machine-Learning-Projekts kurz an. Danach sprechen wir darüber, wie wir unser Modell in den praktischen Betrieb bringen und dort halten wollen. Dabei wird es relevant sein, ob unser Modell (immer noch) für den produktiven Einsatz geeignet ist und was man tun kann, wenn sich die Realität, die unser Modell beschreibt, ändert. Dieses Vorgehen wird oft als *MLOps* (*Machine Learning Operations*) bezeichnet.

Das gewählte Beispiel ist realistisch genug, um die Fallstricke eines wirklich praktischen Machine-Learning-Projekts aufzuzeigen, aber ohne künstliche, zusätzliche Herausforderungen.

Dieses Kapitel enthält zwei Notebooks, die unter der URL *https://github.com/DJCordhose/buch-machine-learning-notebooks* (*https://bit.ly/ml-kug*) zu finden sind:

1. *kap11-train.ipynb*: Training und Validierung unseres Modells.
2. *kap11-drift.ipynb*: Wir möchten wissen, ob sich das Modell im Betrieb so verhält wie erhofft. Dazu überprüfen wir, ob die aktuellen Daten den Trainingsdaten ähnlich sind. Außerdem überprüfen wir, ob es ein Problem gibt, und analysieren, was wir dagegen tun sollten.

Phasen eines Machine-Learning-Projekts

Bevor wir mit unserem Beispiel loslegen, sehen wir uns einen möglichen Ablauf eines Machine-Learning-Projekts wie in Abbildung 11-1 dargestellt an. Jeder Kasten stellt eine Phase des Projekts dar, und die Pfeile geben einen möglichen Fluss zwischen den Phasen an. Dabei kann sich der Fluss in den Phasen nicht nur in eine Richtung vorwärts-, sondern auch zurückbewegen. An bestimmten Punkten – mit einem Fragezeichen gekennzeichnet – muss überprüft werden, ob eine Weiterführung des Projekts weiterhin sinnvoll ist. Bei einem Machine-Learning-Projekt muss auch immer mitgedacht werden, dass ein Modell irgendwann beim EOL – *End of Life* – landet und wie man dann weiter vorgeht.

Wir sehen uns nun die einzelnen Phasen an und wie diese zusammenspielen. Im weiteren Verlauf des Kapitels gehen wir sie anhand eines Beispiels im Detail durch, jetzt verschaffen wir uns aber erst mal einen Überblick.

Wir gehen davon aus, dass unser Modell einen geschäftlichen Zweck erfüllt, und so beginnt ein Projekt damit, dass in der Phase *Definition Business Case* ein gewünschter Nutzen definiert wird. An dieser Stelle sollte auch eine *Metrik* für den geschäftlichen Erfolg erarbeitet werden, die in den nachfolgenden Phasen der Orientierung dient. Dabei kann es ebenfalls hilfreich sein, die notwendige Güte anhand dieser Metrik festzulegen.

Daten sammeln oder beschaffen ist meist aufwendig oder mit einem klareren Commitment für einen Anwendungsfall verbunden. In der Phase *Erster Plausi-Check* (also bei einer ersten Plausibilitätsprüfung) überschlagen wir daher anhand der abgeleiteten Metrik und einigen groben Annahmen, ob eine gewünschte Güte auch nur annährend realistisch ist.

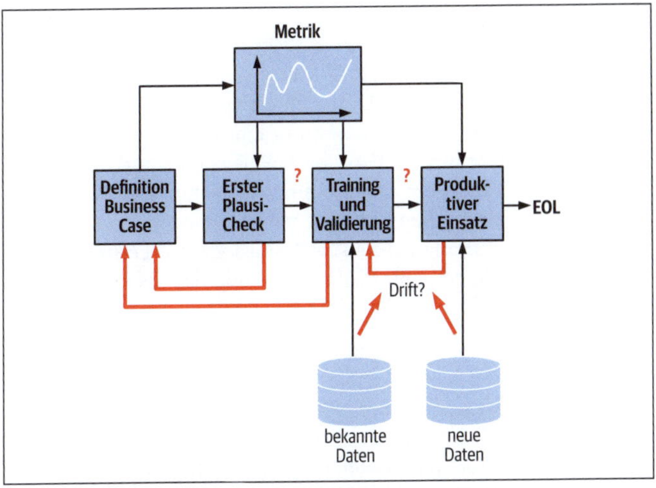

Abbildung 11-1: Ein Modell für den Ablauf eines Machine-Learning-Projekts im Überblick

Erst wenn diese erste Überprüfung erfolgreich ist, sammeln wir für die Phase *Training und Validierung* Daten für das Training unseres Modells. Sollten wir uns für eine Lösung ohne Machine Learning entscheiden, brauchen wir diese Daten dennoch für die Überprüfung dieser Lösung. Falls sich die Beschaffung der Daten als nicht machbar oder zu aufwendig herausstellt, kann unser Projekt an dieser Stelle auch wieder beendet sein. Ebenso geht es nicht weiter oder zurück auf Los, wenn wir kein Modell entwickeln können, das mit der gegebenen Metrik die notwendige Güte erreicht.

In der letzten Phase, *Produktiver Einsatz*, wird das Modell nun mit aktuellen Daten verwendet. Gleichzeitig müssen wir so gut wie möglich sicherstellen, dass das Modell auch auf diesen neuen Daten die vorher gesicherte Qualität erreicht. Dazu wird häufig ein statistischer Unterschied zwischen den aktuellen Daten und den Daten aus der Entwicklungszeit genutzt. Unterscheiden sich diese signifikant, spricht man von *Drift*.

Unser Beispiel

Angenommen, du seiest Head of Machine Learning bei einer Kfz-Versicherung im US-Markt. Du möchtest ein ganz neues Versicherungsmodell einführen und bietest nur eine einzige Art von Versicherung mit einem für alle Versicherten gleichen Standardpreis an. Damit du profitabel sein kannst, nimmst du nur Kunden an, bei denen du davon ausgehen kannst, dass sie keine größeren Schäden verursachen. Wir brauchen also ein Modell, dessen Leistung essenziell für den Erfolg des Unternehmens ist und das über längere Zeit betrieben werden kann und auch muss.

Unser Modell ist zwar neu, allerdings kannst du dich auf bereits gesammelte Daten beziehen, die das Unfallrisiko zusammen mit bestimmten Features beschreiben. Deine Hoffnung ist nun, ein möglichst verlässliches Modell zu trainieren, das das Risko vorhersagt. Du willst dabei nur wissen, ob der Kunde eine Versicherung erhalten soll oder ob er abgelehnt werden soll. Wir haben es also mit einer binären Klassifikation zu tun. Diese Art der Vorhersage ist in der Praxis sehr verbreitet. Oft will man eben nur wissen, ob eine bestimmte Bedingung erfüllt ist oder nicht.

Für diese Entscheidung benötigen wir die folgenden Features. Diese können wir für potenzielle Kunden erheben, außerdem liegen dafür auch historische Daten vor:

1. *age*, numerisch: das Alter der/des Versicherten.
2. *milage*, numerisch: Wie viele Tausend Kilometer werden pro Jahr gefahren?
3. *training*, binär: Hat die/der Versicherte ein spezielles Sicherheitstraining absolviert?
4. *power*, numerisch: Leistung des versicherten Fahrzeugs in Kilowatt.
5. *braking_distance*, numerisch: Bremsweg des Fahrzeugs aus 100 km/h in Metern.
6. *emergency_braking*, binär: Hat das versicherte Fahrzeug Assistenzsysteme, wie zum Beispiel ein Notbremssystem?

Es ist wichtig, dass die historischen Daten zu den Daten passen, die wir später auch von den möglichen Kunden erheben können. Selbst wenn ein Feature noch so aussagekräftig ist: Wenn wir es nicht abfragen können oder keine verlässlichen Antworten bekommen, können wir es nicht einsetzen.

KPIs – Key Performance Indicators

In den bisherigen Kapiteln waren die für uns wichtigen Metriken wie Accuracy oder Precision und Recall von technischer Natur. Für unsere aktuelle Geschäftsanwendung sind aber Metriken aus dem finanziellen Bereich relevant – Key Performance Indicators oder KPIs. Für den Erfolg des Unternehmens zählt, wie viel Überschuss pro versicherten Kunden zu erwarten ist und wie wir unser Modell ausbalancieren sollten, sodass dieser Überschuss möglichst optimal ist. Wie schon für die Berechnung von Precision und Recall (Kapitel 6) teilen wir daher die Vorhersagen unseres Modells in diese vier Kategorien ein:

1. **True Positive (tp):** Die Anzahl der Fälle, in denen der Klassifikator korrekt vorhergesagt hat, dass einem Kunden eine Versicherung gewährt werden sollte (d. h., der Kunde war ein gutes Risiko und der Klassifikator hat »Ja« gesagt).
2. **False Positive (fp):** Die Anzahl der Fälle, in denen der Klassifikator fälschlicherweise vorhergesagt hat, dass einem Kunden eine Versicherung gewährt werden sollte (d. h., der Kunde war tatsächlich ein schlechtes Risiko, aber der Klassifikator hat »Ja« gesagt).
3. **True Negative (tn):** Die Anzahl der Fälle, in denen der Klassifikator korrekt vorhergesagt hat, dass einem Kunden keine Versicherung gewährt werden sollte (d. h., der Kunde war ein schlechtes Risiko und der Klassifikator hat »Nein« gesagt).
4. **False Negative (fn):** Die Anzahl der Fälle, in denen der Klassifikator fälschlicherweise vorhergesagt hat, dass einem Kunden keine Versicherung gewährt werden sollte (d. h., der Kunde war tatsächlich ein gutes Risiko, aber der Klassifikator hat »Nein« gesagt). Dies stellt eine verpasste Gelegenheit dar, denn das Unternehmen hat das Geschäft mit einem guten Kunden verpasst.

Nun müssen wir zusammen mit der Fachabteilung unseres Unternehmens klären, welche Kosten bzw. Nutzen diese vier Fälle für uns haben. Daraus können wir dann den erwarteten Gewinn pro Antrag berechnen. Dies ist neben der Beschaffung von verlässlichen Daten der schwierigste Teil eines realistischen Projekts. Häufig sind hier nur grobe Schätzungen möglich, aber selbst diese sind besser als ein kompletter Blindflug im finanziellen Bereich. Wir nehmen die folgenden Beträge an:

1. **True Positives** würden einen *Gewinn von 1.000 Dollar* pro Fall generieren, da es sich hierbei um Kunden handelt, die korrekt als gute Risiken identifiziert wurden, was zu einem rentablen Geschäft führt. Dies ist der für uns glücklichste Fall.
2. **False Positives** würden *Kosten von 5.000 Dollar* pro Fall verursachen, da dies Fälle sind, in denen das Geschäft aufgrund von Ansprüchen, die die Prämien übersteigen, verloren geht. Dies ist der für uns unglücklichste Fall.
3. **True Negatives** generieren zwar keinen direkten Umsatz (da keine Versicherungspolice ausgegeben wird), sie haben jedoch eine positive finanzielle Auswirkung, indem potenzielle Kosten vermieden werden. Es ist jedoch schwieriger, einen direkten monetären Wert zuzuweisen, daher betrachten wir sie hier nicht monetär und nehmen *+/– 0 Dollar* an.
4. **False Negatives** würden *Kosten von 1.000 Dollar* pro Fall verursachen, was den entgangenen Gewinn von einem guten Kunden darstellt, der fälschlicherweise abgewiesen wurde.

In Abbildung 11-2 haben wir diese Fälle zusammen mit den angenommenen Kosten noch einmal im Überblick zusammengefasst. Man könnte sich an dieser Stelle noch fragen, warum wir nur Gewinn und Verlust und nicht optional die Einsparung von Arbeitskraft oder eine geringere Fehlerrate untersuchen. Wir gehen hier aber davon aus, dass Menschen gar nicht in der Lage wären, anhand der Sachlage zu entscheiden, ob ein Antrag angenommen oder abgelehnt werden soll.

Versicherung \ Kunde	Gut	Schlecht
Ja	+1.000 $	-5.000 $
Nein	-1.000 $	± 0 $

Abbildung 11-2: Die vier möglichen Fälle im Überblick

Training

Wie erwähnt, haben wir sechs einfache Features für die binäre Vorhersage, ob ein potenzieller Kunde eine Versicherung erhalten soll. Zur Vereinfachung nehmen wir an, dass wir jeden Monat 1.500 Anträge bekommen, die wir entweder ablehnen oder annehmen, und dass wir für das erste Training bereits 1.500 korrekt gelabelte Datensätze haben. Für eine reale Geschäftsanwendung müssten diese Zahlen deutlich höher sein, damit es sich überhaupt lohnen würde. In Abbildung 11-3 ist ein kleiner Auszug aus diesen Daten zu sehen, der auch im Notebook *kap11-train.ipynb* angezeigt wird. Für die binären Features ist 0 = false und 1 = true. Die Vorhersage des Modells ist ebenso binär.

	training	age	emergency_braking	braking_distance	power	milage
0	0	42.0	0	40.9	122.2	98.5
1	0	24.4	1	44.8	113.8	46.3
2	0	18.3	1	41.6	143.4	76.9
3	0	51.3	1	47.3	111.6	102.7
4	0	23.6	0	42.8	146.0	63.7
5	0	29.5	1	46.5	139.8	66.6
6	0	21.3	1	40.7	134.7	63.1
7	1	47.5	0	35.2	142.2	123.4
8	1	20.6	1	41.8	114.7	103.9
9	0	24.6	1	40.8	162.5	44.3

Abbildung 11-3: Ein Auszug aus unseren Daten

Diese Features werden nun für das Training eines neuronalen Netzes verwendet. In der Praxis wird an dieser Stelle oft ein Gradient-Boosting-Verfahren wie XGBoost angewandt. Dabei handelt es sich um eine Weiterentwicklung der Boosted Decision Trees, wie wir sie am Ende von Kapitel 4 bereits am Beispiel von AdaBoost gesehen haben.

Solche Boosting-Verfahren sind technisch weniger aufwendig als neuronale Netze. Da wir aber bereits vertraut mit neuronalen Netzen sind, bieten sich diese eher für uns an. Schlechtere Ergebnisse sind auch nicht zu erwarten. Die Architektur des Netzwerks ist in Abbildung 11-4 dargestellt. Im Vergleich zu Kapitel 7 sehen wir hier keine neuen technischen Konzepte.

Dazu die Erläuterungen im Detail:

❶ Eingabeschicht für die sechs Features.

❷ Normalisierung mit Mean und Variance, nutzt auch in der Vorhersage Mean und Variance aus dem Training. Dies kann die Trainingsergebnisse verbessern, da wir nun mit Werten operieren, die näher an 0 sind. Das mögen neuronale Netze.

❸ Der erste Block des Netzwerks mit 100 Neuronen und ReLU-Aktivierung, Batch Normalization und 70 % Dropout für die Regularisierung. Batch Normalization führt auf jedem Batch eine weitere Normalisierung durch, dadurch wird eine bessere Regularisierung erzielt. ReLU-Aktivierung und Dropout haben wir bereits in früheren Kapiteln (7 und 8) besprochen.

❹ Der zweite Block, genauso aufgebaut wie der erste.

❺ Die Vorhersage beruht auf einem einzelnen Neuron mit einer Sigmoid-Aktivierung. Der Sigmoid ist ein anderes Wort für die logistische Funktion, und somit haben wir eine binäre Klassifikation definiert.

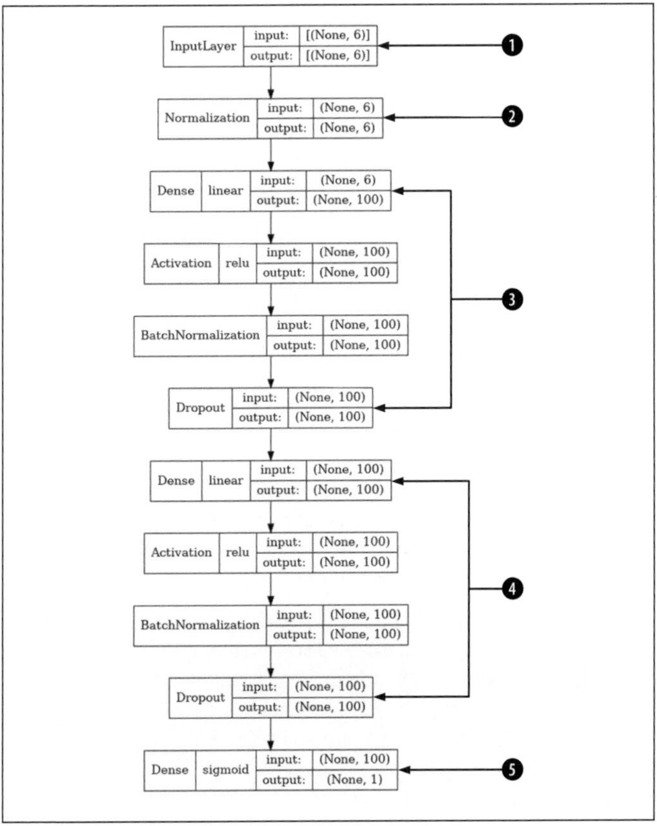

Abbildung 11-4: Die Architektur unseres Netzwerks

Ergebnisse

Für das Training teilen wir unseren Datensatz in Training, Validierung und Test auf. Validierung läuft während des Tests mit und wird zum Finetunen unseres Ansatzes verwendet, während der Testdatensatz erst nach dem Training verwendet wird, um die Performance auf einem bisher ungesehenen Datensatz zu überprüfen.

Dieses Vorgehen hat Schwächen, da alle drei Datensätze aus einer einzigen Verteilung stammen und es fragwürdig ist, ob diese den Daten aus der Produktion entspricht. Es wird zwar immer angenommen, wir werden aber sehen, dass das in der Realität selten der Fall ist. Dennoch ist dieser Ansatz meist der bestmögliche.

Die Details dazu wie immer im Notebook:

1. Trainingsdatensatz, 80 % der Gesamtdaten, Accuracy von 93 %
2. Davon 20 % Validierung, Accuracy von 92 %
3. Testdatensatz, 20 % der Gesamtdaten, Accuracy von 92 %

Dies sind sehr gute Werte. Metriken über 90 % sind für diese Art Problem selten. Zudem sehen wir kaum Overfitting, da Validierung und Test fast die gleiche Performance haben und beide kaum schlechter sind als der Trainingsdatensatz.

Solche Ergebnisse müssen immer mit Vorsicht betrachtet werden und bedürfen einer weiteren Untersuchung. Es kann sinnvoll sein, eine Validierung mit einem Datensatz aus einer anderen, produktionsnäheren Verteilung durchzuführen. Es ist aber nicht immer klar, wie man diesen Datensatz bekommen sollte.

Bei Datensätzen, die über die Zeit erzeugt werden, könnten das zum Beispiel Datensätze aus einem anderen Zeitraum sein. Eine fachliche Auswahl unterschiedlicher Testdatensätze aus unterschiedlichen Untergruppen kann ebenfalls sinnvoll sein. So könnte es zum Beispiel sein, dass wir uns besonders für ältere Menschen mit starken Fahrzeugen und wenig gefahrenen Kilometern interessieren, da diese unsere primäre Zielgruppe bilden könnten. Auf diese Untergruppe wollen wir dann natürlich besonders achten und sie als Testdatensatz auswählen.

Invarianten

Für eine möglichst umfassende Automatisierung eines Trainings ist es sinnvoll, sogenannte invariante Eigenschaften eines Modells zu definieren. Diese unveränderlichen Eigenschaften können wir dann automatisch testen, und wenn sie nicht erreicht werden, sollten wir das Modell nicht einsetzen. Dieses Vorgehen ist auch sinnvoll für Re-Trainings, die wir später in diesem Kapitel besprechen werden.

Wie im Notebook dargestellt, sehen diese invarianten Eigenschaften für die technischen Metriken wie folgt aus:

- Accuracy von Training und Test über 85 % und unter 95 % (bei Werten über 95 % sollten wir hinterfragen, ob wir ein vernünftiges Training durchgeführt haben oder ob die Zielvariable irgendwie in der Eingabe gelandet ist).
- Wenig Overfitting, maximal 5 Prozentpunkte Unterschied zwischen Training und Test.
- Die Anteile der akzeptierten und abgelehnten Anträge sollten in derselben Größenordnung liegen. Wir erlauben maximal 25 % Abweichung.

Der Code könnte so aussehen:

```
assert train_metric > .85
assert train_metric < .95
assert test_metric > .85
assert test_metric < .95
assert abs(train_metric - test_metric) < .05
```

Der perfekte Schwellenwert

Wir haben zwar sehr gute technische Metriken, und auch die weiteren als Anforderungen gestellten invarianten Eigenschaften des Modells sehen gut aus, die wichtigste Anforderung ist aber, dass uns dieses Modell nicht in den Ruin treibt, sondern Gewinn bringt. Das heißt, dass wir die oben besprochenen KPIs (Key-Performance-Indicators, also Leistungskennzahlen) für das Modell berechnen müssen.

Es stellt sich dabei heraus, dass wir aufgrund der binären Vorhersage noch eine praktische Stellschraube haben, um den Gewinn zu optimieren. Diese sollten wir aber nicht zu exzessiv nutzen, da unsere Gewinnberechnung für die unterschiedlichen Fälle aufgrund der groben Schätzung des Kosten-Nutzen-Verhältnisses auf etwas wackeligen Füßen steht.

Da unser Modell im letzten Neuron durch die Sigmoid-Aktivierung einen Wert zwischen 0 und 1 ausgibt, besteht unsere Stellschraube darin, ab welchem Wert wir von 1, also von gutem Risiko ausgehen. Per Default ist dieser 0,5, also genau in der Mitte. Wenn wir den Wert in Richtung 0 verschieben, bekommen weniger Antragsteller eine Versicherung, aber unser Risiko, einen nicht so guten Kunden zu versichern, sinkt. Wenn wir den Wert in die andere Richtung verschieben, bekommen wir mehr Kunden, machen damit auch mehr Umsatz, aber unser Risiko steigt.

Dies veranschaulicht Abbildung 11-5 anhand der Ergebnisse unseres Klassifikators auf den Testdaten. Dort werden zwei Verteilungen gezeigt, in Orange siehst du die Verteilung der Kunden mit tatsächlich hohem Risiko und in Blau die Verteilung mit einem tatsächlich niedrigen, also derjenigen Kunden, die wir gern versichern wollen. Die Qualität eines Klassifikators drückt sich darin aus, wie gut die beiden Klassen voneinander getrennt werden können. Idealerweise gäbe es nur zwei Balken bei 0 und 1 und nichts dazwischen. Unser Ergebnis ist allerdings auch nicht von schlechten Eltern, und somit deckt sich dieser Plot mit den guten Metriken.

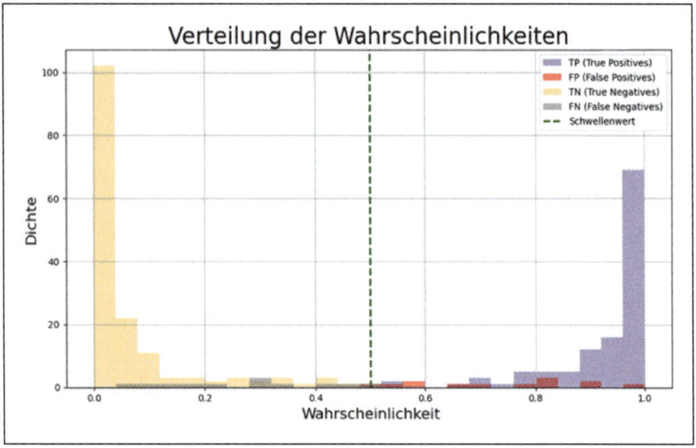

Abbildung 11-5: Verteilungen der Wahrscheinlichkeiten mit Schwellenwert 0,5 für unseren binären Klassifikator

Invarianten für die Wirtschaftlichkeit

Diesen Zusammenhang zwischen Schwellenwert und Kategorien können wir monetär ausdrücken und die möglichen Schwellenwerte simulieren. Dazu multiplizieren wir jede Kategorie mit den oben angenommenen Kosten bzw. dem Gewinn und bilden dann die Summe. Das sieht im Code so aus (True Negatives betrachten wir nicht, da sie keinen direkten Einfluss auf unseren Umsatz haben):

```
cost_fp = 5_000  # cost of a false positive
reward_tp = 1000  # reward of a true positive
cost_fn = 1000  # cost of a false negative

kpi = (tp * reward_tp) - (fp * cost_fp) - (fn * cost_fn)
kpi_per_case = round(kpi  / len(y_true))

print(f"KPI: ${kpi_per_case}")
> $180
```

In diesem Schwellenwert von 0,5 sind das 180 Dollar, aber ist das schon der beste Schwellenwert? Abbildung 11-6 zeigt einen Plot vom Schwellenwert auf der x-Achse zum KPI pro Antrag auf der y-Achse. Wir können nun entweder

1. den höchsten Wert auf der y-Achse auswählen, wenn wir den erwarteten **Gewinn** pro Fall **maximieren** wollen, oder
2. den geringsten Schwellenwert heraussuchen, für den wir zumindest ein gestecktes Minimum pro Antrag erreichen, wenn wir das **Risiko minimieren** wollen, oder
3. den höchsten Schwellenwert heraussuchen, für den wir immer noch einen gewissen erwarteten Gewinn haben, wenn wir die **Anzahl der Verträge maximieren** wollen.

In jedem Fall bleibt zu bedenken, dass wir zumindest einen nennenswerten Anteil aller Anträge mit einer Versicherung ausstatten müssen, sonst machen wir nicht genug Umsatz. Unsere gewählten Invarianten sind in diesem Fall:

- 150 Dollar durchschnittlicher Gewinn pro Antrag.
- Mindestens ein Drittel aller Anträge werden gewährt.

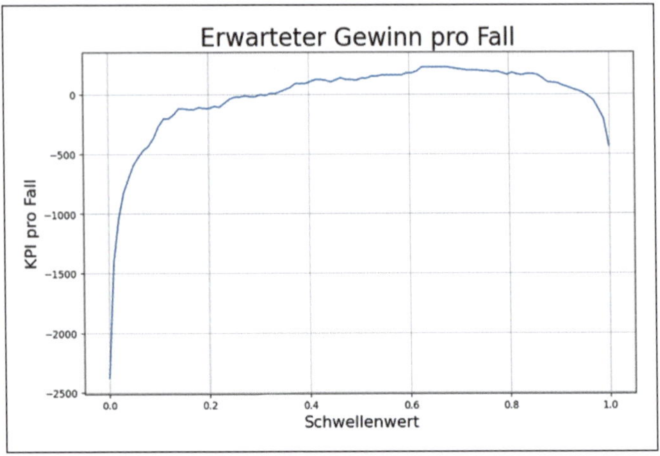

Abbildung 11-6: Schwellenwert zu KPI

Diese Invarianten für die Wirtschaftlichkeit sollten ebenso wie die bereits aufgestellten technischen Invarianten automatisiert überprüft werden, und so könnte das im Code aussehen:

```
assert kpi_per_case > 150
assert rate_people_getting_insurance > 1/3
```

Wenn wir wie in Option 1 den Umsatz pro Antrag maximieren wollen, erzielen wir bei einem Schwellenwert von 0,64 einen erwarteten Gewinn von über 200 Dollar pro Antrag, und wir können zumindest 40 % aller Antragsteller versichern. Das sieht tatsächlich gut aus. Allerdings gibt es offensichtlich eine ganze Reihe von Schwellenwerten, die uns große Verluste beschert hätten. Die gute Wahl des Schwellenwerts ist also essenziell.

An dieser Stelle kann auch das ganze Vorgehen scheitern, wenn das Modell für gar keinen Schwellenwert unsere Erwartungen erfüllt. Daher sollte diese Evaluierung des Geschäftsvorfalls sehr früh in der Planung geschehen. Bis zu diesem Punkt sollten also keine größeren Investitionen getätigt oder Versprechungen gemacht werden. Das Maß der Verzweiflung kann man daran ablesen, wie sehr man versucht, ein bereits gutes Modell noch zu optimieren, damit sich der Fall doch noch rechnet. *Als Daumenregel kann man sagen: Wenn ein Modell bereits über 80 % Accuracy erreicht und sich der Anwendungsfall nicht rechnet, gibt es wenig Hoffnung.*

MLOps – Machine Learning Operations

Wir haben bereits über Automatisierung gesprochen und auch darüber, dass wir unser Modell in den praktischen Betrieb bringen und dort halten wollen. Dieses Vorgehen wird oft als *MLOps* (*Machine Learning Operations*) bezeichnet. MLOps ist nicht sehr klar definiert und wird je nach Kontext unterschiedlich verwendet. Oft ist es auch nur ein Marketing-Term oder ein Buzz Word, mit dem Aufmerksamkeit erregt werden soll.

In jedem Fall ist mit dem Begriff eine gewisse Professionalisierung und wiederholbare Nachvollziehbarkeit gemeint. Bezogen auf den Überblick in Abbildung 11-1 am Anfang des Kapitels findet MLOps je nach Definition in den Phasen *Training und Validierung* sowie *Produktiver Einsatz* statt:

- **Training und Validierung:** Daten, Modell und weitere Artefakte aus den Experimenten werden versioniert und systematisch dokumentiert. Hier kommen Werkzeuge wie MLFlow (*https://mlflow.org/*) zum Einsatz.
- **Produktiver Einsatz:** Das Training läuft in einem klar definierten Prozess mit Qualitätsüberprüfung ab. Im Betrieb wird die Qualität des Modells laufend überwacht, und gegebenenfalls wird das Modell neu überprüft und in Phase *Training und Validierung* überarbeitet. *Dies ist die Definition, mit der wir in diesem Kapitel arbeiten.*

Wir haben bereits besprochen, dass nicht alle Vorhaben tatsächlich auch alle Anforderungen für eine produktive Nutzung erfüllen. Manchmal bekommt man die notwendigen Daten gar nicht erst, oder es reicht die Qualität des trainierten Modells nicht aus, damit sich der Betrieb lukrativ rechnet. Es gibt keine genauen Zahlen, aber es scheint allgemein akzeptiert, dass bis zu 80 % der erprobten Ansätze es nicht in den Betrieb schaffen.

Es ist allerdings immer noch möglich, auch aus den gescheiterten Validierungen einen sinnvollen Nutzen zu ziehen. Allein die Erkenntnis, woran es scheitert, ist oft sehr aufschlussreich. Häufig ist es sinnvoll, die Erkenntnisse aus den Daten grafisch gut aufzubereiten, um zumindest diese als Ergebnis vorweisen zu können. In keinem Fall sollte man ein Modell gegen besseres Wissen in Betrieb nehmen.

Monitoring und Drift-Erkennung – die Welt steht nicht still

In Abbildung 11-1 ist auch ein Pfeil vom Betrieb zurück zur Modellentwicklung zu sehen. Ein Modell in Betrieb zu bringen, ist somit keine Einbahnstraße. Die Qualität des Modells muss laufend überprüft werden, um festzustellen, wann eine Neubewertung des Modells notwendig wird. Dies ist allerdings oft schwierig, so auch in unserem Beispiel.

Für die direkte Überprüfung der Qualität unseres Modells sind verlässliche Informationen über die tatsächliche Schadensbilanz der versicherten Kunden notwendig, und diese gibt es nur mit Verzögerungen mindestens im Bereich von Monaten. Allerdings kann ein Modell, das über Monate hinweg schlechte Entscheidungen trifft, schon ruinös für ein Unternehmen sein, doch werden die Auswirkungen erst später realisiert.

Wir wollen also so früh wie möglich wissen, wann sich auch nur der geringste Zweifel an der Qualität des Modells zeigt. Dafür bedienen wir uns eines kleinen Tricks, den wir uns anhand von Abbildung 11-7 vor Augen führen. Dort siehst du die Verteilung des Features »Alter« zum Zeitpunkt des Trainings. Wir sehen eine Art Normalverteilung, die nach rechts schief ist. Das heißt, es gibt zwar eine Reihe älterer Menschen, diese verteilen sich aber nur ziemlich langsam auslaufend.

Nun vergleichen wir diese Verteilung, mit der wir das Modell trainiert haben, mit der Verteilung, die wir während des Betriebs sehen. Unsere Hoffnung ist dabei, dass sich die Verteilungen ähneln. Dies wäre ein Hinweis darauf, dass die Daten aus Training und Betrieb ähnlich sind und unser Modell daher auch mit den Daten aus dem Betrieb gut umgehen kann.

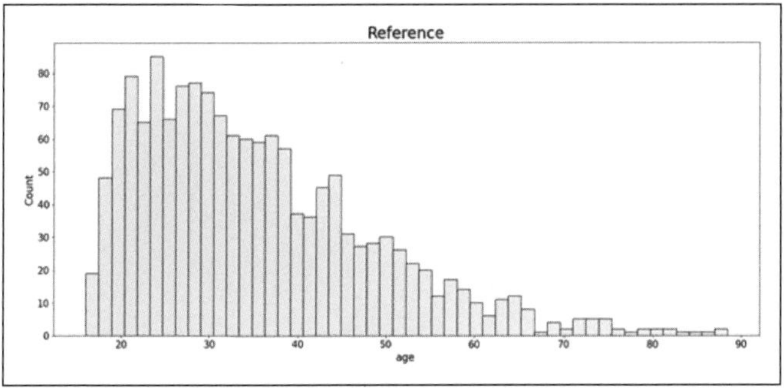

Abbildung 11-7: Die Verteilung des Alters zur Zeit des Trainings

Abbildung 11-8 stellt neben der Verteilung aus dem Training zusätzlich die Verteilung im Betrieb in Orange dar. Die sich überlagernden Werte sind lila. Obwohl wir Abweichungen sehen, liegen diese im Bereich der statistischen Schwankungen, und wir können davon ausgehen, dass die Verteilungen hinreichend ähnlich sind.

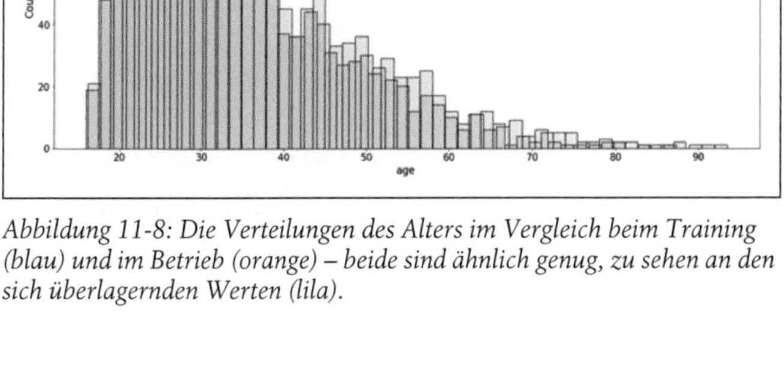

Abbildung 11-8: Die Verteilungen des Alters im Vergleich beim Training (blau) und im Betrieb (orange) – beide sind ähnlich genug, zu sehen an den sich überlagernden Werten (lila).

Schauen wir uns in Abbildung 11-9 eine zweite Verteilung aus dem Betrieb an. Hier ist eine deutliche Verschiebung der Verteilung nach rechts zu sehen. Das heißt, die Versicherten werden älter, und es könnte sogar sein, dass wir für den jetzt viel prominenteren Bereich ab 45 nicht mehr genug Beispiele im Training haben.

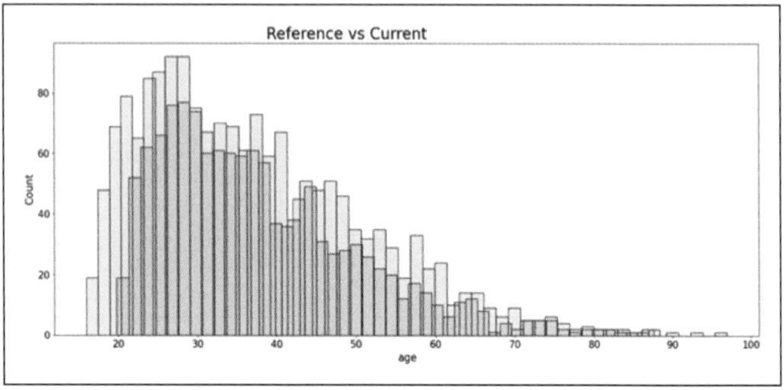

Abbildung 11-9: Der zweite Vergleich – es gibt eine deutliche Abweichung.

Eine solche Abweichung von zwei Verteilungen nennen wir auch Daten-Drift. Und genau für diese Vergleiche von Verteilungen gibt es eine ganze Reihe von vielfach erprobten statistischen Tests. Bibliotheken wie Evidently (*https://www.evidentlyai.com/*) übernehmen sogar die Auswahl des passenden Tests für uns. Der Code dafür ist im Notebook *kap11-drift.ipynb* zu finden. Leicht vereinfacht, sieht der Aufruf der Drift-Erkennung von Evidently so aus:

```
from evidently.calculations.data_drift import get_drift_for_
columns
result = get_drift_for_columns(
    current_data=input_data.current_data,
    reference_data=input_data.reference_data,
    columns=columns,
    ...
)
```

Man übergibt also die aktuellen Daten aus dem Betrieb (current) und die Daten aus dem Training (reference) sowie die Features (columns), die einen interessieren. In unserem Fall sind beide Datensätze gleich groß und haben 1.500 Einträge. Die gleiche Größe ist allerdings nicht notwendig, wichtig ist nur, dass wir eine repräsentative Anzahl von Beispielen haben. Nun können wir für jede der Spalten nach dem Ergebnis für einen möglichen Drift fragen:

```
for column in columns:
    drift = result.drift_by_columns[column]
    print(f'{column}: {drift.drift_score} ({drift.stattest_
                      name}){", drifted" if drift.drift_
                      detected else ""}')
> training: 0.026168996995345487 (Jensen-Shannon distance)
> emergency_braking: 0.431489050691815 (Jensen-Shannon
                     distance), drifted
> age: 0.33634057577174653 (Wasserstein distance (normed)),
       drifted
> braking_distance: 0.07052872681963733 (Wasserstein distance
                    (normed))
> power: 0.027969027840461617 (Wasserstein distance (normed))
> milage: 0.7140663279609664 (Wasserstein distance (normed)),
          drifted
> prediction: 0.10925847786821055 (Jensen-Shannon distance),
              drifted
```

Für jedes Feature erfahren wir nun einen Score, den von Evidently ausgesuchten statistischen Test und ob das Feature einem Daten-Drift unterliegt. Ein Drift wird vermutet, wenn ein Score über einem bestimmten Wert liegt. Je nach Test ist dieser Wert meist 0,1, manchmal aber auch 0,05. Dazu später mehr.

Neben drei Features driftet auch die Vorhersage (`prediction`). Unser Modell entscheidet also nicht so, wie wir es aus dem Training kennen. Wir haben daher Grund zur Sorge und müssen das Problem nun untersuchen.

Analyse und Interpretation – Was ist das Problem mit unserem Modell?

Dafür müssen wir uns wieder die Verteilungen im Detail ansehen und eine Interpretation der Lage vornehmen. Das haben wir im Beispiel oben bereits getan: Menschen werden älter, und es kann auch sein, dass unser Modell für bestimmte Altersabschnitte, die nun wichtiger werden, einfach nicht genug Beispieldaten gesehen hat und daher eventuell keine gute Vorhersage mehr macht.

Evidently liefert uns für die Analyse schöne Reports, um uns genau dabei zu helfen (mehr dazu im Notebook *kap11-drift.ipynb*). Dabei werden die Verteilungen auf unterschiedliche Arten dargestellt, einschließlich des Ausmaßes des Drifts und des dafür verwendeten statistischen Tests. In unserem Beispiel sind neben dem Alter auch noch die jährliche Fahrstrecke und das Vorhandensein von Assistenzsystemen gedriftet, wie in Abbildung 11-10 zu sehen ist.

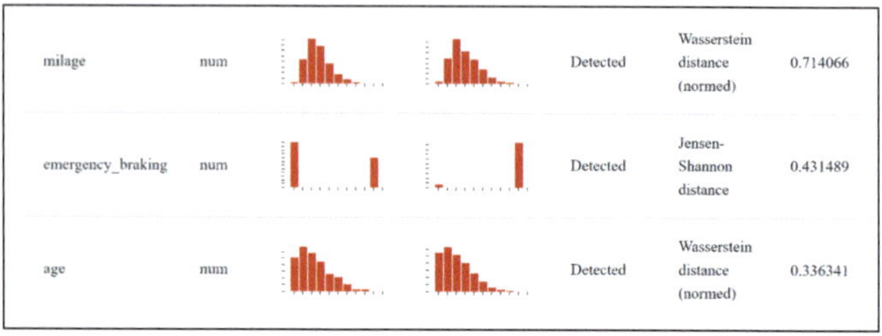

Abbildung 11-10: Die Übersicht über die gedrifteten Features

Für numerische Features hat Evidently die Wasserstein-Metrik und für das kategorische Feature die Jensen-Shannon-Divergenz ausgewählt. Bei beiden Tests liegt der Wert, ab dem von einem Unterschied ausgegangen wird, bei 0,1, und damit liegen alle Ergebnisse klar darüber. Statistik ist ein weites Feld und sprengt in jedem Fall den Rahmen dieses Buchs. Allerdings ist es gut, zumindest für die beiden hier verwendeten Tests ein Gefühl zu bekommen, daher schauen wir sie uns jetzt kurz an.

Wasserstein-Metrik

Wir betrachten jede statistische Verteilung als einen Haufen Erde. Die Wasserstein-Metrik zeigt uns, wie viel Arbeit es kosten würde, einen solchen Haufen in einen anderen umzuformen. Sie ist robust, reagiert also hauptsächlich auf größere Verschiebungen und nicht auf kleine Veränderungen. Mit Veränderungen in Standardabweichungen normiert, kann sie Werte über 1 annehmen, was uns sagt, dass es keine feste Obergrenze für die Transformationskosten gibt. Ein Wert ab 0,1 signalisiert bereits einen deutlichen Drift in den Daten. Wichtig ist, dass diese Metrik nur für numerische Daten anwendbar ist.

Jensen-Shannon-Divergenz

Die Jensen-Shannon-Divergenz ist eine Methode, um den Unterschied zwischen zwei Wahrscheinlichkeitsverteilungen zu messen. Die Distanz, die wir verwenden, ist die Wurzel aus dieser Divergenz. Diese Distanz bewegt sich immer im Bereich zwischen 0 und 1, wobei ein Wert ab 0,1 uns auf einen signifikanten Unterschied – den *Drift* – in den Verteilungen hinweist. Sie funktioniert nicht nur für numerische, sondern auch für kategorische Daten.

Diese Metrik leitet sich von der Kullback-Leibler-Divergenz ab, die oft als relative Entropie bezeichnet wird und ein Maß für die Unterschiedlichkeit zweier Verteilungen ist. Anders als andere Maße hängt die Jensen-Shannon-Divergenz nicht von der Größe der Datenmuster ab, da sie Histogramme der Verteilungen vergleicht. Das bedeutet, dass die Ergebnisse unabhängig von der Sample-Größe sind.

Die grundlegende Intuition hinter dieser Metrik ist es, zu verstehen, wie viel Information, Entropie oder Überraschung in den Unterschieden der beiden Verteilungen steckt – im Wesentlichen misst sie, wie unerwartet oder ungewöhnlich der Unterschied zwischen den Verteilungen ist.

Detaillierte Analyse

Diese Tests zeigen nun einen Drift unserer Daten an. Für eine detaillierte Analyse müssen wir uns die Verteilungen meist genauer ansehen. Das gilt allerdings nicht für die Assistenzsysteme bei den Fahrzeugen (Feature *emergency_braking*). Dort sehen wir bereits in der Übersicht, dass über die Zeit Fahrzeuge ohne solche Hilfsmittel praktisch nicht mehr vorkommen. Das heißt, wir sollten die Verwendung dieses Features grundsätzlich überdenken, da es kaum noch eine Aussagekraft hat.

Für die jährliche Fahrstrecke (Feature *milage*) ist eine Detailansicht wie die in Abbildung 11-11 aber notwendig, da die Verteilungen auf den ersten Blick gar nicht so unähnlich aussehen. Auf den zweiten Blick wird klar, dass die Verteilungen zwar eine ähnliche Form haben, jedoch die im Betrieb erhobenen Werte (*current*) klar nach links verschoben sind. Das heißt, Menschen scheinen weniger zu fahren. Zudem sehen wir, dass unser Modell für den Bereich unter 40.000 km wahrscheinlich wieder nicht mit genügend Daten trainiert wurde und dort keine guten Ergebnisse liefern wird.

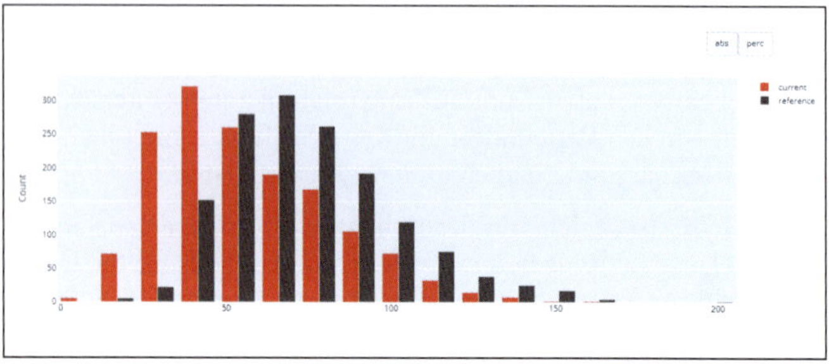

Abbildung 11-11: Die Verteilungen für die jährliche Fahrstrecke im Vergleich

Unterschiedliche Menschen haben unterschiedliche Vorlieben, was solche Plots angeht. In Abbildung 11-12 siehst du eine alternative Darstellung derselben beiden Verteilungen, die ebenfalls aus dem Notebook *kap11-drift.ipynb* stammt. Jeder der 1.500 Werte aus der Produktion wird hier einzeln dargestellt und mit dem Mittelwert und der Standardabweichung aus dem Training verglichen. Hier wird die Verschiebung nach unten noch deutlicher, aber nicht detailliert pro Gruppe dargestellt.

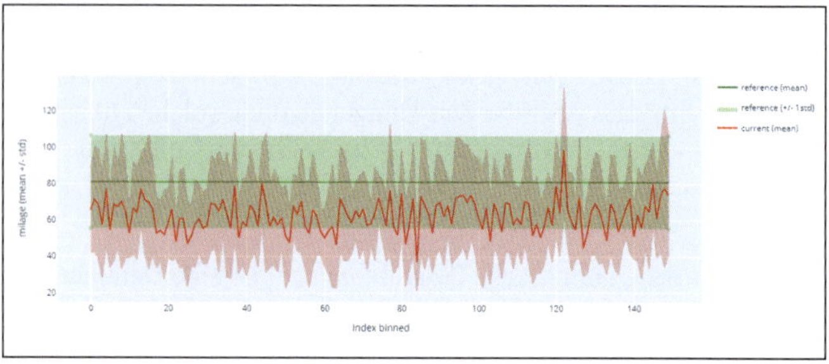

Abbildung 11-12: Alternative Darstellung der Verteilungen für die jährliche Fahrstrecke im Vergleich

Re-Training …

Der Verdacht, dass es sich um ein nicht mehr zeitgemäßes Modell handelt, erhärtet sich, wir sollten also versuchen, ein neues Modell zu erzeugen. Am einfachsten wäre es, unser Modell auf aktuellen Daten aus dem Betrieb zu evaluieren. Sähen die Ergebnisse gut aus, müssten wir auch bei einem im Monitoring signalisierten Daten-Drift nichts tun, da unser Modell anscheinend robust genug ist, um mit diesem Drift umzugehen. Besondere Sorgfalt im Bereich Regularisierung kann sich hier auszahlen, da sie zwar nicht zu Höchstleistungen auf Trainingsdaten führt, aber (gegen Drift) robustere Modelle hervorbringt.

Bei nicht so guten Ergebnissen könnten wir immer noch mit den aktuellen Daten nachtrainieren oder ganz neu trainieren, wenn diese in ausreichender Menge vorliegen. Die Hoffnung ist dann, dass die bei der ursprünglichen Entwicklung gesetzten Invarianten weiterhin eingehalten werden.

Das bleibt aber oft und eben auch in unserem Fall im Konjunktiv. Häufig haben wir gar keine verlässlichen neuen Daten darüber, ob die versicherten Kunden tatsächlich ein gutes Risiko waren oder nicht. Ein Re-Training scheidet dann aus. Wir können aber nach wie vor die in der Analyse gewonnenen Einsichten verwenden und das Training neu überdenken. In unserem Fall haben wir zumindest die Sicherheit, dass fast alle Fahrzeuge im aktuellen Datensatz ein Assistenzsystem besitzen.

… oder Re-Engineering?

Zwar können wir nicht mit neuen Daten trainieren, aber auch ein neues Training mit dem alten Datensatz kann sinnvoll sein. Wir wissen, dass das Feature des Assistenzsystems in der aktuellen Welt keine Auswirkung mehr hat, da fast jedes versicherte Fahrzeug ein solches besitzt. Die Frage ist nun, ob wir auch ein erfolgreiches Modell ohne die Information aus dem Feature trainieren können. Wir entfernen also nicht nur die Spalte, sondern auch alle Beispiele für Fahrzeuge ohne Assistenzsystem. Der Code aus *kap11-train.ipynb* dafür ist simpel:

```
df = df[df['emergency_braking'] == 1]
df.drop(['emergency_braking'], axis='columns', inplace=True)
```

Von den ursprünglich 1.500 Zeilen bleiben uns damit leider nur noch 591, aber bei jetzt lediglich fünf Features kann das immer noch für ein vernünftiges Training reichen. Wir erinnern uns an den Fluch der hohen Dimensionen (siehe Seite 96), der in diesem Fall für uns spielt.

Mit der unveränderten Modellarchitektur erreichen wir ein leichtes Overfitting. Der Trainings-Score bleibt bei 93 % Accuracy, während der Test auf 91 % fällt. Allerdings bleiben alle Invarianten erfüllt, und der Anteil der Anträge, die eine Versicherung erhalten, steigt sogar auf über 50 %.

Tatsächlich haben wir nun zumindest ein robustes Modell und müssen uns über den weiteren Verlauf dieses Features keine Gedanken mehr machen. Die beiden anderen gedrifteten Features haben nach wie vor einen Einfluss auf die Vorhersage. Wie groß dieser ist und ob wir die beiden ebenfalls aus der Vorhersage herausnehmen sollen, kann im Notebook ausprobiert werden. Hier gibt es gute Gründe für beide Möglichkeiten. Sobald wir neue Daten haben, können wir unser Modell natürlich auch auf diese veränderten Features validieren und neu trainieren.

Wir haben nun gesehen, dass häufig Unsicherheit bei der Qualität des Modells bleibt. Was machen wir, wenn wir unserem Modell grundsätzlich nicht mehr vertrauen?

Baselines und Fallbacks – Was machen wir, wenn unser Modell versagt?

Ein Machine-Learning-Modell, das einen Nutzen für eine Geschäftsanwendung hat, kommt typischerweise nicht für sich allein zum Einsatz. Vielmehr wird es in ein System anderer Dienste integriert. Ein solcher Dienst könnte eine einfache Heuristik aus einer Handvoll Regeln sein. Solch eine Heuristik hätte mit ziemlicher Sicherheit eine schlechtere Performance als unser trainiertes Modell, allerdings könnten wir hier all unser Domänenwissen hineinpacken und dies schnell nach einer Analyse anpassen. Das System könnte auch aus einer ganzen Reihe von Modellen sowie Vor- und Nachbearbeitung bestehen, wie in Abbildung 11-13 dargestellt.

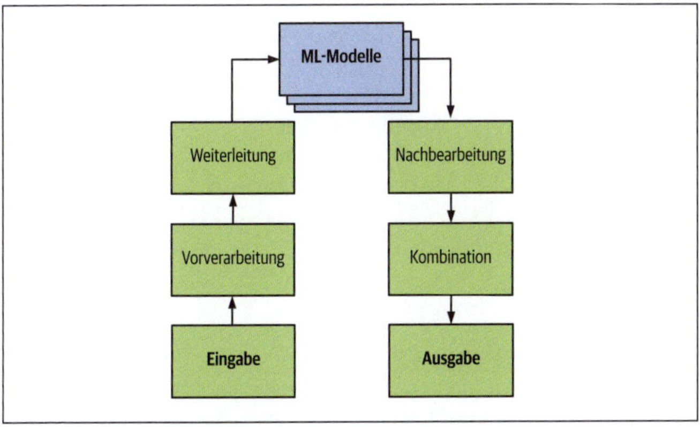

Abbildung 11-13: Machine Learning wird typischerweise nicht als ein einzelnes Modell in Produktion gebracht.

Eine Heuristik kann in allen Bereichen eingesetzt werden, in denen unser Modell bekanntermaßen nicht tauglich ist. Dies sind zuerst einmal alle Bereiche, in denen zumindest eines der Features außerhalb des Wertebereichs der für das Training benutzten Daten ist. Das ist sinnvoll, da Machine-Learning-Modelle innerhalb des Wertebereichs durchaus interpolieren können, sonst wären sie sinnlos. Allerdings kann fast kein Modell über diesen Bereich hinaus extrapolieren. Dazu wären sehr starke Annahmen nötig, die besser und einfacher in einer Heuristik aufgehoben sind. Eine solche Heuristik, die so einfach ist wie dieser Code aus dem Notebook *kap11-training.ipynb*, bringt es immerhin auf eine Accuracy von 77 % auf Testdaten.

```
if training:
    return 1
if age < 30:
    if power > 100:
        return 0
```

```
    if age > 55:
        return 0
    if emergency_braking:
        return 1
    if milage > 50:
        return 0
    # default
    return 0
```

Wie zu erwarten, ist es deutlich schlechter als unser Modell, aber immer noch deutlich stärker als eine Baseline, die immer ablehnt, es damit aber nur auf 56 % bringt. Weitere Bereiche, die ausgeschlossen werden sollen, können in der Analyse entdeckt werden. Ebenso ist eine Mehrheitsentscheidung unterschiedlicher Teile des Systems denkbar, wenn unterschiedliche Modelle für einen Bereich infrage kommen.

Produktiver Einsatz

Für einen produktiven Einsatz würde unser Modell aus dem Notebook heraus in ausführbaren Python-Code integriert werden und in einen Python-Server mit FastAPI oder einem ähnlichen Framework wandern. Monitoring von Drift würde ebenso von einem Satz von Werkzeugen durchgeführt werden. Zur Speicherung der Drifts zu bestimmten Zeitpunkten käme zum Beispiel eine Zeitreihendatenbank wie Prometheus zum Einsatz. Dies ist schematisch in Abbildung 11-14 dargestellt. Ein Beispiel für eine Umsetzung findet sich in den weiterführenden Links am Ende dieses Kapitels.

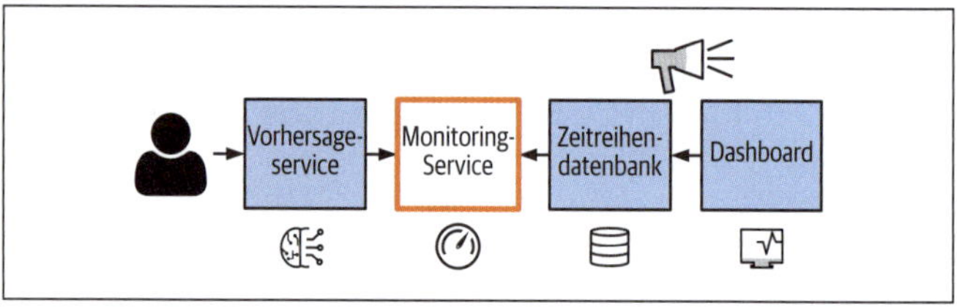

Abbildung 11-14: Machine-Learning-Stack mit allen weiteren Komponenten

Ein Dashboard-Werkzeug wie Grafana kann einen Drift über die Zeit anzeigen und auch alarmieren, wenn die Werte verdächtig aussehen. In Abbildung 11-15 ist ein solches Dashboard für unser Beispiel dargestellt. Wir sehen im oberen rechten Bereich einen roten Balken, der einen Drift anzeigt, sowie in der Mitte, dass drei von sechs Features driften, und im unteren Bereich können wir den Drift jedes einzelnen Features über die Zeit betrachten.

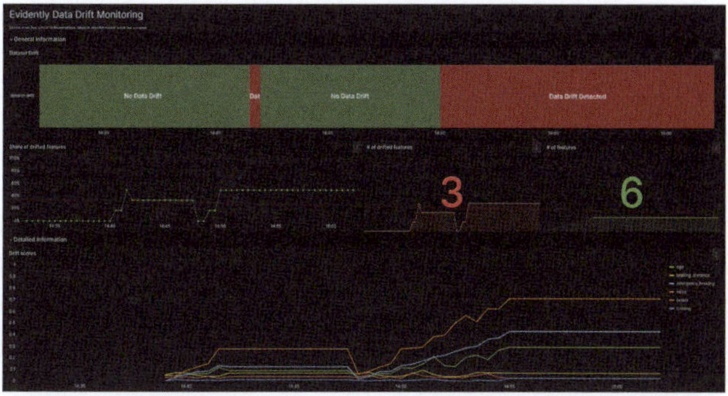

Abbildung 11-15: Ein Grafana-Dashboard für den Drift unseres Modells

Fazit

Die Qualität eines Modells, die in den vorherigen Kapiteln dieses Buchs zentral war, ist nach wie vor relevant. Allerdings kommen in diesem Kapitel ganz andere Anforderungen aus dem Bereich der Robustheit und des Geschäftsmodells hinzu. Außerdem denken wir über den produktiven Betrieb und die Zukunft unseres Modells nach. Insgesamt könnte der Titel dieses Kapitels somit auch lauten: »Praxisorientiertes Machine Learning für erfolgreiche Geschäftsanwendungen«. Damit bietet dieses Kapitel das Sprungbrett für sinnvolle Machine-Learning-Anwendungen und wie man diese validiert. Viel Erfolg!

Weiterführende Links

- *https://xgboost.readthedocs.io*
- *https://mlflow.org/*
- Evidently *(https://www.evidentlyai.com/)*
- Serverbetrieb mit FastAPI: *https://fastapi.tiangolo.com/*
- Wichtige statistische Tests:
  - *https://de.wikipedia.org/wiki/Wasserstein-Metrik*
  - *https://en.wikipedia.org/wiki/Jensen%E2%80%93Shannon_divergence*
  - *https://en.wikipedia.org/wiki/Kullback%E2%80%93Leibler_divergence*

Ein Beispiel, wie die Drift-Erkennung mit Evidently, Prometheus und Grafana umgesetzt werden könnte: *https://github.com/evidentlyai/evidently/tree/main/examples/integrations/grafana_monitoring_service*

Index

A

Abstraktion 186
Accuracy 121
Action 190
Actor-Critic 205
Agent 190
Aktivierungsfunktion 141
Ausreißer 44, 186
Autoencoder 174

B

Bagging 91
Baseline 270
BERT 231, 233
Binary Crossentropy 181
Bins 96
Boosted Decision Trees 93
Boston-Housing 53
Bottleneck 174

C

ChatGPT 213
Cluster 186
Clustering 14
Compressed Representation 174
Confusion Matrix 122
Convolutional Layer 156
Cost-Funktion 55
Cross-Validation 133
CSV 35

D

Data Augmentation 168
Dataframe 40
Decision Boundaries 26
Decision Trees 81
Decoder 174, 231
Deep Learning 139
Deep Neural Networks 152
Deep Reinforcement Learning 189
Dense 141
Distance Correlation 109
Drift 262
Dropout 163
Dubletten 41

E

Embeddings, große Sprachmodelle 228
Encoder 174, 230–231
Ensemble 91
Entropie 90, 208
Environment 190
Error-Funktion 55
Estimator 23
Evidently 264
Exploitation 208
Exploration 208

F

Fallback 270
FastAPI 272
Feature 104
Feature-Auswahl 27
Feature-Channel 157
Feature-Raum 95
Feature-Selektion 112
Feed Forward Network 143
Few Shot Learning 224
Finetuning, große Sprachmodelle 237
Flaschenhals 174
Fluch der hohen Dimensionen 96
fully observed 190
Fully-Connected-Layer 144
Funktion 44

G

Gaußfunktion 78
Generalized Advantage Estimation 203
Gini Impurity 90
GPT 214
Gradient 61
Grafana 273
Grid-Suche 134
große Sprachmodelle, LLMs 17, 214

H

Hard-Margin 73
Heuristik 270
Hidden Representation 174
Hidden-Layer 144
Histogramm 47, 96
h-Layer 174
Hugging Face 231
Hugging-Face-Transformers 236
Hyperparameter-Suche 134

I

Inception-Modell 169
Interpretierbarkeit 96
Invarianten 256

J

Jensen-Shannon-Divergenz 267

K

Keras 139
Kernel 76
Kernelfunktion 76
Kerneltrick 76
Klassifikation und Regression 13
Klassifikationsproblem 20
KL-Divergenz 207
Kontext, große Sprachmodelle 226
Korrelation 48, 107
Korrelationskoeffizient 107
Kosinus-Ähnlichkeit 235
KPI (Key Performance Indicators) 251
Kullback-Leibler-Divergenz 267

L

Large Language Models, LLMs 17, 214
Latent Representation 174
Layer 139
Learning Rate 61
Lineare Regression 53
LLMs, Large Language Models 17, 214
Logistische Regression 64
Loss-Funktion 55

M

Machine Learning Operations (MLOps) 261
Margin 73

Masked Language Modeling (MLM) 234
Max Pooling 158
Mean Absolute Error 128
Mean Squared Error 128
Median 46
Metrik 119
Mittelwert 45
MLOps (Machine Learning Operations) 261
Model-Based 210
Model-Based-Algorithmen 210
Model-Free-Algorithmen 210
Monitoring 262

N

Nearest Neighbors 23
Neuron 139
Next Sentence Prediction (NSP) 234
Notebook 19
Nucleus Sampling 223
NumPy 34

O

Observation 190
Off-Policy-Algorithmus 210
One Hot Encoding 148
On-Policy-Algorithmus 210
OpenAI 196, 214
Optimierungsalgorithmen 160
Ordinary Least Square 56
overcomplete 175

P

Pandas 34
partially observed 190
PCA 15, 110
Pearson-Korrelationskoeffizient 48
Policy 191
Policy-Gradient-Algorithmus 210
PPO 197
Precision 124
Precision-Recall 184
Preprocessing 38
Principal-Component-Analyse 110
Prometheus 272
Prompt Engineering 220
Proximal Policy Optimization 197
Python 34

R

r, Pearson-Korrelationskoeffizient 48
R2 score 128
Radial-Basis-Funktion 76
RAG (Retrieval Augmented Generation) 227
Random Forest 91
RBF 76
ReAct (Reason and Act) 227
Reason and Act (ReAct) 227
Recall 124
Receiver Operating Characteristic 126
Re-Engineering 269
Regressionsgerade 65
Regressionsmodell 55
Regressionstest 171
Regularisierung 76
Reinforcement Learning 16, 189
ReLU (Rectified Linear Unit) 153
ResNet 169
Re-Training 269
Retrieval Augmented Generation (RAG) 227
Reward 191
ROC 126

S

Scatter Matrix 137
Schicht 139
Schwellenwert 257
Scikit-Learn 19
Sentiment Analysis 238
Series 40
SGD 59
Sigmoid 68, 142
Sklearn 19
Soft Actor-Critic 210
Soft-Margin 75
softmax 146
Sparseness 186
Sprachmodelle 213
Standardabweichung 45
State 190
Stochastic Gradient Descent 59, 217
Stufenfunktion 141
Sub-Sampling 158
Supervised Learning 12
Support Vector 72
Support Vector Machine 71
SVM 71

T

Temperatur 222
TensorBoard 150
TensorFlow 145
TikToken 218
Tippfehler 42
Tokenizer 218
Top P Sampling 223
Trajectory 198
Transformer 230
Trennungsband 73

U

undercomplete 175
Unsupervised Learning (unüberwachtes Lernen) 13, 171

V

Validierung 130, 149
Varianz 107
Vektordatenbanken 228
VGG 155

W

Wahrscheinlichkeitsverteilung 222
Wasserstein-Metrik 266

Z

Zeichendreher 42
z-Layers 174
Zufallssuche 134–135